»*Ein bisserl was geht immer*«

Die Geschichte des Bayerischen Rundfunks

Von
Karl-Otto Saur

Mit zahlreichen Farb- und Schwarzweißabbildungen

Deutscher Taschenbuch Verlag

Originalausgabe
Juni 2009
Deutscher Taschenbuch Verlag GmbH & Co. KG, München
www.dtv.de
© Bayerischer Rundfunk, München
Das Werk ist urheberrechtlich geschützt.
Sämtliche, auch auszugsweise Verwertungen bleiben vorbehalten.
Umschlaggestaltung: Balk & Brumshagen
Umschlagfotos: Monaco Franze: BR/balance-film; Valentin: Karl Valentin Erben;
Gottschalk: BR/Foto Sessner; Ansagerinnen: BR/Foto Sessner
Redaktion: Bettina Hasselbring, Sabine Rittner, Dr. Andreas Geyer, Susanne Seeberger
Gestaltung und Satz: Dagmar Thelen, Kontor für Kultur und Kommunikation Saur GmbH
Gesetzt aus der Thesis
Druck und Bindung: Firmengruppe APPL, aprinta druck, Wemding
Gedruckt auf säurefreiem, chlorfrei gebleichtem Papier
Printed in Germany · ISBN 978-3-423-34539-2

Inhalt

Anhang

Der erste Ton

Die Deutsche Stunde in Bayern

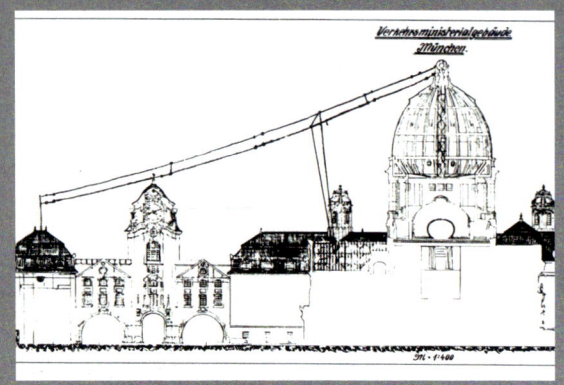

Antennenanlage der Deutschen Stunde in Bayern mit der Kuppel des Verkehrsministeriums in der Arnulfstraße, 1924

Briefkopf und Logo der Deutschen Stunde in Bayern, 1925

Einen beziehungsreicheren Ort hätten die Verantwortlichen für die erste offizielle Radioübertragung in München nicht wählen können. Im Auditorium Maximum, dem großen Hörsaal der Universität, versammelten sich die ersten Hörerinnen und Hörer, als die Deutsche Stunde in Bayern am 30. März 1924 um Punkt 17 Uhr ihre erste Sendung ausstrahlte.

Gesendet wurde aus dem Gebäude des Verkehrsministeriums in der Arnulfstraße, nicht weit von dem Platz, an dem später das Stammhaus des Bayerischen Rundfunks errichtet werden sollte. Offiziell waren an diesem ersten Sendetag 155 Rundfunkteilnehmer angemeldet, die die Sendung hören konnten. Sie wurden – wie die geladenen Gäste in der Universität – vom Staatssekretär im Reichspostministerium, Georg Schätzel, mit den feierlichen Worten begrüßt: »In diesem Augenblick tritt Bayern mit einer selbständigen Sendeanlage in den großen, den Äther durchmessenden Rundfunkverkehr der Welt. Die Deutsche Stunde in Bayern wird dem deutschen Namen zur Ehre, dem Lande Bayern zur Förderung, der Volkswirtschaft und der Kultur zur Mehrung und stolzen Zierde werden.«

Nach weiteren Eröffnungsworten und den Fanfaren des Trompeten-Quartetts des Staatsorchesters sprach der Dichter Hermann Roth einen Prolog. Dann folgten Werke von Franz Schubert, Ludwig van Beethoven und Richard Wagner und zum Schluss das Deutschlandlied. Die Reaktionen einiger der 600 geladenen Gäste sind überliefert: »Nun, das ist eine schöne Bescherung. Da brauchen wir ja in Zukunft nicht mehr im Platzl aufzutreten, wenn der Rundfunk alles überträgt«, monierte der Volkssänger Weiß Ferdl. Und Prinzessin Pilar von Bayern erinnerte sich: »Es war geradezu schockierend, als von allen Seiten und aus allen Ecken Stimmen und Klänge drangen und man weder einen Redner noch Musiker entdecken konnte.«

Loewe-Ortsempfänger OE333 mit Dreifachröhre, 1926

Die Deutsche Stunde in Bayern hatte die Lizenz, Radiogeräte zu verkaufen. Verkaufs- und Ausstellungsraum, 1927

Einen Tag nach der offiziellen Inbetriebnahme des Senders 1924 führte die Post, das zentrale Organisationsorgan des Rundfunks in Deutschland, eine Gebühr von monatlich zwei Reichsmark ein. Dieser Betrag, der später als offizielle Rundfunkgebühr festgesetzt wurde und den Sendern größtenteils zur Verfügung stehen sollte, galt bis 1970. Aus ihrem Anteil finanzierte die Reichspost den Ausbau und den Unterhalt der Sendeanlagen. Nicht zu den zahlenden Teilnehmern gehörten allerdings Tausende von Funkamateuren und Radiobastlern. Für sie stand die Technik im Vordergrund, und sie hatten sich von Anfang an gegen eine staatliche Organisation oder gar Kontrolle des Mediums ausgesprochen. Sie trugen dennoch wesentlich dazu bei, dass Rundfunk schnell populär wurde und sich als Massenmedium durchsetzen konnte.

Die Deutsche Stunde in Bayern war nicht der erste Rundfunksender auf deutschem Boden. In Berlin hatte sich bereits im Mai 1922 die erste Rundfunkgesellschaft gegründet, die Deutsche Stunde – Gesellschaft für drahtlose Belehrung und Unterhaltung mbH. Die Regierung in Berlin bestimmte 1919 das Reichspostministerium als zentrale Behörde für das Funkwesen. Es wurde eine eigene Abteilung für das Funk- und Telegrafenwesen unter der Leitung von Hans Bredow errichtet. Hans Bredow gilt bis heute als der »Vater« des Rundfunks in Deutschland (siehe auch Seite 24). Die Entstehung des Rundfunks basierte auf verschiedenen Erfindungen, die Ende des 19. Jahrhunderts im Bereich der Funktechnik gemacht worden waren. Nach erfolgreichen Einsätzen der drahtlosen Telegrafie und Telefonie im Ersten Weltkrieg entschied das Reichspostministerium in Berlin, die neue Kommunikationsmöglichkeit auch der zivilen Nutzung zur Verfügung zu stellen. Das hieß zunächst für Presse und Wirtschaft. Doch Bredow hatte früh erkannt, dass Rundfunk als Übermittlungsmedium nicht nur der Wirtschaft dienen konnte, sondern vor allem der Allgemeinheit.

Der erste Übertragungswagen der Deutschen Stunde in Bayern. Auf dem Dach Otto Freundorfer und Karl Rotthaler, 1925

Reportage: Rundfunk-Übertragungswagen mit Karl Rotthaler, Technischer Leiter der Deutschen Stunde in Bayern (re), 1926

»Die Luft gehört dem Volke«

Damit lehnte Bredow also die Erfahrung, die man in den Vereinigten Staaten von Amerika bereits mit dem Rundfunk gemacht hatte, ab. Der Rundfunkhistoriker Heinrich Hartmann, der in den 1920er Jahren der Referent Hans Bredows in der Münchner Dependance des Postministeriums gewesen war, bewertete später die ersten Funkversuche in den Vereinigten Staaten von Amerika als äußerst negativ. Dort war von Anfang an ein staatlicher Einfluss auf die neue Verbreitungstechnik abgelehnt worden. »Die Luft gehört dem Volke«, hatte laut und deutlich David Samoff, der Vizepräsident der Radio Corporation of America, die Grundhaltung erklärt. Das hatte zur Folge, dass in den USA bereits Anfang der 1920er Jahre Rundfunk als rein wirtschaftliches Unternehmen gesehen wurde. Es sollten Empfangsgeräte verkauft und das Programm allein durch Werbung finanziert werden. Kulturelle Interessen hatte keiner der amerikanischen Protagonisten. Auch in Deutschland gab es zahlreiche Interessenvertreter, die sich gegen jegliche Reglementierung eines Rundfunkbetriebs wandten. Sie kamen vor allem aus dem Bereich der gedruckten Presse und aus der Industrie, die Kreise, die sich im Laufe der Geschichte immer wieder vehement für eine rein private und wirtschaftlich orientierte Organisation des Rundfunks in Deutschland einsetzen sollten.

Auch wenn viele die eher idealistischen Vorstellungen Bredows für utopisch hielten, so sah er ziemlich genau die Wirklichkeit voraus: »In einer Zeit schwerster wirtschaftlicher Not und politischer Bedrängnis wird der Rundfunk für die Allgemeinheit freigegeben. Nicht länger soll er ausschließlich wirtschaftlichen Zwecken dienen, sondern es soll der Versuch gemacht werden, diesen Kulturfortschritt zu benutzen, um dem deutschen Volke etwas Anregung und Freude in das Leben zu bringen.« Bre-

Oskar von Miller (1885 bis 1934), Wasserkraftpionier und Begründer des Deutschen Museums

Erster Röhrensender im Verkehrsministerium. In München konnte nur mit einer Hochantenne empfangen werden, 1925

dow ging davon aus, dass Rundfunk Millionen von Menschen gleichzeitig unterhalten könne, ja fast der ganzen Menschheit zur selben Sekunde die Möglichkeit der Teilnahme an einer großen Veranstaltung geben würde.

Eine Ausnahme für Bayern

Aber die Technik war noch nicht so weit. Der damalige erste Sender Königs Wusterhausen bei Berlin, über den schon im Ersten Weltkrieg der tägliche Heeresbericht verbreitet wurde, konnte nicht in ganz Deutschland empfangen werden, zumindest nicht mit einfachen Geräten. Deshalb und aufgrund der Kulturhoheit der Länder entstanden unter der Aufsicht der Post neun regionale Sendegesellschaften in Berlin, München, Stuttgart, Frankfurt, Hamburg, Breslau, Leipzig, Königsberg und Münster, jeweils finanziert durch private Geldgeber. Damit begann die Dezentralisierung der deutschen Rundfunklandschaft, wie sie heute noch besteht. Die Deutsche Stunde in Bayern als erste regionale Gesellschaft war im Namen und der Rechtsform als GmbH der Deutschen Stunde in Berlin nachgebildet. Bei der ersten Sendung aus dem Berliner Vox-Haus am 29. Oktober 1923, dem offiziellen Beginn des Radiozeitalters in Deutschland, firmierte die Deutsche Stunde in Berlin noch als GmbH. Kurz danach wurde sie, wie die anderen regionalen Sender, außer Bayern, auch in eine Aktiengesellschaft umgeformt.

Probesendung für die Honoratioren

Bereits am 16. Oktober 1923 waren Privilegierte Zeugen einer Probesendung der Berliner Sendegesellschaft geworden. Staatssekretär Georg Schätzel hatte Mitglieder der Bayerischen Regierung, den Münchner 1. Bürgermeister, Eduard Schmid, den Rektor der Technischen Hochschule, Walther von

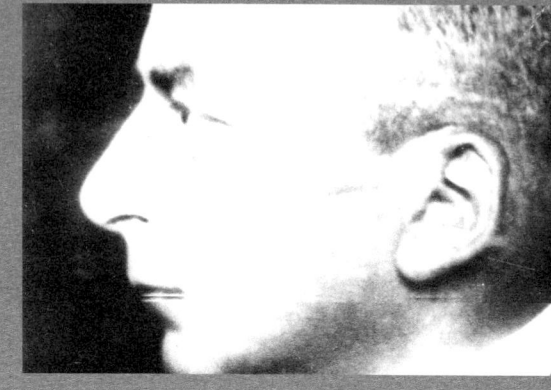

Robert Riemerschmid (1885 bis 1963)   Ernst Ludwig Voss (1880 bis 1961)

Dyck, den Gründer des Deutschen Museums, Oskar von Miller, und zahl-reiche andere Honoratioren und Wirtschaftsvertreter sowie die Presse ein-geladen, damit sie sich ein Bild von dem neuen Medium machen konnten. Und das alles in den politisch turbulentesten Zeiten der Weimarer Repu-blik: Auf dem Höhepunkt der Inflation und kurz vor dem Hitlerputsch ahn-ten wohl nur wenige der Gäste, welche Bedeutung und welche Wirkungen auf die Gesellschaft von diesem neuen Medium ausgehen sollten.

Die juristische Gründung in München

In München fanden sich vier Männer zur Gründung einer Programmge-sellschaft bereit: Kommerzienrat Josef Böhm, Direktor der Deutschen Bank in München, der Holzgroßhändler Hermann Klöpfer, der Chemiker und Handelsrichter Robert Riemerschmid und als Teilhaber aus Berlin Ernst Ludwig Voss, der dort schon die Deutsche Stunde in Berlin gegrün-det hatte. Am 18. September 1922 unterzeichneten sie die Urkunde der Firma »Die Deutsche Stunde in Bayern. Gesellschaft für drahtlose Beleh-rung und Unterhaltung mbH«. Paragraph 2 bestimmte als Gegenstand des Unternehmens die »gemeinnützige Veranstaltung von öffentlichen Konzerten und Vorträgen, belehrenden, unterhaltenden sowie alle Kreise der Bevölkerung interessierenden Darbietungen auf drahtlosem Wege«. Das Stammkapital betrug 50 000 Mark. Allerdings war die Gründung in München schwieriger als in anderen deutschen Städten, da die Bayeri-sche Staatsregierung eine Einmischung aus Berlin befürchtete. Das ging so weit, dass man einen aus Berlin angebotenen Röhrensender nicht akzeptieren wollte und stattdessen einen eigenen Postsender zu instal-lieren wünschte. Als das nicht funktionierte, griff man doch auf das Angebot aus Berlin zurück, und mit einem halben Jahr Verspätung konnte der Sendebetrieb in der Arnulfstraße aufgenommen werden.

ermann Klöpfer (1874 bis 1925)   Josef Böhm (1864 bis 1929)

Die Vorbehalte gegenüber Berlin und der zentralen Organisation blieben, und die Deutsche Stunde in Bayern war 1925 die einzige Sendegesellschaft in Deutschland, die nicht der neuen Reichs-Rundfunk-Gesellschaft (RRG) beitrat. Das lag unter anderem daran, dass inzwischen sowohl die Münchner Abteilung der Reichspost als auch der Bayerische Staat Gesellschafter der bayerischen Sendegesellschaft geworden waren. Sie hielten nun eine Mehrheit von 51 Prozent. Diese Mehrheit Bayerns war möglich geworden, weil Ernst Ludwig Voss ohne das Wissen der anderen Gesellschafter seine Anteile verkauft hatte. 1932 schieden auch die drei übrigen privaten Gesellschafter, Riemerschmid, die Erben Böhm und die Erben Klöpfer, aus, und die Post und der Bayerische Staat waren im alleinigen Besitz der Bayerischen Rundfunk GmbH – wie die Deutsche Stunde in Bayern seit Januar 1931 hieß. Der Rundfunk befand sich damit in staatlicher Hand.

Nebensender in Nürnberg

Da die Reichweite aber für einen guten Empfang in ganz Bayern nicht ausreichte, wurde bereits am 2. August 1924 in der Oberpostdirektion Nürnberg ein Nebensender in Betrieb genommen. Es handelte sich dabei um den ersten »Zwischensender« Deutschlands, der ausschließlich der Ausstrahlung des Münchner Hörfunkprogramms dienen sollte. Doch schon 1925, nach dem Bezug neuer Senderäume in der Keßlerstraße, steuerte der Sender wöchentlich einige Stunden an eigenen Live-Musik-produktionen und gelegentliche Wortbeiträge zum Programm bei. 1931 erfolgte dann aus Platznot ein weiterer Umzug: Die neue Adresse des Nürnberger Senders war nun die Allersberger Straße. Damit auch die Schwaben und linksrheinischen bayerischen Pfälzer Radio hören konnten, stellten die Oberpostdirektionen in Augsburg und Kaiserslautern Neben- und Zwischensender auf.

Senderaum des Nebensenders Nürnberg in der Oberpostdirektion Nürnberg, 1924

Musikprobe mit Alfred Kühle, Viktor Schwarz, Thea Linhar
Kapellmeister Franz Adam und Richard Staab (v.li), 1925

Erste Live-Übertragung einer Oper im Hörfunk

Zu dieser Zeit hatte sich das Medium Hörfunk landesweit durchgesetzt.
War es im ersten Jahr noch schwierig gewesen, genug Hörerinnen und
Hörer zu finden, so wurde bereits im Dezember 1925 im gesamten Reichs-
gebiet der Millionste zahlende Rundfunkhörer begrüßt. Aus dem ursprünglich einstündigen Programm waren Anfang der 1930er Jahre
täglich 13 Stunden geworden. Ein Schwerpunkt war und blieb dabei die
Musik, die für den Hörfunk prädestiniert ist und viel gewünscht wurde.
Um den täglichen Bedarf an Musik decken zu können, gründete die Sendeleitung gleich mehrere »Klangkörper«: Rundfunkorchester, Chor, Tanz-
kapelle, Rundfunktrio, später noch das Kleine Funkorchester und die
Münchner »Funkschrammeln«.

Bereits zum 1. September 1924 verpflichtete der Sender den Dirigenten
Franz Adam, ein eigenes Konzertorchester aufzubauen. Zum einjährigen
Bestehen der Deutschen Stunde in Bayern dirigierte Franz Adam erstmals
öffentlich das rundfunkeigene Orchester. Eine technische und künstleri-
sche Sensation war es, als am 21. Februar 1925 der Sender die erste Live-
Übertragung einer Oper veranstaltete: Richard Wagners *Lohengrin* aus dem
Münchner Nationaltheater. Damit begann die bis heute andauernde Tra-
dition, Konzerte und Opernaufführungen live oder als Mitschnitte im Pro-
gramm des Bayerischen Rundfunks auszustrahlen. So hatten auch die
Menschen, die sich keine der teuren Eintrittskarten leisten konnten, die
Möglichkeit, sich diese Musikwelt zu erschließen. 1931 gelang die erste Hör-
funkübertragung aus dem Festspielhaus Bayreuth: *Tristan und Isolde* von
Richard Wagner unter der Leitung von Wilhelm Furtwängler war die erste
Weltsendung in der Geschichte des Rundfunks, die über 200 europäische,
amerikanische und afrikanische Sender übernahmen (siehe auch Seite 32).

Die Radio- und Opernhörstube im Ausstellungspark München auf der Theresienhöhe, 1927

Der erste Schaltraum im Funkhaus der Deutschen Stunde in Bayern, 1928

Ende der 1920er Jahre installierten die Techniker der Deutschen Stunde feste Mikrofone in der Tonhalle und im Odeon, in zahlreichen Münchner Hotels und Cafés ebenso wie im Hofbräuhaus und in der Feldherrnhalle. Unterhaltungskonzerte mit leichter klassischer Musik, Opern- und Operettenausschnitten oder beschwingten Tanzmelodien erfüllten das Bedürfnis nach einem entspannenden Programm. Schon 1928 war das Radio aus dem öffentlichen Leben nicht mehr wegzudenken. »Rundfunkhören heißt doppelt leben«, lautete ein zeitgenössischer Werbeslogan. Dennoch blieb Radiohören in der Weimarer Republik für die Mehrheit der Bevölkerung ein Statussymbol. Vor allem für Arbeiterhaushalte mit einem durchschnittlichen Monatseinkommen von 200 bis 280 Reichsmark um 1926 war ein Röhrengerät zum Preis von 300 Reichsmark unerschwinglich.

»Drahtlose Belehrung und Unterhaltung«

Auch der Servicegedanke spielte von Anfang an eine Rolle. Neben den Nachrichten, dem Kernstück des politischen Programms, gab es Wetterberichte, Börsennotierungen, Pressemitteilungen und Zeitansagen. Fast ebenso wichtig wie die Musik war die »Belehrung« der Hörer. 1924 schon stand der »Rundfunkvortrag« auf dem Programm und Radio wurde zu einer Art Volkshochschule für die Allgemeinheit. Aus einer Statistik von 1926 geht hervor, dass etwas mehr als die Hälfte des damaligen Programms mit Musik und knapp ein Drittel mit Vorträgen gefüllt wurden. Der Rest des Programms bestand aus Sendungen für die Frau, Sprachkursen in Englisch und Esperanto, Schachfunk, Morgengymnastik sowie ab 1928 aus katholischen und evangelischen Morgenfeiern und zwei Jahre später aus Schulfunksendungen. Bald fand auch der Sport Berücksichtigung, obwohl Kurt von Boeckmann zunächst behauptete: »Sport inter-

Hörspielaufnahme im Studio mit Theodor Auzinger (re), Marie Ferron und Josef Eichheim, 1932

Hörer der Sendung *Schachschule für Anfänger* spielen di‹ Partien mit, 1920er Jahre

essiert nur wenige Hörer.« Der später legendär gewordene Sportreporter Josef Kirmaier berichtete zum ersten Mal am 17. Februar 1926 live von der Eishockeybegegnung SC Riessersee gegen den Berliner Schlittschuhclub. Die erste Übertragung eines Fußball-Länderspiels erfolgte am 12. Oktober desselben Jahres, als auf dem Sportplatz des Turn- und Sportvereins 1860 München die Deutsche Mannschaft gegen die Fußballer aus der Schweiz spielte. Bei allem Anspruch erkannte man auch, wie wichtig die Unterhaltung war. Weiß Ferdl, der in München sehr bekannte Volkssänger, trat bereits am 4. Februar 1925 mit seinen Liedern im Programm auf. Zwei Jahre später, am 1. April 1927, hatte Karl Valentin zum ersten Mal Gelegenheit, seine Sketche und Geschichten zu präsentieren, was ihn schnell über den Kreis seiner bisherigen Anhänger hinaus bekannt machte. Am 1. Juni 1926 begann man mit dem Aufbau einer Hörspielabteilung. In rascher Folge wurden nun weitere Fachabteilungen und Fachredaktionen gegründet. Bereits 1924 war zum ersten Mal der Volksliedersammler Kiem Pauli mit einer Sendung im Programm zu hören (siehe auch Seite 30/31).

Spiele mit dem Hörspiel

Das Hörspiel sollte schnell zu einer der wichtigsten Gattungen des jungen Mediums werden. Einer der Pioniere des Hörspiels in Deutschland war der Berliner Alfred Braun. Er begann bereits 1924 zu experimentieren und setzte 1926 mit einem »akustischen Film« einen ersten Meilenstein. Die Produktion *Der tönende Stein* wurde von ihm selbst so beschrieben: »Als erster, grundlegender Versuch erscheint mir die Aufführung eines akustischen Films im zweiten Jahr der deutschen Stunde – ein Funkspiel, das in schneller Folge bewusst die Technik des Films auf den Funk übertrug. Jedes der kurzen Bilder stand auf einer besonderen akustischen Fläche: eine Minute Straße mit der ganz lauten Musik des Leipziger Platzes, eine Minute

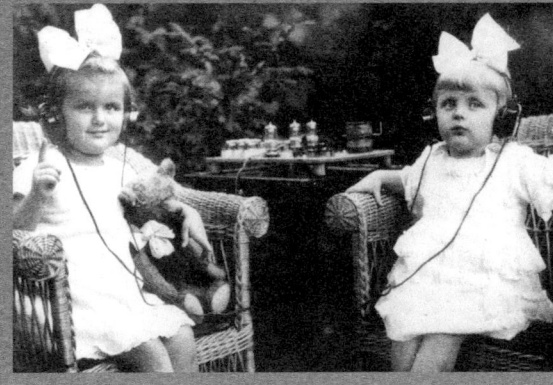

Kindersendung mit Ewis von Boeckmann, der Frau des Intendanten Kurt von Boeckmann, 1920er Jahre

Junge Hörerinnen, im Hintergrund ein selbstgebasteltes
3-Röhren-Empfangsgerät, 1924

Demonstrationszug, eine Minute Sportplatz, eine Minute Bahnhofshalle,
eine Minute Zug in der Fahrt. Warum nicht – für uns handelte es sich ja nur
um die Form; füllen sollten und sollen sie andere, nämlich die Herren von
der Dichterakademie und ihre Kollegen. Und das Ergebnis dieses ersten,
gewiss nicht vollkommenen Versuches? Unser Publikum hat uns mit größter Begeisterung länger als zwei Stunden zugehört.« Ähnlich experimen-
tierfreudig waren die Hörspielchefs der anderen deutschen Sender. Zuerst
entstanden die meisten Hörspiele in den eigenen Redaktionen. Die
Redakteure schrieben selbst und inszenierten die Tonstücke. Doch um
1930 interessierten sich zunehmend auch Autoren außerhalb der Sender
für die neue dramaturgische Form. Bekannte Autoren wie Bertolt Brecht,
Arnolt Bronnen, Fred von Hoerschelmann, Alfred Döblin, Arnold Zweig,
Erich Kästner, Hermann Kesten und Wolfgang Weyrauch schrieben für die
Hörspielredaktionen in den einzelnen Funkhäusern. In München setzte
Hörspielchef Hellmuth Habersbrunner eher auf bayerische Volksstücke.
Ein Kritiker schrieb 1930: »Ein Rückblick auf das vergangene Münchner
Spieljahr tut dar, dass das Volksstück einschließlich sonstiger Unterhal-
tungsstücke von unten, von der Hörerschaft aus gesehen, die Grundlage
des gesamten Hörspiels einnimmt. Führend im Volksstück waren beim
Bayerischen Rundfunk Ludwig Thoma, Ludwig Anzengruber und Ludwig
Ganghofer. Warum ist das Volksstück so beliebt? Weil im Volksstück Seele,
in Bayern sagt man G'müt, ist, wenn es auch manchmal so dünn wie Blatt-
gold sein mag; aber das Seelische ist da und rührt uns an.«

Ein Bau für den Rundfunk

Steigende Hörerzahlen und das zunehmende Programmangebot bei der
Deutschen Stunde in Bayern führten zu einem schnellen Personalanstieg,
so dass die Räumlichkeiten im Verkehrsministerium an der Arnulfstraße

Bau des Funkhauses, des so genannten Riemerschmidbaus. Blick in den Innenhof, August 1928

Richard Riemerschmid (1868 bis 1957) entwarf und baute da erste Münchner Funkhaus

nicht mehr ausreichten. Intendant Kurt von Boeckmann und der kaufmännische Leiter Friedrich Eicher beschlossen, ein eigenes Rundfunkgebäude zu errichten – nur wenige Meter vom bisherigen Domizil entfernt. Am 30. Juni 1929 wurde dieses erste gesellschaftseigene Gebäude seiner Bestimmung übergeben. Entworfen hatte es der Münchner Architekt und Jugendstilkünstler Professor Richard Riemerschmid, ein Onkel des Gründungsmitgliedes der Deutschen Stunde in Bayern, Robert Riemerschmid. Das Gebäude hatte durch die klare Gliederung – dreigeschossig, mit einem Mezzaningeschoß für Wohnungen – den Charakter eines Zweckbaus. Von besonderer Bedeutung war die von Riemerschmid geschaffene Inneneinrichtung der drei Senderäume, die nicht erhalten geblieben ist, sowie das ovale Haupttreppenhaus. Der große Sendesaal galt als das modernste Sendestudio in Europa mit ausgezeichneter Akustik und vorbildlicher Schallschutztechnik. In ihm befand sich die damals größte Funkorgel der Welt. Richard Riemerschmid, Mitbegründer des Deutschen Werkbunds und progressiver Kunstgewerbler, hatte mit seinem neuen Stil einen Kompromiss zwischen Tradition und neuer Sachlichkeit geschaffen.

Um diesem auch städtebaulich imponierenden Gebäude gerecht zu werden, beschloss der Münchner Stadtrat 1930, dem Platz vor dem Gebäude, der zwischen der Seidl-, Mars- und Hopfenstraße liegt, den Namen »Rundfunkplatz« zu geben. Das Jugendstilgebäude, das seit langem unter Denkmalschutz steht, ist heute noch das Haupthaus des Bayerischen Rundfunks. Im Laufe der Jahre wurden verschiedene Gebäude angebaut, so in den 1950er Jahren der Winklerbau, der Werbefunkbau und 1963 der Studiobau. In den 1970er Jahren kam das moderne Hochhaus dazu, eines der wenigen Hochhäuser, für die die Stadtverwaltung eine Baugenehmigung erteilt hat. Intendant Kurt von Boeckmann,

Das neue Funkhaus: Der Riemerschmidbau am Rundfunkplatz, 1930

Die Welt hört nach München: Am 1. Juni 1931 interviewte Otto
Willi Gail (re) den Stratosphärenflieger Auguste Piccard (li)

der von 1927 bis 1933 die Geschicke des Senders leitete (siehe auch
Seite 23), weihte am 30. Juni 1929 das Gebäude mit folgenden Worten ein:
»Wir sind … umgezogen in unser neues, eigenes, ganz für den Rundfunk
gebautes Haus. Nun füllen wir seine Räume mit unserer Arbeit. Unser
Haus ist zu funkischem Leben erwacht. Was dieses Haus in den Jahren der
Zukunft füllen wird, hängt nicht allein von unserem Willen ab…« Boeck-
manns weltoffene und liberale Grundhaltung war für die Nationalsozialisten schon vor der Machtergreifung ein Ärgernis. Diese sorgten Ende
1932 dafür, dass im Rundfunk eine erste nationalsozialistische Betriebs-
zelle gegründet wurde. Doch gerade am Tag des größten Triumphes der
Nationalsozialisten, als am 30. Januar 1933 Reichspräsident Paul von Hin-
denburg Adolf Hitler zum Reichskanzler ernannte, zeigte von Boeckmann
seine Unabhängigkeit. Er veranlasste, dass der Bayerische Rundfunk als
einziger deutscher Sender die Radio-Übertragung der Ernennung Adolf
Hitlers zum Reichskanzler und des daran anschließenden abendlichen
Fackelzugs durch Berlin abbrach. Seine Begründung, man habe die
Ernennung der Regierung und nicht eine Parteikundgebung übertragen
wollen und sei deswegen zum normalen Programm zurückgekehrt,
empörte die Nazis mächtig.

So ging die Gründungszeit und die Epoche des liberalen Rundfunks der
Weimarer Republik zu Ende. Zehn Jahre nach seiner Gründung hatte sich
der Rundfunk von einem Versuchsobjekt des Nachrichtenwesens, das vor
allem Hobbybastler faszinierte, über eine gutbürgerliche Belehrungs- und
Unterhaltungsanstalt zu einem wichtigen publizistischen und künstlerischen Medium gewandelt. Doch der 30. Januar 1933 unterbrach diese Entwicklung abrupt. Es begann die Zeit, in der der Rundfunk alle demokratischen Elemente verlieren und als ein politisches Machtinstrument
eingesetzt und missbraucht werden sollte.

Nr. 3512

18. Septbr 1922.

Notariat München XVII

Gesch.Reg.No. 3512

G r ü n d u n g
einer Gesellschaft mit beschränkter Haftung.

Heute, den achtzehnten September _____
eintausendneunhundertzweiundzwanzig _____

18. September 1922 _____

erschienen vor mir Carl G l o n n e r , Notar in

München, in den Amtsräumen des Notariats München

XVII: _____

1.) Herr Hermann K l ö p f e r , Grosshändler

in München _____

handelnd _____

a) für sich _____

b) für Herrn Dr.Ernst Ludwig V o s s _____

Direktor in Berlin, Bunsenstrasse 2

auf Grund der in Urschrift beigehefteten

Vollmacht, _____

2.) Herr Kommerzienrat Josef B ö h m , Bankdirek=

tor in München, _____

3.) Herr Dr.Robert R i e m e r s c h m i d ,

Grossindustrieller in München _____

...liche mir persönlich bekannt _____

...ersuchten um Beurkundung des nachstehenden

_____ G e s e l l s c h a f t s v e r t r a

I .

Die Herren Hermann K l ö p f e r , Dr.

...t Ludwig V o s s , Kommerzienrat Josef B ö h m

Stpl.- u. Geb.-Reg.-Nr.	
H. Erw.-Steuer	
Staat	4
"	16
" Weller-Rgl.	10
Notar	604
" Zuschl.	906
" Weller-J.	75
Pauschf.	475
H. Geb.	
Schreibgeb.	480
Unsl.	76
Sa	2646

Rechn. 20.IX.22

vgl. 21.X.22

Vorgelesen vom Notar, von den Erschienenen
genehmigt und eigenhändig unterschrieben:

Ausschnitte aus der Gründungsurkunde der Deutschen
Stunde in Bayern 1922
links die Unterschriften der Gründungsmitglieder

Der netzbetriebene Rundfunkempfänger erlaubte einen Tanz im Freien nur in der Nähe des Hauses, 1930er Jahre

Tanzparty im Wohnzimmer: Aus dem Trichterlautsprecher ertönen Walzerklänge

Das Ereignis Rundfunk versammelt Familie Langseder aus Garching um den Trichterlautsprecher, 1925

Kein Hörer hört alles

Hauptteil des Programms wird schon aus ziffermäßigen Gründen immer die Unterhaltung bleiben. Man wird ihr zweckmäßig zwei volle Abendsendungen, drei einstündige Abendeinleitungen, am besten von 8 bis 9 Uhr, und zwei Spätnachmittagsstunden einräumen. Die Abendeinleitungen sind wichtig, weil der einmal

nere Beziehungen zwischen den beiden Programmteilen, die übrigens durchaus auch in der Form des Kontrastes auftreten können, zu Hilfe kommen. Sehr wirksam ist auch hier die diskrete Aufmunterung in der verbindenden Ansage, wie ja überhaupt der Ansager für die Schaffung jener Sympathiebeziehungen zwischen Hörer und Programm eine schlechthin entscheidende Persönlichkeit ist. Sehr brauchbar sind in manchen Fällen zur Überleitung

Hans Adolf Winter dirigiert das Rundfunkorchester der Deutschen Stunde in Bayern im großen Sendesaal, im Hintergrund die große Funkorgel, 1930

interessierte Hörer fast immer auch noch nach 9 Uhr am Empfänger bleibt, also auch für andere Sendungen zu haben ist. Man muss ihm nur durch geschickte in-

und zur Milderung äußerer Programmhärten bunte Zwischenstunden von 20 bis 30 Minuten Dauer. Überhaupt bleibt, obwohl kein Hörer alles hört und hören soll, die harmonische Struktur des Programms immer wichtig, weil unsere Sendefolgen sich auch als solche angenehm herunterlesen lassen sollen. Mindestens zweimal in der Woche sollte der durcharbeitenden Hörerschaft mit Unterhaltungsstunden zwischen 5.30 Uhr und 7 Uhr entgegen-gekommen werden. Diese Tage können dann leicht für abendfüllende Spitzenver-anstaltungen verwendet werden, weil hier ein beträchtlicher Hörerteil seine Un-terhaltungsauffrischung bereits erhalten hat. Auf das die Woche durchziehende Un-terhaltungsband lassen sich dann leicht die pädagogischen und geistigen Stufen aufsetzen, also jene Sendungen, bei denen mit Ansprüchen an die Hörer gerechnet wird. Solche Sendungen können verschie-dentlich ruhig auch um 9 Uhr noch be-ginnen. Gerade der geistig regsame Hörer wird es uns sogar danken, weil er dann sein Abendessen in Ruhe absolviert hat. Sie sollen aber gleichfalls den Grundsatz möglichster zeitlicher Ökonomie beach-ten und außerdem dem künstlerischen Funkstil weitgehende Anwendungsmög-lichkeiten geben. Symphonieorchester von zweistündiger Dauer sollten als normaler Typus eigener symphonischer Veranstal-tungen vermieden werden. Auch der ge-bildete Hörer geht hier, wo die Raum-disziplin des Konzertsaales und der be-sondere Anlass einer Übertragung fehlen, häufig nur unwillig mit. Hingegen be-währt sich das funkische Kurkonzert von etwa einstündiger Dauer mit anschlie-ßender, geschmackvoll kontrastierender li-terarischer oder sonstiger Ergänzung.

Kurt von Boeckmann in einer Sitzung des Programmrates der deutschen Reichs-Rundfunk-Gesellschaft am 21. und 22. Ja-nuar 1929 in München

Der erste Intendant
Kurt von Boeckmann

Kurt von Boeckmann wurde am 22. Juli 1885 in Neapel geboren. Der studierte Ju-rist war zunächst als Leiter des Instituts für Kulturmorphologie in München und als Schriftsteller tätig. 1925 trat er als Leiter der Vortragsabteilung ein, wurde aber schon bald künstlerischer und ge-schäftlicher Direktor der bayerischen Programmgesellschaft. 1927 bis 1933 wurde von Boeckmann erster Intendant der Deutschen Stunde in Bayern und der Bayerischen Rundfunk GmbH. Nach sei-ner Absetzung 1933 war er Intendant des Deutschen Kurzwellensenders in Berlin. Kurt von Boeckmann starb am 5. Januar 1950 in Lindau.

Kurt von Boeckmann (1885 bis 1950)

Der Vater des Rundfunks
Hans Bredow

Hans Bredow – am 26. November 1879 in Schlawe in Pommern geboren – war Ingenieur. Ab 1908 baute er als Technischer Direktor der von AEG und Siemens gegründeten Gesellschaft Telefunken den deutschen Schiffs- und Überseefunkdienst auf. 1919 wurde Bredow Ministerialdirektor im Reichspostministerium. Fasziniert von der drahtlosen Übertragung von Sprache und Musik, zeigte er 1919 in einer öffentlichen Veranstaltung erstmals die Wirkung eines »Unterhaltungsrundfunks«. Im April 1921 übernahm er das Amt des Staatssekretärs für das Telegrafen-, Fernsprech- und Funkwesen und begann mit der Organisation eines öffentlichen Rundfunks. 1926 wurde Bredow zum Reichsrundfunkkommissar und zum Vorsitzenden der

Im Berliner Vox-Haus begann am 29. Oktober 1923 der Rundfunk in Deutschland

1925 gegründeten Reichs-Rundfunk-Gesellschaft (RRG) ernannt. Nach der Machtergreifung der Nationalsozialisten im Jahre 1933 wurde er verhaftet und kam für 15 Monate in Untersuchungshaft nach Berlin-Moabit. Im Anschluss daran erhielt er ein Berufsverbot und übte verschiedene Gelegenheitstätigkeiten aus. Nach 1945 war er maßgeblich am Wiederaufbau des Rundfunks in Hessen beteiligt. Hans Bredow starb am 9. Januar 1959 in Wiesbaden.

Hans Bredow (1879 bis 1959)

Die Aufgabe des Rundfunks

In einer Zeit schwerster wirtschaftlicher Not und politischer Bedrängnis wird der Rundfunk für die Allgemeinheit freigegeben ... Es drängt sich die Frage auf, ob eine derartige Einrichtung eine Lebensnotwendigkeit für Deutschland ist und ob es berechtigt ist, jetzt Neuerungen einzuführen, die nicht unmittelbar dem Wiederaufbau dienen. Das deutsche Volk ist wirtschaftlich verarmt, und es ist nicht zu bestreiten, dass auch die geistige Verarmung Fortschritte macht, denn wer kann sich heute noch Bücher und Zeitschriften kaufen, wer kann sich die Freude guter Musik und unterhaltender und bildender Vorträge gönnen? ... Hier setzt die Aufgabe des Rundfunks ein, und wenn es auf diese Weise gelingen sollte, allen Schichten der Bevölkerung künstlerisch und geistig hoch stehende Darbietungen aller Art zu Gehör zu bringen, wenn gleichzeitig der Industrie ein neues Betätigungsfeld eröffnet und damit für Arbeiter und Angestellte Arbeitsmöglichkeit geschaffen wird, dann wirkt der Rundfunk aufbauend, und das deutsche Volk hat ein Recht auf ihn.

Geleitwort von Hans Bredow am 14. Oktober 1923 zur ersten Sendung

Zeitgenössische Karikatur der drei Gründer der Berliner Radio-Stunde, 1920er Jahre

Albert Einstein eröffnet am 22. August 1930 die Berliner Funkausstellung

Aus schläfriger Stumpfheit erwecken

Wenn Ihr den Rundfunk hört, so denkt daran, wie die Menschen in den Besitz dieses wunderbaren Werkzeugs der Mitteilung gekommen sind. Der Urquell aller technischen Errungenschaften ist die göttliche Neugier und der Spieltrieb des bastelnden und grübelnden Forschers und nicht minder die konstruktive Phantasie des technischen Erfinders ... Denket auch daran, dass die Techniker es sind, die erst wahre Demokratie möglich machen. Denn sie erleichtern nicht nur des Menschen Tagewerk, sondern machen auch die Werke der feinsten Denker und Künstler, deren Genuss noch vor kurzem ein Privileg bevorzugter Klassen war, der Gesamtheit zugänglich, und erwecken so die Völker aus schläfriger Stumpfheit. Was speziell den Rundfunk anlangt, so hat er eine einzigartige Funktion zu erfüllen im Sinne der Völkerversöhnung. Bis auf unsere Tage lernten die Völker einander fast ausschließlich durch den verzerrenden Spiegel der eigenen Tagespresse kennen. Der Rundfunk zeigt sie einander in lebendigster Form und in der Hauptsache von der liebenswürdigsten Seite. Er wird so dazu beitragen, das Gefühl gegenseitiger Fremdheit auszutilgen, das so leicht in Misstrauen und Feindseligkeit umschlägt.

Albert Einstein zur Eröffnung der Berliner Funkausstellung 1930

Bertolt Brecht – Deutscher Dramatiker und Lyriker
(1898 bis 1956)

Es müssen Werke ausschließlich für das Radio gemacht werden. Was die Hörspiele betrifft, so sind hier ja tatsächlich von Alfred Braun interessante Versuche gemacht worden. Der akustische Roman, den Bronnen versucht, muss ausprobiert werden und diese Versuche müssen fortgesetzt werden. Dazu dürfen auch weiterhin nur die allerbesten Leute herangezogen werden. Der große Epiker Alfred Döblin wohnt Frankfurter Allee 244. Ich kann Ihnen aber vorher sagen, dass all diese Versuche an den ganz lächerlichen und schäbigen Honoraren scheitern werden, die die Funkstunde für solche Zwecke zu vergeben hat.

Bertolt Brecht über das Hörspiel, 1927 im *Berliner Börsencourier*

Weihnachtsfeier im neuen Funkhaus mit allen Mitarbeiterinnen und Mitarbeitern der Deutschen Stunde in Bayern: u.a. Kurt von Boeckmann, Ewis von Boeckmann (Mitte stehend), unten sitzend von rechts Otto Freundorfer, Hanns Priehäusser, Fritz Horrmann, Hellmuth Habersbrunner, Karl Rotthaler, 1929

Die Erfindung der Reportage im Hörfunk

Ich war 1926 zum Rundfunk gekommen, und ungefähr ein Jahr später ist das passiert: Ich wurde zu dem Platz vor dem Kriegerdenkmal geschickt, jedes Mal an dem Tag, der heute Volkstrauertag heißt und damals Heldengedenktag hieß.

Und da passierte nun folgendes: Ich hatte das Zeichen bekommen »Der Sender ist eingeschaltet«. Es gab damals ja nur Live-Sendungen, denn die Aufnahmetechnik war noch nicht entwickelt. Ich sollte also ansagen, und ich habe auch angesagt, nachdem ich das Lichtzeichen bekommen hatte. Aber es ging nicht los. Es war nur ein Flüstern und ein Murmeln über dem Platz, aber es fand nichts statt. In meiner Verlegenheit habe ich die Ansage wiederholt. Nach ein oder zwei Minuten, und ich habe sie auch noch ein zweites Mal wiederholt. Es ging aber nicht los. Aber ein Techniker kam zu mir gelaufen und sagte mir: »Hören Sie mal, das kann nicht losgehen, weil der Prinz des Wittelsbacher Hauses eine Autopanne auf der Anfahrt hat, und bevor er nicht da ist, kann man nicht anfangen.«

Und nun fühlte ich mich verpflichtet, dies meinen Hörern zu erzählen. Und aus der Erzählung entwickelte sich eine Schilderung des Platzes, der Vorgänge auf dem Platz, und als ich wieder nach der Veranstaltung in das Funkhaus zurückkam, sagte mir der Intendant von Boeckmann:

Otto Freundorfer, seit 1926 Reporter und Sprecher, von 1950 bis 1962 Sendeleiter Hörfunk

»Sagen Sie, wissen Sie, dass Sie eine ganz neue Sendeform erfunden haben?« Und das war also der Beginn der Reportagen im Bayerischen Rundfunk.

Aus den Erinnerungen von Otto Freundorfer, 1974

Karl Rotthaler (re) und Rudolf von Scholtz im Technikraum mit Marmorblockmikrofon, 1927

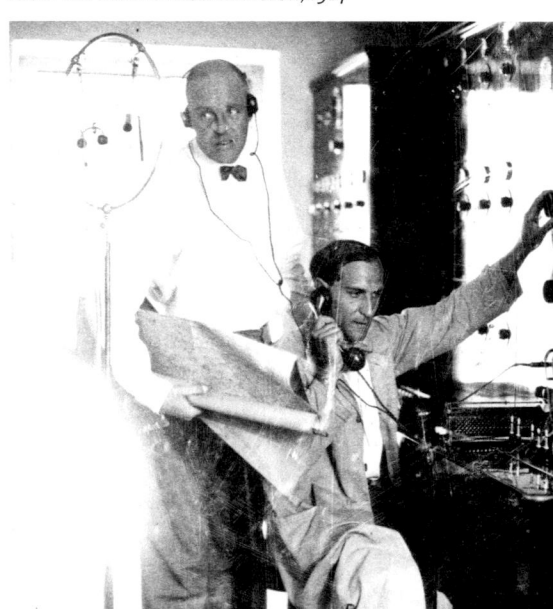

Ein Holzbrett als Grundlage

Musik beliebig aus dem Äther zu empfangen erregte Lehrlinge damals besonders, weil es sich herumsprach, dass man den Empfangsapparat selber bauen könne, und nur der Kopfhörer fertig gekauft werden müsste. Ein Holzbrett, etwa 30 mal 30 cm, war die Grundlage. Es musste zur Isolierung geschellackt und auf Porzellanfüße gestellt werden. Eine Papprolle für eine Spule, 50 mm Durchmesser, 30 cm lang, bekam ich im Papierladen. Schwieriger war schon, eine Messingstange zu beschaffen, auf der ein Reiter entlang der Spule gleiten musste, um die entsprechenden Kupferdrahtwindungen in den Stromkreis einzuschließen, entsprechend der Wellenlänge.

Die Seele des Empfangsapparates war der Detektor, den man auch selbst bauen musste. Ein Wunderkristall, den es zu kaufen gab, wurde in ein Näpfchen eingebettet und beim Empfang mit einer feinen Nadel abgetastet. Beides war in einen Stromkreis eingeschlossen.

Walter Köster, Maschinenbaulehrling in Nürnberg und einer der zahlreichen Radiobastler, die dem neuen Medium zum Durchbruch verholfen haben

Karl Kargus (li) und Hanns Priehäusser auf dem Weg zu einer Reportage vom Vorbeiflug des Zeppelins in Pöcking am Starnberger See, 1930

Kiem Pauli
Der Liedersammler

Volksmusik und Rundfunk in Bayern – das ist eine Verbindung, die seit 1924 für beide Seiten ganz wichtig war. Diese Ver-

Volk denkt und fühlt. Denn Liebe, Hass, Ernst, derben Spott und Humor und tiefe Religiosität findet man in seinem Lied.«

Bei Wanderungen von Hof zu Hof hatte der Kiem Pauli die Idee, einen Aufruf zu einem Preissingen ins Land zu schicken. Das Echo war unerwartet. Waschkörbe

Preissingen 1931 in Landshut mit Intendant Kurt von Boeckmann (li), dem Kiem Pauli (mit Brille) und dem Volksliedforscher Professor Kurt Huber (rechts daneben), dem späteren Mitglied der Widerstandsgruppe »Weiße Rose«

bindung hat einen Namen: Kiem Pauli. Er ließ nach dem Ende des Ersten Weltkriegs landauf, landab von Austragsbauern und Benefizianten vorsingen, von Gendarmen, Wilderern, Holzknechten und Schullehrern; Notenblatt um Notenblatt rekonstruierte er das bairische Volksliedgut, um festzuhalten, »wie das

voller Einsendungen kamen als Antwort. Über 700 Menschen sind dieser Aufforderung gefolgt. Jeder wollte singen, jodeln. 1500 Briefe hat er geschrieben, bis die 40 Gruppen feststanden, die am 29. und 30. März 1930 in der Überfahrt in Egern am Tegernsee den Preisrichtern vorsingen sollten.

Für die Verwirklichung des Preissingens brauchte der Kiem Pauli finanzstarke Partner. Es gab ja viele Auslagen, die schon bei der Vorbereitung entstanden. Den Mitwirkenden wurden die Reisekosten ersetzt, Unterkunft und Verpflegung gratis geboten, dann die Ausgaben für Preise und Ehrengaben. Mit der Deutschen Akademie gab es seit Jahren einen Kontakt durch Professor Kurt Huber. So galt es jetzt vor allem, die Beteiligung des Rundfunks zu sichern.

Erst die Übertragung des Schlussabends in der Deutschen Stunde in Bayern gab dem Preissingen das Echo, das für die Verbreitung der Lieder so entscheidend war. Sechs Jahre vorher hatte der Kiem Pauli allerdings schon einen Anfang mit der Volksmusik im Rundfunk gemacht: ein Münchner Kellerfest, veranstaltet von Freunden altbairischer Art, ausgeführt vom Kiem Pauli aus Rottach am Tegernsee, war die erste Sendung mit der traditionellen Volksmusik.

Professor Kurt Huber – der später durch sein Engagement bei der studentischen Widerstandsgruppe »Weiße Rose« in den 1940er Jahren in München bekannt wurde – hatte zu der angekündigten Veranstaltung des Preissingens in der Rundfunkprogrammzeitschrift *Süddeutscher Rundfunk* eine begeisterte Schilderung über das altbairische Volkslied geschrieben. »Altbaiern im Liede? Der Fremde kennt es nicht, es sei denn in der sentimentalen Verzeichnung eines unwahren Salontirolertums, der Einheimische hat von seinem Reichtum und Wert kaum

Der Kiem Pauli (eigentlich Emanuel Kiem, 1882 bis 1960), unermüdlicher Sammler und Archivar bisher nur mündlich weitergegebener bairischer Volksmusik

mehr eine Ahnung, so gründlich hat modische Musik und billige Gassenmelodik auch in den stillsten Bergtälern Einzug gehalten. Und dennoch lebt es noch, nicht in verstaubten Sammlungen, sondern mitten im Volke ein kräftiges, blühendes Leben. Vor allem aber lehren es prächtige Bauerngestalten wie der Staudacher-Martl von der Zell oder der Kiem Pauli vom Tegernsee, die – selbst lebendige Liederbücher – die Tradition ganzer Gaue in sich vereinigen und weitergeben.«

Noch heute sind Aufnahmen des Kiem Pauli und seiner gesammelten Lieder immer wieder im Programm des Bayerischen Rundfunks zu hören.

Wagner als Radio-Klassiker

Ihren internationalen Ruf haben die Bayreuther Festspiele auch dem Rundfunk zu verdanken. Seit beinahe 80 Jahren wird Bayreuth weltweit im Rundfunk übertragen.

Am 18. August 1931, als das Radio eigentlich noch in den Kinderschuhen steckte, gelang der geniale technische Schritt, und Hörerinnen und Hörer in über 200 Ländern konnten *Tristan und Isolde* von Richard Wagner live im Radio drahtlos verfolgen – aus dem Festspielhaus Bayreuth.

... hier, wo ich nun gerade bin und wo manches gar nicht so übel ist, würde ich auf einer schönen Wiese bei der Stadt von Brett und Balken ein rohes Theater nach meinem Plane herstellen und lediglich bloß mit der Ausstattung an Decorationen und Maschinerie versehen lassen, die zu der Aufführung des Siegfried nötig sind. Dann würde ich mir die geeignetsten Sänger, die irgend vorhanden wären, auswählen. ... Ist alles in gehöriger Ordnung, so lasse ich dann unter diesen Umständen drei Aufführungen des Siegfried in einer Woche stattfinden: nach der dritten wird das Theater eingerissen und meine Partitur verbrannt. Den Leuten, denen die Sache gefallen hat, sage ich dann: nun macht's auch so!

Richard Wagner an Theodor Uhlig am 22. September 1850

Es war die erste weltweite Hörfunkübertragung überhaupt: Für die noch junge Radiotechnik war das ein Pionierschritt mit für damalige Verhältnisse enormem Aufwand. Erst acht Jahre zuvor, im Oktober 1923, hatte die erste öffentliche deutsche Rundfunksendung aus dem Berliner Vox-Haus stattgefunden. Man hatte noch keinerlei Klangerfahrung mit dem Bayreuther Gebäude. Vier Mikrofone wurden damals auf der Bühne und im Orchester installiert – bei heutigen Aufführungen sind es über 40. Eine riesige Verstärkeranlage musste in den beengten Räumen untergebracht werden. Von dieser aus verlegte die deutsche Reichspost zwei Kilometer Freileitung zum nächsten Verstärkeramt. Per Kabel und per Funk gingen die Übertragungen zu fast allen europäischen Rundfunkstationen sowie zu Stationen in Nordamerika und Afrika. Und so wurde *Tristan und Isolde* unter der Leitung von Wilhelm Furtwängler erstmals live auf drei Kontinenten gehört. Die technische Qualität der Übertragung war damals natürlich noch bescheiden: Mono mit viel Rauschen im Hintergrund.

Neben der Faszination für dieses technische Wunderwerk gab es auch künstlerische Bedenken an der Live-Übertragung einer Oper. Die Zeitschrift *Funk* schrieb damals: »Man darf über die Freude an dem künstlerischen Gewinn für den Rundfunk nicht vergessen, dass diese Form der rein klanglichen Wiedergabe eines Bühnenwerkes den Grundgesetzen Wagnerscher Theorie, der untrennbaren Einheit von Sprache, Musik und Darstellung widerspricht.«

Parsifal-Inszenierung von Heinz Tietjen mit den Bühnenbildern des Wiener Bühnenbildners, Malers und Grafikers Alfred Roller, einem Idol Adolf Hitlers; 1. Aufzug, 1. Bild, 1934

Siegfried Wagner, der als drittes Kind von Richard Wagner und seiner späteren Ehefrau Cosima 1869 geboren wurde, übernahm 1908 die Leitung der Festspiele, die er bis zu seinem Tode 1930 inne hatte. *Tristan und Isolde* inszenierte er 1927 erstmals.

Das Festspielhaus in Bayreuth, Südansicht, um 1930

Franz Adam (1885 bis 1954)

Kuppel des Verkehrsministeriums, 1920er Jahre

Der große Sendesaal im Verkehrsministerium, links Franz Adam, mit Chor und Orchester, um 1925

Karl Valentin und Liesl Karlstadt

Sportreportage vom Dach einer Tribüne, 1926

Reportage aus dem Gefängnis Festung Landsberg am Lech, 1926. Hier schrieb Adolf Hitler 1924 während seiner Festungshaft den ersten Band seiner Schrift *Mein Kampf*

Die »Gleichschaltung«

Der Reichssender München

Joseph Goebbels (Mitte) mit dem Chef der Staatskanzlei Hermann Esser (re) und Intendant Richard Kolb (li), 1933

Die Hakenkreuzfahne am Riemerschmidbau, 1933

»Der Rundfunk ist das modernste, und ich darf wohl sagen, das erfolgreichste Massenbeeinflussungsinstrument«. Das verkündete Joseph Goebbels kurz nach der Machtergreifung, am 23. April 1933, im Funkhaus München vor dem bayerischen Staatsminister Hermann Esser sowie dem Intendanten und dem Personal der Bayerischen Rundfunk GmbH.

Goebbels war von Adolf Hitler zum Leiter des Reichsministeriums für Volksaufklärung und Propaganda ernannt worden, ein Ministerium, das es mit diesem Namen und in diesem Stil noch nicht gegeben hatte. Und Joseph Goebbels zeigte von Anfang an, dass er dem Namen gerecht werden wollte. Zielstrebig sollte der Rundfunk als Instrument der Machtsicherung aufgebaut werden. Und die Mitarbeiter machten sich keinerlei Illusionen: Schon am 17. März – fünf Wochen vor der Rede – hatten Einheiten der SA das Münchner Funkhaus besetzt und die Hakenkreuzfahne gehisst.

Was die neuen Machthaber von der Rundfunkfreiheit hielten, geht aus einem Schreiben hervor, das Hanskarl Leistritz, der Leiter des Hauptamts für Aufklärung und Werbung der Deutschen Studentenschaft, am 20. April 1933 an den Sender in München richtete. Er äußerte darin zwei Bitten und dies in einem Ton, der keinen Widerspruch zuließ. Es ging um die von der nationalsozialistischen Studentenschaft geplante Verbrennung der Bücher unliebsamer Autoren. Die Bayerischer Rundfunk GmbH solle doch am 10. Mai eine Reportage von der Bücherverbrennung bringen, die an diesem Tag von 23.00 bis 24.00 Uhr am Königsplatz stattfinden werde. Und er bat ferner um die Ausstrahlung zweier Vorträge zu diesem Thema in der Woche vor der Aktion. Damit keine Zweifel über die Autoren dieser Vorträge aufkämen, fügte er nur lapidar an: »Die betreffenden Herren werden Ihnen noch benannt.«

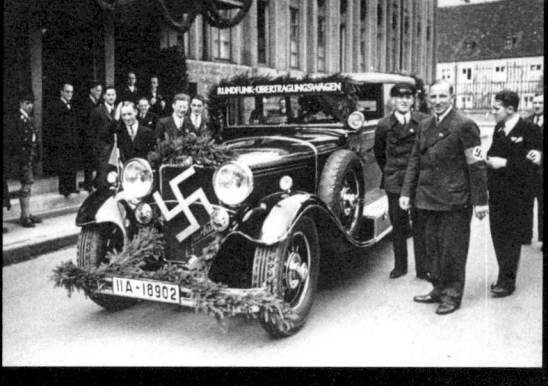

Empfang des Reichsjugendführers Baldur von Schirach am Haupteingang des Rundfunkgebäudes, 1933

Einweihung eines neuen Rundfunkübertragungswagens vor dem Funkhaus, 1933

Mit welcher Selbstverständlichkeit ein NS-Funktionär den Rundfunk für sich in Anspruch nahm, kann man nur verstehen, wenn man weiß, wie siegesgewiss und selbstbewusst Goebbels bereits am 9. Oktober 1932 über den bayerischen Rundfunk schrieb. »Wir sind schon dabei, eine neue Personalliste für den Rundfunk aufzustellen für den Fall, dass wir über Nacht an die Macht kommen.«

Doch auch auf Rundfunkseite wurden die zukünftigen Machthaber schon erwartet. Im Herbst 1932 war innerhalb des Hauses eine NS-Betriebszelle gegründet worden. Und die Taktik der Unterwanderung funktionierte: Durch entsprechenden Druck gelang es nach der Ernennung Hitlers zum Reichskanzler, noch vor den Wahlen vom 5. März 45 Sendungen auszustrahlen, die sich als »Auflagensendungen« der Kontrolle des Hauses entzogen und reine Wahlpropaganda waren.

Wagner als Pausenzeichen

Aber auch bei Kleinigkeiten bekamen die Hörerinnen und Hörer sowie die Verantwortlichen bald zu spüren, dass ein neuer Geist herrschte. Eine der ersten Anordnungen war, Adolf Hitlers Lieblingskomponisten Richard Wagner im Programm sehr viel stärker zu berücksichtigen. Selbst als Pausenzeichen erklangen von nun an die Takte seiner Musik. In München waren es die Gralsglocken aus dem *Parsifal*, die zwischen den Sendungen ertönten, und im Nürnberger Studio waren es die Töne des Liebesmotivs aus *Die Meistersinger von Nürnberg*. Dazu passten die – nicht gerade differenzierten – Worte von Richard Kolb, von Joseph Goebbels 1933 für ein halbes Jahr als Rundfunkintendant eingesetzt, in der *Bayerischen Radiozeitung*: »Deutsche Art, deutscher Geist, deutsches Gemeinschaftsgefühl, das sollen die Fundamente des Rundfunks sein.« Jüdische Kom-

Viktor Schwarz, bis 1933 Leiter der wissenschaftlichen Vortragsabteilung, 1930er Jahre

Friedrich Würzbach, Leiter der Abteilung Wissen und Weltanschauung, 1930er Jahre

ponisten wie Felix Mendelssohn Bartholdy, Gustav Mahler, George
Gershwin oder Arnold Schönberg durften ab jetzt nicht mehr gespielt
werden.

Kündigungen

In seiner Rede vor den Rundfunkintendanten am 25. März 1933 hatte
Joseph Goebbels auf seine Verantwortung für den Rundfunk hingewiesen. Dabei äußerte er eine Bitte, die im Klartext eine unverhohlene Dro-
hung war: »Und wenn ich für die geistige Betätigung des Rundfunks
verantwortlich bin, dann bin ich auch verantwortlich für die personelle
Besetzung. Denn ich kann doch nicht im Rundfunk einen Geist pflegen
mit einem Personal, das mir von einem anderen vor die Nase gesetzt wird
– sondern dann muss das Rundfunkhaus mir gehören! . . . der Rundfunk
wird gereinigt . . . und ich wäre Ihnen außerordentlich dankbar, wenn Sie
diesen Reinigungsakt schon selbst vollziehen. Tuen Sie das aber nicht oder
wollen Sie das nicht, dann wird's von uns aus gemacht. . .«

So wurde auch im Münchner Funkhaus schnell gehandelt. Auf der »Kün-
digungsliste«, die noch 1933 wirksam wurde, standen Marie Buczkowska,
Leiterin der Abteilung Frau und Kind, Franz Weiss, Leiter der Abteilung Werbung und Recht, Viktor Schwarz, Leiter der wissenschaftlichen Vortragsabteilung, und Peter Muthmann, Redakteur der Jugendsendungen.
Rudolf von Scholtz, Leiter der Abteilung Nachrichten und Aktuelles, verließ
den Sender aus Protest. Den Bereich Nachrichten übernahm der Polizei-
hauptmann a.D. Karl Mayer, die Abteilung Heimat das Parteimitglied Theodor Auzinger. Die Vortragsabteilung wurde 1933 umbenannt in »Wissen
und Weltanschauung« und von Friedrich Würzbach geleitet. Auch für den
Intendanten Kurt von Boeckmann war kein Platz mehr. Nach einem kur-

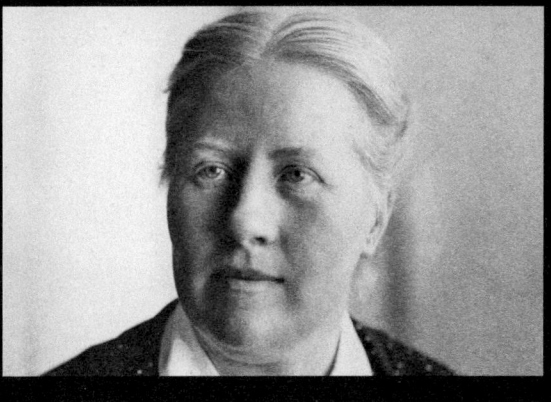

Carl Mayer, Leiter der Abteilung Nachrichten, 1930er Jahre   Marie Buczkowska, Leiterin der Abteilung Frau und Kind, 1932

zen Intermezzo mit Richard Kolb wurde 1934 der langjährige Leiter der Literarischen Abteilung, Hellmuth Habersbrunner, als Intendant installiert.

In Nürnberg suspendierte man den bisherigen Studioleiter Alfred Graf aufgrund seiner politischen Überzeugung. Er hatte sich beharrlich geweigert, Mitglied der NSDAP zu werden; Wilhelm Paulus ersetzte ihn. Der Nebensender Nürnberg produzierte außer literarischen Sendungen, die noch bis 1939 fortgesetzt werden konnten, nur noch Musikbeiträge für das Programm in München und stellte bei politischen Großereignissen in Nürnberg – wie den Reichsparteitagen der NSDAP – die technische Ausrüstung zur Verfügung. Im Herbst 1939 mussten die deutschen Nebensender den Produktionsbetrieb auf Befehl des Reichspropagandaministers Joseph Goebbels weitgehend einstellen. Auch der Sender Nürnberg fungierte bis Kriegsende nur noch als reine Sendestation des Münchner Programms, beziehungsweise des Reichsprogramms.

In der Schrift »Reichsrundfunk – Entwicklung, Aufbau, Bedeutung« wurde 1934 auf die besonderen Aufgaben der Münchner Sendestelle aufmerksam gemacht: »Verpflichtend birgt unser Sendegebiet Stätten, die jedem Deutschen Symbol der nationalen Erneuerung sind: München, Ausgangsort der nationalen Erhebung, vom Führer als das Herz des künstlerisch schaffenden Deutschland erklärt; Nürnberg, Stadt der Reichsparteitage, prüfende Rückschau mit immer jungem Gestaltungswillen verbindend; Berchtesgaden, Wahlheimat des Führers, nach der Hast des politischen Lebens Ruhe gewährend; Bayreuth, Verklärung deutschen Wesens. Wir wissen, dass uns diese Namen nicht allein gehören, dass wir die in ihnen beschlossenen Aufgaben als Treuhänder des ganzen deutschen Volkes lösen müssen und wir sind dankbar, dass wir ein Sendegebiet betreuen dürfen, dessen Volk selbst die nie versiegende Kraftquelle zu ihrer Erfüllung ist.«

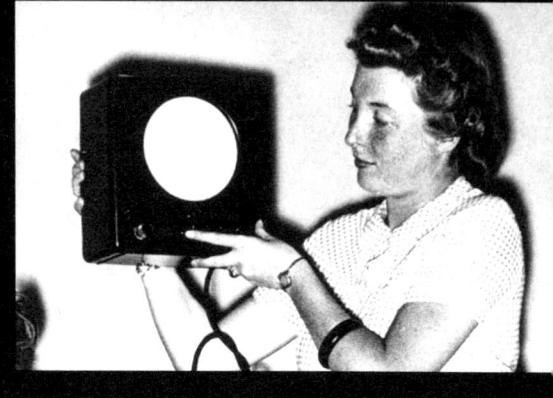

Xylophon-Virtuose Kurt Engel bei einer Aufnahme im Studio, 1930er Jahre

Der deutsche Kleinempfänger DKE, die »Goebbelsschnauze« war mit 35 RM das billigste Rundfunkgerät seiner Zeit, 1938

Der Volksempfänger kommt

Trotz des ungeahnten Erfolgs des Radios in den ersten zehn Jahren gab es 1933 nur in zwei von zehn Haushalten ein Radiogerät. Wollte Joseph Goebbels seine Pläne der Beeinflussung der Massen mit Hilfe des Rundfunks durchsetzen, mussten auch die Voraussetzungen dazu geschaffen werden. Schon im August 1933 wurde auf der Berliner Funkausstellung unter dem Namen »VE 301« ein Radiogerät präsentiert, das für die Massen erschwinglich war. Die Abkürzung »VE« stand für Volksempfänger und die Zahl »301« sollte auf das Datum der Machtergreifung am 30.1.1933 hinweisen. Alle Produzenten von Rundfunkgeräten in Deutschland erhielten die Anweisung, diese baugleich herzustellen und zum Einheitspreis von 76 Reichsmark anzubieten. Bis zu diesem Zeitpunkt kostete ein Radio zwischen 200 und 400 Reichsmark. Trotz aller Warnungen vor einem »Wald- und Wiesenempfänger mit all seinen Nachteilen« entwickelte sich der Volksempfänger zu einem ausgesprochenen Verkaufsschlager. 1933 wurden 690 000 und 1934 annähernd 900 000 Stück abgesetzt. 1938 folgte dem Volksempfänger noch ein einfacheres Gerät für 35 Reichsmark unter dem Namen »Deutscher Kleinempfänger«, das im Volksmund bald den Spottnamen »Goebbelsschnauze« erhielt. Die Folge dieser Preispolitik war, dass zwischen 1933 und 1941 der Anteil der deutschen Haushalte, in denen ein Radiogerät stand, von gut 20 Prozent auf 65 Prozent stieg.

Zum Gemeinschaftsempfang

Goebbels erklärte Rundfunkhören zur staatspolitischen Pflicht und formulierte die Parole »Rundfunk in jedes deutsche Haus«. Dabei ging es ihm vor allem darum, eine Höchstzahl von Hörerinnen und Hörern für die

Winifred Wagner und Adolf Hitler in der Wagner-Loge im Festspielhaus Bayreuth, 1930er Jahre

Otto Willi Gail produzierte von 1928 bis zu seinem Tod 1956
Reportagen für den Hörfunk, hier aus dem Zirkus, 1935

offiziellen Propagandasendungen zu erreichen. Auch an den Arbeits-
stellen, in Betrieben und im Handel wurde dafür gesorgt, dass ausreichend Arbeitsfrontempfänger zur Verfügung standen. Somit wurde das
Ziel der Nazis »Ganz Deutschland hört den Führer mit dem Volksempfänger« tatsächlich weitgehend Wirklichkeit. Ihre Reden hielten Hitler
und Goebbels vorwiegend tagsüber, um so zu gewährleisten, dass sich
niemand dem »Gemeinschaftsempfang« entziehen konnte. Aber nicht
nur technisch bekam Joseph Goebbels das neue Medium in den Griff. Am
1. April 1934 wurde die Bayerischer Rundfunk GmbH aufgelöst und als
Reichssender München in den nationalsozialistischen Einheits-Rundfunk
eingegliedert und wie alle anderen Reichssender unterteilt in die Abteilungen Sendung, Wirtschaft und Technik.

Der Rundfunk wird zur Reichssache erklärt

Bayern konnte sich aufgrund seiner Sonderstellung, nicht Mitglied in der
Reichs-Rundfunk-Gesellschaft zu sein, länger als andere Länder der zunehmenden Politisierung und Zentralisierung entziehen. Bereits im Juli
1932 hatte die neue deutsch-nationale Regierung unter Reichskanzler
Franz von Papen »Richtlinien zur Neuordnung des Rundfunks« erlassen,
welche den Einfluss der Reichs-Rundfunk-Gesellschaft auf Organisation,
Wirtschaft und Programm weiter stärkten und die Länder in ihrem Wir-
kungsbereich einschränkten.

Damals schon konnte von einer Unabhängigkeit des deutschen Rundfunks nicht mehr gesprochen werden. Adolf Hitler entsprach den Wünschen Goebbels' und erklärte den Rundfunk zur Reichssache. Der
Drahtlose Dienst, der als eine Art Agentur den Rundfunk mit Nachrichten
und Informationssendungen versorgt hatte, wurde direkt der Presseab-

Reichsintendant Heinrich Glasmeier (li) und der Präsident der Reichskulturkammer, Reichsamtsleiter Hans Kriegler, 1939

Das NS-Frankenorchester des Senders Nürnberg, 1930er Jahr

teilung des Propagandaministeriums unterstellt. Dies geschah nicht einmal heimlich, sondern wurde durchaus stolz auch nach außen kommuniziert. In seiner Rede am 25. März 1933 stellte Goebbels fest: »Der Rundfunk wird gereinigt, wie die ganze preußische und deutsche Verwaltung gereinigt wird.«

Goebbels greift durch

Goebbels Ziel war es, »dass einhundertprozentig die ganzen Funkhäuser der nationalen Regierung dienen und sich dem Volke verpflichtet fühlen.« Wer als politisch oder rassisch »unzuverlässig« galt, sollte keinen Platz mehr im Rundfunk haben. Nicht nur alle Programmmitarbeiterinnen und Programmmitarbeiter, auch Techniker, Orchestermusiker und Sekretärinnen wurden durchleuchtet. Mit Verhören, Verleumdungen, Fragebögen, Beschlagnahmung von Akten, Kündigungen, Versetzungen, aber auch Wiedereinstellungen mit verminderten Bezügen machte sich das Regime die Rundfunkleute gefügig.

Rundfunkkommissar Hans Bredow erklärte noch am 30. Januar 1933 seinen Rücktritt. In den Monaten danach mussten die beiden Direktoren der Reichs-Rundfunk-Gesellschaft, fast alle Intendanten sowie jüdische, sozialdemokratische und kommunistische Mitarbeiter ausscheiden. Mitte 1933 gab die Reichs-Rundfunk-Gesellschaft die Entlassung von 98 leitenden und 38 weiteren Rundfunkangestellten bekannt. Bis zum Jahresende mussten rund 13 Prozent aller früheren Mitarbeiter den Sender verlassen. Sämtliche Angestellten des Rundfunks hatten von nun an zusammen mit den Beschäftigten von Rundfunkpresse und Rundfunkindustrie der Reichsrundfunkkammer unter der Leitung von Horst Dreßler-Andreß zwangsweise als Mitglieder anzugehören.

Fanfarenzug des Deutschen Jungvolks auf dem Reichsparteitag in Nürnberg, 1938

Techniker mit Wachsplatten-Schneidegerät. Seit 1928/1929
konnten die Sender Wachsplatten selbst produzieren

Die Nürnberger Reichsparteitage

Die erste große Demonstration des neuen Machtmittels fand im Herbst
1933 statt. Tagelang übertrug der Nebensender Nürnberg das Geschehen
vom Nürnberger Reichsparteitag der NSDAP. Der Nebensender Nürnberg
musste dafür technisch ausgebaut werden, da die Räumlichkeiten für
solche Großveranstaltungen bei weitem nicht ausreichten. Abgesehen
von den fest eingebauten Hörfunkanlagen des Parteitagsgeländes wurde
die gesamte Technik für die Reichsparteitage eigens per Bahn und Trans-
portwagen von Berlin herangeschafft. Für Aufzeichnungen standen 1500
Schallfolien und 1000 Wachsplatten zur Verfügung. Die Reden sollten
archiviert werden, um späteren Generationen »eine Vorstellung von der
Zeit des nationalsozialistischen Aufbruchs« zu vermitteln, schrieb eine
Zeitung 1937. Zwei Jahre zuvor hatte Hitler auf dem Reichsparteitag die so
genannten »Rassengesetze« verkündet, die den Juden ihre staatsbürger-
lichen Rechte entzogen. Ihnen war auch der Besitz eines Radiogerätes ausdrücklich verboten.

Goebbels erkannte als versierter Demagoge auch die Gefahr: Er fürchtete, dass die Hörerinnen und Hörer durch zu viel Propaganda das Interesse am Radio verlieren könnten und damit seine Pläne, mit diesem
Massenmedium jederzeit die Menschen zu erreichen und zu beeinflus-
sen, konterkarieren würden. Unterhaltung und Musik sollten deswegen
stärker in den Vordergrund rücken. Wie ein moderner Marketingstratege
erklärte der neue Reichssendeleiter Eugen Hadamovsky sein Ziel, Unterhaltung und Anspruch zu »künstlerischer und weltanschaulicher Aufbauarbeit im Geiste des Nationalsozialismus« zu vereinen (siehe auch
Seite 58/59). Der Musikanteil am Gesamtprogramm betrug 1937 bereits
über 72 Prozent.

Die »Winkler-Schrammeln« oder »Münchner-Funkschram-
meln« waren in den 1930er Jahren oft im Programm zu hören

Peter Paul Althaus, Dichter, Kabarettist und Rundfunkmita
beiter (re), interviewt den Weiß Ferdl, um 1935

Wie Unterhaltung unter nationalsozialistischem Blick gesehen wurde,
konnte man erkennen, als Hadamovsky am 12. Oktober 1935 ein Verbot
für alle Rundfunkanstalten herausgab, »Niggerjazz« zu senden. Dass gerade dieses Verbot zu einer neuen Musikkultur in Deutschland führte,
konnte er nicht ahnen. In zahlreichen Kneipen und bei privaten Zusam-
menkünften wurde nun eifrig Swing und Jazz gespielt. Es war die Begleitmusik der Oppositionellen im Kleinen. Ein weiteres Verbot traf den
Rundfunk dann ein Jahr später. Zum Jahreswechsel 1935/36 wurde ver-
fügt, dass keine Werbesendungen mehr im Radio ausgestrahlt werden
durften.

Die Olympischen Spiele in Bild und Ton

Den Anspruch auf Unterhaltung und NS-Propaganda erfüllten im Februar
1936 die Übertragungen der Olympischen Winterspiele aus Garmisch-
Partenkirchen. Die bis 1935 selbständigen Gemeinden Garmisch und
Partenkirchen hatten sich wegen der Spiele 1936 zu einer Ortschaft
zusammengeschlossen. Es war die bis dahin größte Anstrengung in der
Geschichte des Reichssenders München, elf Tage lang von den verschiedenen Wintersportorten – zum großen Teil live – zu übertragen. 37 ausländische und elf deutsche Reporter berichteten täglich 18 Stunden lang,
287 Sendungen in 14 Sprachen. Durch die neue Technik der Konferenz-
schaltung konnten mehrere Sprecher von verschiedenen Kampfstätten
gleichzeitig senden. Für die Übertragung der Spiele wurde von der Reichs-
sendeleitung eigens ein »Olympiasender Garmisch-Partenkirchen« errichtet. Voller Stolz schrieb die *Bayerische Radiozeitung* 1936: »Die
Funkbaracke, die unweit des Bahnhofs Garmisch-Partenkirchen liegt, ist
zugleich das Gehirn und das Herz der gesamten rundfunktechnischen
Anlagen ... In der äußerlich unscheinbaren Hütte sind die modernsten

Adolf Hitler und André François-Poncet bei der Eröffnung der Olympischen Winterspiele in Garmisch-Partenkirchen, 1936

Der Bayern-Turm bei den Olympischen Winterspielen 1936 in Garmisch-Partenkirchen

Mikrofonverstärker-Apparaturen untergebracht . . . ferner Regiepulte und Aussteuerungsgeräte zur Kontrolle der Sendungen . . . Im gleichen Raum befinden sich außerdem alle Einrichtungen zur Schallplattenaufnahme, das sind Schneidegeräte für Wachs-und Schallfolien . . . sogar einen Wärmeschrank für Wachse finden wir hier . . .«

Hitler legte größten Wert darauf, die Winterspiele – ebenso wie die Sommerspiele in Berlin – zur Großdemonstration des nationalsozialistischen Deutschlands weltweit zu nutzen. Bei den Sommerspielen wurde auch zum ersten Mal das Fernsehen als Medium eingesetzt. Allerdings hatten nur wenige privilegierte Parteifunktionäre die Möglichkeit, die Übertragungen zu Hause zu sehen. In Berlin, Potsdam und Leipzig wurden etwa 30 »Fernsehstuben« eingerichtet, um einen Gemeinschaftsempfang zu ermöglichen. Die Sportberichterstattung ergänzten andere Programmelemente, wie Wochenschauen, Tonfilme und Bunte Abende. Zur Berliner Funkausstellung drei Jahre später im Sommer 1939 wurde gar ein zehnstündiges Fernseh-Programm ausgestrahlt. Zur noch größeren Verbreitung plante man, 10 000 Empfangsgeräte herstellen zu lassen. Doch der Kriegsbeginn am 1. September 1939 vereitelte diese Pläne. Der Hörfunk blieb weiterhin das wichtigste Medium.

Rundfunk im Zweiten Weltkrieg

Über den Hörfunk erfuhren die Deutschen auch vom Beginn des Zweiten Weltkrieges. Der von der SS inszenierte Überfall auf den Sender Gleiwitz, der Adolf Hitler als Rechtfertigung für den Angriff auf Polen diente, wurde am 1. September morgens um sechs Uhr über alle Sender verbreitet. Ein Aufruf Hitlers an die Wehrmacht begleitete die Meldung: »Es bleibt mir kein anderes Mittel, als von jetzt an Gewalt gegen Gewalt zu setzen.« Um

Der erste öffentliche Fernsehsender der Welt wurde 1935 in Berlin nach dem deutschen Techniker Paul Nipkow benannt

Seit März 1935 konnten Fernsehbilder übertragen und i öffentlichen Fernsehstuben empfangen werden

zehn Uhr ging über alle Sender der berüchtigte Satz Adolf Hitlers: »Seit 5.45 Uhr wird zurückgeschossen. Und von jetzt ab wird Bombe mit Bombe vergolten.«

Abhören ausländischer Sender – ein Verbrechen

Gleichzeitig trat ein Verbot in Kraft, Auslandssender zu hören. Die Missachtung wurde unter Strafe gestellt. Niemand ahnte, wie viele Todesurteile im Verlauf der nächsten sechs Jahre deswegen ausgesprochen werden sollten. Eine Variation auf ein Kinderlied damals lautete:

Drei kleine Meckerlein, die hörten Radio
der eine stellte England ein, da waren's nur noch zwo

Schon vor Kriegsbeginn versuchten die Nationalsozialisten, die Bevölkerung zum Hören deutscher Sender zu zwingen, indem sie bei den Volksempfängern und Kleinempfängern keine Kurzwelle einbauten. Da es mit einem Vorsatzgerät und einer guten Antenne dennoch möglich war, ausländische Programme zu empfangen, gab es ein kleines Schild mit der Aufschrift »Denke daran. Das Abhören ausländischer Sender ist ein Verbrechen gegen die nationale Sicherheit unseres Volkes.« Allerdings ließen sich viele Deutsche nicht abschrecken, während der Kriegsjahre Feindsender zu hören, insbesondere das deutschsprachige Programm der BBC.

Der Hörfunk erfüllte im Zweiten Weltkrieg zwei wesentliche Funktionen: Als Informations- und Bekanntmachungsmedium sorgte er für die schnelle Verbreitung von Nachrichten – zunächst im ersten Jahr des Krieges für die Siegesmeldungen, später vor allem für die Warnungen vor Bombenangriffen. Je mehr sich die Nachrichten von den Kriegsfronten

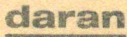

Denke daran

Das Abhören ausländischer Sender ist ein Verbrechen gegen die nationale Sicherheit unseres Volkes. Es wird auf Befehl des Führers mit schweren Zuchthausstrafen geahndet.

inweisschild am Radio: Seit Beginn des Krieges war es veroten, ausländische Sender zu hören

Künstler der *Bunten Bühne* und der *Weißblauen Drehorgel*, darunter Hans Löscher (u.li) und Elise Aulinger (o.re), 1934

und aus dem Land verschlechterten, desto mehr wurde das Radio als Unterhaltungsmedium für die Soldaten und die Angehörigen im Lande gebraucht.

Der Weg des *Wunschkonzerts*

Ein Synonym für die Unterhaltungssendungen wurde das *Wunschkonzert*, das erstmals noch unter ganz anderen Bedingungen im Januar 1936 ausgestrahlt worden war. Es sollte die Sammlung des Winterhilfswerkes unterstützen und stand unter dem Motto »Sie wünschen – wir spielen, geholfen wird vielen!«

Das erste *Wunschkonzert* war mit vier Stunden Sendezeit eingeplant. Spontan überzog man um eine Stunde, waren doch mehr als 1200 Musikwünsche eingegangen, von denen auch so nur ein Bruchteil erfüllt werden konnte. Goebbels, der zunächst die Übertragung durch den Rundfunk nur als technische Hilfe für das Winterhilfswerk angesehen hatte, erkannte auf Anhieb den Wert der Sendung und ließ sie als festes Element in das Programm einbauen, nicht zuletzt, um auch auf diesem Weg seine Propaganda unterschwellig zu transportieren. Regelmäßig musste ihm drei Tage vor der Ausstrahlung das gesamte Programm vorgelegt werden.

Die unerwartete Bedeutung dieser Sendung wuchs. Mit Beginn des Krieges wurde das *Wunschkonzert* zum *Wunschkonzert für die Wehrmacht*. Im Großen Sendesaal des Reichssenders Berlin oder in der Berliner Philharmonie präsentierten ab Oktober 1939 dieselben Moderatoren wie bisher, Heinz Goedecke und Wilhelm Krug, die Sendung, ein Bühnenprogramm mit Publikumsbeteiligung. Sprecher Heinz Goedecke verlas Musikwünsche, Briefe von Wehrmachtsmitgliedern und deren Angehörigen

Dirigent Karl List gründete 1930 das »Kleine Funkorchester« und leitete von 1959 bis 1970 die Abteilung Volksmusik, 1935

Heinz Goedecke, Ansager der *Wunschkonzerte*, verlas auch d Sondermeldungen des Oberkommandos der Wehrmacht, 194

oder verkündete Geburten. Besonders beliebte Lieder waren *Davon geht die Welt nicht unter* und vor allem die Erkennungsmelodie für den Soldatensender Belgrad, *Lili Marleen*. Interpreten wie der Weiß Ferdl, Funkkasperl Otto Willner, Lilly Preisig, Hans Hunkele oder die »Münchner Funkschrammeln« genossen große Beliebtheit, ebenso die Ansager und Reporter Hanns Priehäusser, Ernst Firnholzer oder Otto Willi Gail. Diese zu Identifikationsfiguren gewordenen Künstlerinnen und Künstler traten nicht nur regelmäßig in den *Wunschkonzerten* auf, sondern wurden auch zu »Spielscharen« zusammengefasst und zu den Frontlazaretten geschickt.

Nur noch für Soldaten

Konnten sich bisher alle Hörerinnen und Hörer im Sendesaal um Plätze bewerben, durften von 1939 an nur Wehrmachtsangehörige und deren Familien live als Besucher dabei sein. Und es wurden nur noch die Musikwünsche von Soldaten berücksichtigt. Einen Monat nach Beginn des Krieges war klar, dass das *Wunschkonzert* der moralischen Unterstützung der Soldaten dienen sollte.

Auch erhöhten die Programmmacher die Zahl der Sendungen: Statt nur vier pro Saison zu Gunsten des Winterhilfswerks gab es die Sendung nun zweimal wöchentlich, jeweils dienstags und freitags zwischen 17.00 und 20.00 Uhr. Zur ersten Sendung am 1. Oktober 1939 waren bereits 23 117 Feldpostbriefe eingegangen. Von 1940 an wurde das *Wunschkonzert* dann wieder nur einmal wöchentlich gesendet, diesmal aber am Sonntag und aus dem großen Saal der Berliner Philharmonie. Seit Beginn des Krieges übernahmen alle anderen Reichssender das *Wunschkonzert*, so dass es das erste wirkliche Gemeinschaftsprogramm wurde und die

Fußballreportage vom Dach einer Tribüne, 1935

Das beliebte Duo Ernst (Ernst Höchstötter) und Fred (Fred Kraus, re), 1935

größtmögliche Zuhörerschaft hatte. Es wurde europaweit übertragen, bisweilen über Kurzwelle sogar bis nach Afrika und Amerika oder Südostasien.

Joseph Goebbels verfolgte die Entwicklung sehr aufmerksam. Am 27. April 1940 notierte er in seinem Tagebuch: »Mit Glasmeier und Goedecke Neugestaltung der *Wunschkonzerte* für die Wehrmacht besprochen. Sie sind sehr wichtig für die Stimmung des Volkes und müssen deshalb mit größter Sorgfalt vorbereitet und durchgeführt werden. Nicht zu hohes Niveau, aber immer gute Haltung und beste Ausführende. Da darf nichts zu gut und zu schade sein.« Und einen Tag später schrieb er weiter: »Wir müssen die Sache mehr auflockern. Keine Hörspiele mehr. Das Volk hat in diesen schweren Zeiten Anspruch auf Entspannung und Unterhaltung mehr denn je.«

Und die Hörerinnen und Hörer sollten natürlich nur gute Nachrichten übermittelt bekommen. Als während eines *Wunschkonzertes* am 5. Mai 1940 in einer Übertragung des Fußball-Länderspiels Deutschland – Italien durchgesagt wurde, dass die Deutschen mit 2 : 3 verloren hatten, wurde eine neue Anweisung Goebbels verlautet: »Der Minister verbietet auf Grund der Erfahrungen des gestrigen Sonntags ein für allemal, dass Sportreportagen im Rahmen des *Wunschkonzerts* gebracht werden.«

Fortsetzung folgt

Die Bedeutung des *Wunschkonzertes* wurde sowohl zur 50. Sendung am 1. Dezember 1940 als auch zur 75. Sendung ausgiebig gefeiert und gewürdigt. Bei der 75. Sendung am 1. Mai 1941 zog man Bilanz, die – was vor allem die eingehenden Spenden der Bevölkerung betraf – positiv ausfiel.

Funkkasperl Otto Willner brachte mit seinen Geschichten die Kinder im Studio zum Lachen, 1930er Jahre

Für Tonaufnahmen im Wald mussten die Reporter schwe tragen, Aufnahmegerät mit Antenne

Und für die Zeit nach der Sommerpause im Herbst wurde wie selbstverständlich die Fortsetzung der beliebten Reihe angekündigt. Doch dazu kam es nie. Auch wenn die meisten heute noch lebenden Zeitzeugen glauben, dass es das *Wunschkonzert* bis zum Ende des Krieges gab: Tatsache ist, dass die Sendung in dieser ursprünglichen Form nach der Sommerpause 1941 nicht wieder aufgenommen wurde. Eine Begründung hat es nie gegeben. Sicher machten es die zunehmenden Bombenangriffe auf Berlin schwerer, eine drei- bis vierstündige Livesendung mit Publikum durchzuführen. Offensichtlich wollte aber auch die Führung des Dritten Reichs nicht den Eindruck erwecken, ein Kriegsende sei in weite Ferne gerückt.

Allerdings war die Nachfrage nach den Melodien des *Wunschkonzertes* so groß, dass der Reichsrundfunk vom März 1942 eine neue Sendung ausstrahlte unter dem Titel *Fortsetzung folgt*. Gespielt wurden die Lieder, die man vom *Wunschkonzert* gewohnt war. Moderator war wiederum der legendäre Heinz Goedecke. Zu den mitwirkenden Künstlerinnen und Künstlern dieser Zeit gehörten unter anderen Willy Birgel, Willy Fritsch, Heinz Rühmann, Hans Moser, Theo Lingen oder Marika Rökk.

24 Stunden auf Sendung

Der Sendebetrieb wurde von Juli 1942 an sogar 24 Stunden täglich aufrecht erhalten. Das hatte allerdings weniger mit dem Bedürfnis zu tun, die Menschen Tag und Nacht zu unterhalten, sondern man brauchte das 24-Stunden-Programm, um die immer häufiger werdenden Warnungen vor den Luftangriffen der Alliierten durchgeben zu können, damit die Bevölkerung rechtzeitig die Luftschutzbunker aufsuchen konnte. Täglich nach den 14-Uhr-Nachrichten wurde über den Großdeutschen Rundfunk,

Soldaten an der Ostfront hören die Sendungen des Großdeutschen Rundfunks, 1939

Der Riemerschmidbau wurde im Krieg schwer zerstört,
April 1945

wie das einheitliche Hörfunkprogramm seit 1939 hieß, der Wehrmachts-
bericht verlesen und mehrmals täglich wiederholt. Zitat aus einem
Originalton, der im Deutschen Rundfunkarchiv überliefert ist: »Aus dem
Führerhauptquartier, 3. Februar 1943. Das Oberkommando der Wehrmacht
gibt bekannt: Der Kampf um Stalingrad ist zu Ende.«

Eine Stimme wurde im letzten Kriegsjahr in ganz Franken berühmt: Die
Stimme von Arthur Schöddert, der ab Mai 1944 in Nürnberg die Meldun-
gen zur Luftlage sprach und durch seine beruhigende Stimme als »Onkel
Baldrian« in die Geschichte einging. Seine präzisen Radiodurchsagen halfen, dass sich im fränkischen Raum mehr Menschen in Sicherheit bringen
konnten als in anderen Gebieten.

Über das Radio erfuhr die Bevölkerung hautnah von den alliierten An-
griffen, und ab September 1944 vom Einmarsch alliierter Truppen. Am 11.,
12. und 13. Juli 1944 trafen Bomben das Funkhaus in München. Ein Anbau
des Studio 1 brannte völlig aus. Das Dachgeschoss wurde weggerissen.
Am 4. Oktober wurde das Funkhaus bei einem weiteren schweren Bom-
benangriff nahezu völlig zerstört. Ein Notbetrieb des Senders war in den
Kellern eingerichtet. Seit August 1944 war Goetz Otto Stoffregen vom
Deutschlandsender mit der Geschäftsführung des Reichssenders München betraut, während der bisherige Intendant Hellmuth Habersbrunner
Aufgaben des Rundfunks im besetzten Norwegen übernahm.

Aufmarsch der Nationalsozialisten vor dem Funkhaus: Vorne Intendant Hellmuth Habersbrunner

Musik im Dienste des Nationalsozialismus: der Rundfunkspielchor des Reichssenders München, 1935

Reportage vom Großglockner, um 1935

Hörspielaufnahme mit Originalrequisiten und Oberspielleiter Wilfrid Feldhütter (li), 1930er Jahre

Der Freischärler Intendant Hellmuth Habersbrunner

Hellmuth Habersbrunner wurde am 9. Mai 1899 in Zweibrücken geboren und stammte aus einer altbayerischen Offiziersfamilie. Noch im letzten Kriegsjahr 1918 wurde er mit 19 Jahren Offizier und engagierte sich nach Ende des Krieges in rechten Freischärlerverbänden unter anderem bei der Niederschlagung der Münchner Räterepublik. 1920 wurde er Offizier im Freikorps Oberland. Danach studierte er in München Philologie, arbeitete als Dramaturg am Münchner Schauspielhaus und trat im Herbst 1925 in die Wortabteilung der Deutschen Stunde in Bayern ein, wo er mit dem Aufbau einer Hörspielabteilung beauftragt wurde. Im Mai 1933 übernahm er das Literarische Büro des Senders und wurde am 1. Juli 1934 Intendant. In einem Artikel der Münchner Ausgabe des *Völkischen Beobachters* wurde er 1934 gepriesen als einer, der schon beim Marsch auf die Feldherrnhalle dabei gewesen sei. Nach seinem Unfalltod 1959 gaben viele ehemalige

Mitarbeiter Habersbrunner das letzte Geleit. Ein ehemaliger freier Mitarbeiter des Senders, Peter Glas, bescheinigte ihm in einem Leserbrief nach der Trauerfeier, dass er einer der wenigen gewesen sei, der sich 1937 zu ihm bekannt habe, als er seine jüdische Herkunft nicht län-

Intendant Hellmuth Habersbrunner, 1935

ger habe verschweigen können. Gegen Ende des Krieges war Habersbrunner bei Joseph Goebbels in Ungnade gefallen. Als letzte Position vor Kriegsende bekleidete er das Amt des Intendanten des deutschen Senders in Oslo.

Die Menschen so lange zu hämmern, zu feilen...

Der Rundfunk ist keine Spielerei, sondern eine außerordentlich ernste Angelegen-

in seiner Gesamtheit teilnehmen muss ... Und jeder, der auf internationalem Standpunkt steht, der muss – wenn er diese nationalistische Betätigung des Rundfunks hört, muss sagen: Verflucht gut gemacht! Fabelhaft gemacht! Die verstehen ihr Handwerk ... Die Menschen so lange zu

Joseph Goebbels bei einem Besuch in Graz, 1938

heit! Ernst heute – und vielleicht noch viel ernster morgen! Ich halte den Rundfunk für das allermodernste und für das allerwichtigste Massenbeeinflussungsinstrument, das es überhaupt gibt ... Ich bin der Meinung, dass der Rundfunk auf die Dauer das Volk an allen wichtigen öffentlichen Angelegenheiten teilnehmen lässt! Dass es im Volksdasein überhaupt keinen großen Vorgang mehr geben wird, der sich auf zwei-, dreihundert Menschen begrenzt, sondern dass daran eben das Volk

hämmern und zu feilen und zu meißeln, bis sie uns verfallen sind! Das ist eine der Hauptaufgaben des Deutschen Rundfunks.

Joseph Goebbels in einer Rede vor den Rundfunkintendanten am 25. März 1933. Goebbels' Rede zeigt die klare Marschrichtung: Der Rundfunk sollte ausschließlich der NS-Propaganda dienen.

Entspannung und Anspruch

Reichssendeleiter Eugen Hadamovsky (1904 bis 1945)

. . . Wodurch zeichnet sich nun die nationalsozialistische Programmführung aus? Nun eben durch die Führung! Anstelle der Planlosigkeit und des Durcheinanders von früher ist nunmehr ein großzügiger Programmplan getreten. Er berücksichtigt die zwei wesentlichen Grundlagen der Programmarbeit:

– die Entspannung des Hörers durch leichte Unterhaltungssendungen in den dafür geeigneten Stunden und
– die Pflicht zu künstlerischer und weltanschaulicher Aufbauarbeit im Geiste des Nationalsozialismus.

. . . Die Volksgenossen, die von der Arbeit kommen, wollen erst wieder frisch und aufnahmefähig gemacht werden, dann erst kann überhaupt die zweite Aufgabe einsetzen.

Deshalb ist die Unterhaltungsarbeit des Rundfunks nicht etwa eine kulturpolitisch minderwertige, und das rufe ich insbesondere allen unseren Künstlern und Abteilungsleitern zu, die auf diesem Gebiet tätig sind, sondern sie ist im Gegenteil die notwendige Voraussetzung für die Durchführung der zweiten Aufgabe und steht wertmäßig gleichberechtigt neben ihr.

Des weiteren müssen wir, meine Funkwarte, uns auch vollkommen darüber klar sein, dass man zwar mit einer guten Unterhaltungsmusik sehr rasch die Herzen sehr vieler Hörer gewinnen kann, dass aber ernste weltanschauliche oder künstlerische Arbeit nun einmal auch vom Hörer großen Ernst und große Hingabe erfordert und deshalb erfolgreich erst in längeren Zeiträumen durchgesetzt werden kann.

Die nationalsozialistische Bewegung hat vierzehn Jahre gebraucht, um in alle Herzen die eine Idee einzuprägen: Alle politische Macht an Adolf Hitler! Glaubt man vielleicht, in vierzehn Monaten einen kulturpolitischen Neubau durchsetzen zu können? . . . Wer von Ihnen, meine Funkwarte, will etwa auf kulturpolitischem Gebiet, nachdem er auf politischem gesiegt hat, sich den schwächlichen Geist der verfaulten alten Parteien zu eigen machen und sagen: Ja, aber eine schwere musikalische Sendung oder ein großes künstlerisches Hörwerk kann man nicht senden, denn das ist nicht populär! War vielleicht Adolf Hitler vor fünfzehn Jahren populär? War es populär, gegen den Dawes-Plan zu stimmen? War es populär,

Frühe Rundfunkwerbung: Übertragungswagen mit der Aufschrift »Werde Hörer. Arbeite mit« fuhren durch die Straßen, 1930er Jahre

gegen den Young-Plan zu arbeiten? War es populär, gegen den Reichspräsidenten 1932 zum Wahlkampf anzutreten oder nach drei nicht zum Erfolge führenden Wahlkämpfen im November 1932 zu einem vierten aufzurufen? Allein durch Festigkeit des Willens, Energie und Beharrlichkeit des Geistes werden wir, wie wir politisch unser Ziel erreichten, auch kulturpolitisch die Wiedergeburt des deutschen Volks durchführen können. Zu diesem Kampf, zu dieser Festigkeit, zu dieser Energie und Beharrlichkeit des Geistes und Willens rufe ich Euch auf. Ihr habt hier die Bahnbrecher unseres Kulturlebens zu sein!

Aus der Rede des Reichssendeleiters Eugen Hadamovsky am 1. Februar 1935. Hadamovsky meldete sich 1943 als Panzeroffizier zur Wehrmacht. Er starb 1945 in einem Gefecht gegen sowjetische Truppen.

Volksempfänger VE 301, benannt nach dem 30.1.1933, dem Tag der Machtergreifung

Kein Verrat am Erziehungswerk des Führers

Sehr geehrter Herr Stengler,

Ihren Brief vom 31.5.1944 habe ich erhalten und ich habe von den vielen Sorgen gelesen, die Sie sich machen. Es sind zum großen Teil Sorgen, die wir alle uns ma-

Chefkommentator Hans Fritzsche (1900 bis 1953)

chen müssen. Aber wenn Sie nun von jüdischen Schallplatten im Rundfunk sprechen, dann kann ich nur sagen: Jüdische Schallplatten werden dort nicht gespielt.

Es gibt Stunden, in denen der Rundfunk die anspruchsvollste Musik gibt, die heute überhaupt in der Welt gegeben wird. Aber diese Stunden müssen natürlich die Ausnahme darstellen, und es ist undenkbar, solche große Musik 24 Stunden lang zu

senden. Sie machen den Vorschlag, dass alle heitere Musik einfach verboten werden solle und meinen, das ließe sich mit der Schwere der Zeit und dem grenzenlosen Leid vieler Volksgenossen ohne weiteres begründen.

Sie haben Recht! Um eine Begründung eines solchen Verbots braucht man nicht verlegen zu sein. Aber ist es zweckmäßig, ein solches Verbot zu erlassen? Ist es nicht notwendig, gerade in einer Zeit besonderer Belastungen Millionen von Menschen noch etwas Heiterkeit zu vermitteln? Hätte der Krieg nur einige Monate gedauert, dann hätte man in dieser Zeit, bildlich gesprochen, fasten können. Aber da der Krieg Jahre dauert, muss man Verständnis für die Notwendigkeit haben, die sich hieraus ergibt.

Ich glaube also, dass Sie in diesem Punkt unbesorgt sein können und annehmen dürfen, dass die heitere im Rundfunk gegebene Musik schon ihren Zweck erfüllt und kein Verrat an dem Erziehungswerk des Führers ist.

Heil Hitler!
H. Fritzsche

Brief von Hans Fritzsche, Chefkommentator des Deutschen Rundfunks, an einen Hörer, Juni 1944.

Fritzsche war als Einziger, der nicht der obersten Staats- oder Parteiebene angehörte, im Nürnberger Kriegsverbrecherprozess wegen Volksverhetzung angeklagt, wurde jedoch freigesprochen.

Hier spricht die Freiheits-
aktion Bayern – die FAB!

Rupprecht Gerngroß (1915 bis 1996)

Ende April 1945 war der Krieg für Deutschland fast zu Ende. Am Tag von Goebbels' letzter Rundfunkrede am 19. April 1945 waren neben dem Deutschlandsender nur noch die Sender Berlin, München und Hamburg in Betrieb. In den frühen Morgenstunden des 28. April 1945 meldete sich der Reichssender München mit folgender Durchsage: „Achtung, Achtung! Sie hören den Sender der Freiheitsaktion Bayern – die FAB . . . Die FAB hat die Regierungsgewalt übernommen." Die Freiheitsaktion Bayern unter Führung von Hauptmann Rupprecht Gerngroß, Chef einer Dolmetscherkompanie in München, war die wichtigste Widerstandsbewegung in den letzten Kriegstagen. Gerngroß und seine Mitstreiter, unter ihnen auch Ottheinz Leiling, der spätere Justi-

ziar des Bayerischen Rundfunks, wollten die sinnlose Verteidigung Südbayerns verhindern, besetzten in der Nacht zum 28. April den Sender Ismaning im Erdinger Moos und forderten die Bevölkerung zur Kapitulation auf. Unter dem Kennwort »Fasanenjagd« verlasen sie ein 10-Punkte-Programm. Nur wenige Stunden später aber schlug der Münchner Gauleiter Paul Giesler mit Hilfe von SS-Einheiten den Aufstand der Freiheitsaktion Bayern nieder. SS und Gestapo starteten eine Hetzjagd auf die Widerstandskämpfer. Mehr als 40 Aufständische wurden getötet, davon allein acht im Wallfahrtsort Altötting. Unter ihnen war auch der Lagerhausverwalter Hans Riehl, der Vater der beiden später bekannt gewordenen Münchner Journalisten Hans Riehl und Herbert Riehl-Heyse. Rupprecht Gerngroß gelang es unterzutauchen. 1947 wurde der frühere Feilitzschplatz zu Ehren der Widerstandsbewegung in »Münchner Freiheit« umbenannt.

Einmarsch der Amerikaner in Aichach, April 1945

Elisabeth Waldenau, Hans Hunkele, Lilly Preisig, 1935

Ernst von Khuon (li) und
Otto Willi Gail, 1930er Jahre

Gauleiter Karl Wahl besucht den Nebensender Augsburg, 1930er Jahre

Toni Nebuschka, erste Ansagerin in
Nürnberg, bis 1945 Chefsprecherin
beim Reichssender München

Weiß Ferdl in seinem
Garten, 1930er Jahre

Hölzerner Sendeturm
des Großsenders
Ismaning, um 1935

Erstes Jazzkonzert: Peter Kreuder und seine 18 Musketiere, 1932

Alfred Graf, erster Leiter des Nebensenders Nürnberg

Im dritten Reich 7½ statt 4 Millionen Rundfunkhörer und 2½ Millionen Volksempfänger – Rundfunk ist kein Luxus mehr sondern Volkssache

darum deine Stimme dem Führer am 29. März

Das Münchner Funkhaus diente auch als Fläche für NS-Werbung

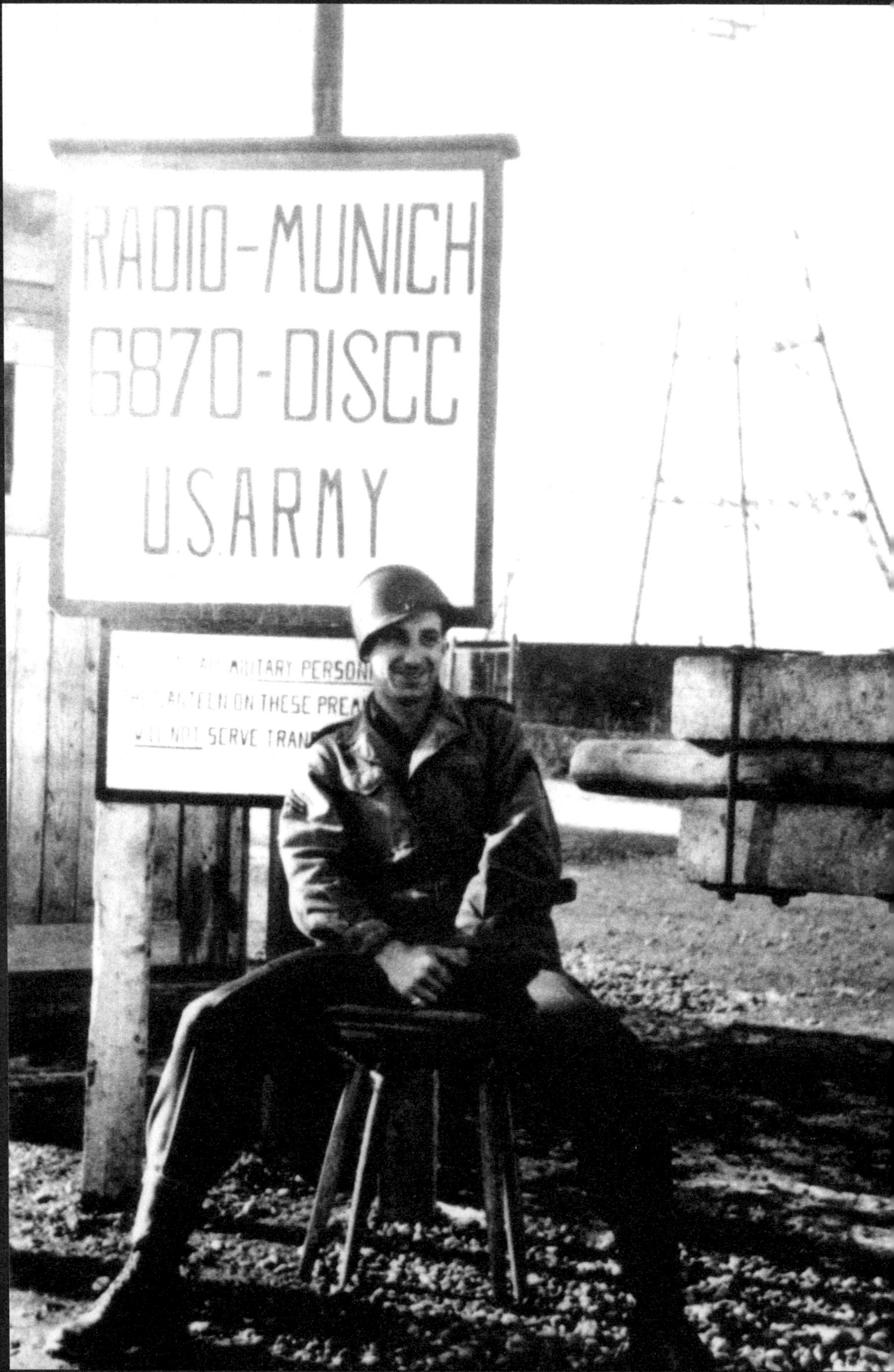
RADIO-MUNICH
6870-DISCC
U.S.ARMY

»… erstens Vorhang zu;
zweitens formale Aner-
kennung der Deutschen
Demokratischen Republik;
drittens Handelsvertrag;
viertens Vorhang auf …«
Walter von Cube

Die Militärregierung gibt bekannt …

Radio München unter amerikanischer Aufsicht

Field Horine leitete von 1945 bis 1947 als »Chief of section«
Radio München

Klaus Brill war bei Radio München für Personalfragen und d
Programmabteilung verantwortlich

Es muss ein merkwürdiger Anblick gewesen sein, als im Mai 1945 ein
Mann in KZ-Kleidung das weitgehend zerstörte Münchner Funkhaus be-
trat. Er hieß Fritz Benscher, und er hatte nach der Befreiung aus dem KZ
Dachau noch keine Gelegenheit gehabt, zivile Kleidung zu bekommen.
Sein Leidensweg hatte ihn durch die Konzentrationslager Theresienstadt,
Auschwitz und eben Dachau vor den Toren Münchens geführt. In den
1920er Jahren war Benscher Schauspieler und Kabarettist gewesen. Nach
der Machtübernahme der Nazis erhielt er Auftrittsverbot. Sein Versuch,
in die USA zu emigrieren, scheiterte, und so war er einer der Millionen, die
im KZ landeten. Nun suchte er Arbeit und bekam sie auch sofort. Mit 40
Jahren wurde er Oberspielleiter und Produktionschef von Radio München.

Am 30. April 1945 waren amerikanische Truppen in München einmar-
schiert und hatten auch das Funkhaus besetzt. Bereits am 12. Mai meldete
sich Radio Munich wieder aus einem Notstudio in Ismaning. Der von
Bomben stark beschädigte Riemerschmidbau war aber bald darauf
provisorisch eingerichtet und betriebsbereit, und schon am 31. Mai 1945
konnte die erste Sendung wieder aus dem Studio am Rundfunkplatz ausgestrahlt werden. »This is Radio Munich, a station of the Military
Government ... Hier ist Radio München, ein Sender der Militärregierung.
Wir senden auf Wellenlänge 405 Meter, 740 Kilohertz ...« So lautete die
Begrüßung des amerikanischen Besatzungssenders in den ersten Nach-
kriegsmonaten an seine Hörerinnen und Hörer: zunächst in englischer,
dann in deutscher Sprache.

Im Mai 1945 übernahm der erst 29-jährige amerikanische Zivilist und
Deutschlandexperte Field Horine die Leitung von Radio München. Horine hatte in den 1930er Jahren in Heidelberg und Bonn Germanistik

Helmuth M. Backhaus (li) und Fritz Benscher präsentieren in der Sendung *Cabaret am Wochenende* die *Traurige Ballade*, um 1947

Der Münchner Oberbürgermeister Karl Scharnagl beim Richtfest des wieder aufgebauten Funkhauses, 1946

studiert und das Rundfunkhandwerk bei der amerikanischen Columbia Broadcasting System (CBS) Gesellschaft gelernt. Während des Krieges war er dort für die über Kurzwelle ausgestrahlten Sendungen nach Deutschland verantwortlich gewesen. Ihm zur Seite stand als Leiter der Programmabteilung Klaus Brill, der in die USA emigriert war, aber noch viele Verbindungen aus seiner Zeit in Deutschland hatte. Brill kannte auch Fritz Benscher von gemeinsamen Kabarett- und Theateraufführungen. Später sollte Benscher einer der populärsten Moderatoren des Senders werden. Vor allem sein immer leicht ironisch geprägter Unterton machte ihn als Verfasser und Sprecher von kleinen Satiren und Glossen beim Publikum beliebt.

Kontrolle über Personal und Programm

Unter Field Horines Leitung waren 1945 etwa 40 Amerikaner und 30 deutsche Mitarbeiterinnen und Mitarbeiter in Programm, Technik und Verwaltung von Radio München beschäftigt. Die »Radio Control Officers« waren zumeist Emigranten aus Europa. Viele von ihnen sprachen Deutsch als Muttersprache. Sie trafen in den folgenden dreieinhalb Jahren die personellen und programmlichen Entscheidungen über den Rundfunk in Bayern. So gab es zum Beispiel das Gebot, dass alle Manuskripte den amerikanischen Kontrolloffizieren vorgelegt werden mussten. Das galt auch für den Münchner Oberbürgermeister Karl Scharnagl, der neben anderen in der sonntäglichen Reihe *Der Bürgermeister spricht* die bayerische Bevölkerung informierte. Darauf zielte auch seine Bemerkung beim Richtfest für das renovierte Funkhaus im Juli 1946 ab: »Es war mir wirklich eine Freude, einmal dem Rundfunk München aufs Dach steigen zu können und sprechen zu dürfen, ohne mein Manuskript vorlegen zu müssen.«

Richtfest bei Radio München: am Mikrofon der amerikanische Kontrolloffizier James E. Clark, Field Horine (li), 1946

Jedes Manuskript musste vor der Sendung von den Amerik nern mit einem OK-Stempel versehen werden

Element der Demokratie

In diesen Tagen standen die Türen der Funkhaus-Ruine weit offen für Emigranten und Verfolgte des Dritten Reichs. Die Amerikaner wussten um die Bedeutung des Rundfunks beim Wiederaufbau Deutschlands nach dem Ende des Zweiten Weltkrieges. Der Hörfunk sollte ein Element der Demokratie und auch der »Umerziehung« sein, der »Reeducation«, wie es die Amerikaner selbst nannten. Zunächst mussten sich daher alle deutschen Rundfunkmitarbeiter einem ausführlichen »clearing« durch das Intelligence-Office unterziehen, da sie unmittelbar bei der Militärregierung angestellt waren. So wurden vor allem Gegner des Nazi-Regimes gesucht, aber auch junge, unbelastete Menschen sowie solche mit Rundfunkerfahrung aus der Weimarer Zeit. Ehemalige Parteimitglieder, Mitläufer – und damit auch die meisten der bisherigen Mitarbeiterinnen und Mitarbeiter des Reichssenders – hatten somit keine Chance.

Unter diesen Voraussetzungen war das Programm politisch geprägt, auch wenn die Hörerinnen und Hörer in erster Linie an Informationen für den täglichen Überlebenskampf interessiert waren. Als die Zeitschrift *Radiowelt* 1946 eine erste Befragung initiierte, stand ganz oben der Wetterbericht, gefolgt von Nachrichten, Kabarettsendungen und Tanzmusik.

Die neu gegründeten Lizenz-Zeitungen – wie etwa die *Süddeutsche Zeitung*, die als erste am 6. Oktober 1945 erschienen war – litten dermaßen unter dem Papiermangel, dass sie zeitweise nur zweimal wöchentlich gedruckt werden konnten. Dahingegen war der Rundfunk in der Lage, billiger, schneller und ausführlicher zu informieren, weshalb die Produk-

Candida Franck, die Leiterin des Kinderfunks (li), mit Kolleginnen bei der Vorbereitung zur *Weihnachtshilfe*, 1947

Ilse Weitsch (li) mit Marianne Feuersenger, Mitarbeiterin des Frauenfunks und ab 1953 Redakteurin in der Politikredaktion

tion von Radiogeräten zügig wieder in Gang kam. Beim Aufbau eines demokratischen Rundfunks waren die amerikanischen Kontrolloffiziere nach 1945 zuweilen überfordert. Sie kannten nicht immer die Bedürfnisse der Hörerinnen und Hörer und konnten kaum die Aspiranten für die verschiedenen Positionen richtig einschätzen. Daher mussten sie sich so manche Kritik gefallen lassen.

Jimmy Jungermann, der spätere Redaktionsleiter Tanzmusik, oder auch der erste innenpolitische Sprecher Herbert Gessner hatten sich über das Programm beschwert und wurden daraufhin von den Amerikanern eingeladen, es besser zu machen. In einem Brief wurde dem Sender zum Beispiel vorgeworfen, auf die schwierige Rolle der Frauen in diesen düsteren Zeiten überhaupt nicht einzugehen. Kurze Zeit später war die Verfasserin der Beschwerde Leiterin des neu ins Leben gerufenen Frauenfunks. Ilse Weitsch, ehemalige Krankenschwester und studierte Pädagogin und Psychologin, wusste von den Nöten der Frauen. Eine ihrer ersten Amtshandlungen war eine tägliche Vermisstensendung, um auseinandergerissenen Familien zu helfen, wieder zusammenzufinden.

Lebenshilfe im Radio

Später übernahm das Rote Kreuz diese Aufgabe. Dennoch wurden die Sendungen bis weit in die 1950er Jahre täglich fortgeführt. Auch sonst war die Arbeit von Ilse Weitsch, die im Dritten Reich ihren Beruf nicht ausüben durfte, ganz auf die Notsituationen der Nachkriegsjahre ausgerichtet. Lange bevor die Begriffe »Servicesendungen« oder »Servicewellen« im Radio auftauchten, machte Weitsch den Hörfunk täglich zum schnellsten und unkompliziertesten Instrument der Lebenshilfe – von vielen Kochrezepten mit einfachsten Mitteln und Zutaten bis zur Orga-

Einer der ersten freien Mitarbeiter von Radio München: Willy Purucker, hier eine Aufnahme aus dem Jahr 1962

Die *Löwengrube* mit (v.li) Patrizia Schwöbel, Thomas Darchinger und Franziska Stömmer (ganz rechts)

nisation des Alltags und zahlreichen Hilfsaktionen für Bedürftige. Gleichzeitig erkannte sie aber auch die Möglichkeit, den Hörfunk gesellschaftspolitisch einzusetzen. Zwar war 1949 im Grundgesetz der Artikel über Gleichberechtigung von Mann und Frau aufgenommen worden, umgesetzt wurde er aber eher schleppend. Immer noch hatten die Männer das verbriefte Recht, alle wichtigen Entscheidungen – bis hin zur Frage nach einer Berufstätigkeit der Ehefrau – alleine zu treffen. Ilse Weitsch nutzte unermüdlich ihre Sendungen, um aus einem Grundgesetzartikel gültige Realität werden zu lassen.

Eine Kleinbürgerfamilie aus Haidhausen

Einer der frühen freien Mitarbeiter von Radio München war der Autor und Regisseur Willy Purucker. Er hatte 1945 mit 20 Jahren als Zeichner und Karikaturist bei der von den Amerikanern gegründeten *Neuen Zeitung* angefangen. Sein erster Chef als Leiter des Feuilletons war der Schriftsteller Erich Kästner. Mit der Hörspielreihe *Die Grandauers und ihre Zeit* sollte Purucker zu Beginn der 1980er Jahre Funkgeschichte schreiben. Weitere zehn Jahre später machte er daraus mit dem Regisseur Rainer Wolffhardt die 32-teilige Fernsehserie *Löwengrube*, die die gesamte deutsche Geschichte in der ersten Hälfte des 20. Jahrhunderts am Beispiel der Kleinbürgerfamilie Grandauer aus dem Münchner Stadtteil Haidhausen widerspiegelt (siehe auch Seite 208/209).

Die Episode *Funkstille* spielt im Münchner Funkhaus im Sommer 1946. Kurt Soleder, ein Schwager der Hauptfigur Karl Grandauer, der bis 1933 beim Funk gearbeitet hatte, ist als ehemals Verfolgter wieder eingestellt worden und hat sich ganz der Aufarbeitung der Nazi-Vergangenheit des Funkhauses verschrieben. Für ihn bricht eine Welt zusammen, als eines

Dieter Fuss begann 1946 mit dem Aufbau und der Leitung der Nachrichtenabteilung

Edmund Schechter, von 1947 bis 1949 »Chief of Section«, sorgte für die Überführung des Senders in deutsche Verantwortung

Tages ein Wissenschaftler, der sich willig in den Dienst der Nazis gestellt hatte, auf Wunsch der Amerikaner im Funk einen Vortrag halten soll. Um dies zu verhindern, legt Kurt Soleder kurzerhand den Hebel der Hauptsicherung um. Das wird von den Amerikanern als Sabotage eingestuft. Er wird ein zweites Mal entlassen. In dieser Episode beschreibt Willy Purucker die Phase, in der die Amerikaner sich zum Teil von der konsequenten Verfolgung der Nazis schon wieder abgewandt hatten, um im beginnenden »Kalten Krieg« alles auf die Karte »Antikommunismus« zu setzen.

Der Kalte Krieg und die Folgen

Die politischen Vorzeichen änderten sich in den Nachkriegsjahren schnell. Die neue Richtung der Amerikaner forderte bald ihre ersten Opfer. Field Horine, der erste Chef des Senders, verließ ihn resigniert 1947. Ihm folgten seine Mitstreiter Tom Messer und Victor Velen. Auf deutscher Seite gab Herbert Gessner auf, der als erster innenpolitischer Kommentator geglaubt hatte, dass endlich die Zeit für seine radikaldemokratische Einstellung gekommen sei. Er war vom Taktieren der Amerikaner im beginnenden Kalten Krieg und ebenso von jenen deutschen Kollegen, die diese neue Richtung akzeptierten, bitter enttäuscht.

Neuer Leiter wurde der Wiener Emigrant Edmund Schechter. Als Jude hatte er in den 1930er Jahren Europa verlassen und war nach dem Krieg zurückgekehrt. 1946 leitete er den RIAS Berlin, im Frühjahr 1947 wechselte er nach München. Unter seiner Führung veränderte sich das Programm von Radio München. Er trug dem Bedürfnis der Hörerinnen und Hörer nach mehr Unterhaltung Rechnung. Und Schechter traf wichtige Personalentscheidungen: Er bestellte Rudolf von Scholtz zum Sendeleiter.

Walter von Cube, 1947. Cube war bis 1972 eine der einfluss-
reichsten Persönlichkeiten des Bayerischen Rundfunks

Fritz Schäffer, erster Bayerischer Ministerpräsident nach 194[
kommentierte im Radio die politische Lage

Der konservativ-liberale Intellektuelle hatte schon vor 1933 im Funkhaus
gearbeitet und wurde nach der Übergabe des Senders an die Deutschen
der erste Intendant des Bayerischen Rundfunks.

1947 kam auch Walter von Cube ins Münchner Funkhaus, als Nachfolger
von Chefredakteur Felix Buttersack, der seit 1945 für den Sender tätig
war und durch seine ebenfalls konservativ-liberale Haltung viele Anstöße
gegeben hatte. Buttersack wurde aber 1947 zum Herausgeber und Chefredakteur des *Münchner Merkurs* berufen. Sein Nachfolger von Cube
sollte die politische Berichterstattung des Bayerischen Rundfunks drei
Jahrzehnte lang bestimmen. Walter von Cube verstand es, sich in seinen
Kommentaren mehr oder weniger mit jedem anzulegen, dabei waren
diese von einer tiefen Liberalität geprägt. Er galt als »Überzeugungs-
täter«, der bei seiner Haltung blieb, auch wenn sie unbequem war – egal
für wen, für andere oder auch für ihn selbst. Er verkörperte für die Hörerinnen und Hörer mit seiner unverkennbaren tiefen Stimme eine gelun-
gene Mischung aus Seriosität und Polemik. Als scharfer Gegner des
Nationalsozialismus und des Kommunismus passte er genau in das neue
Konzept der amerikanischen Deutschlandpolitik.

Öffnung zur Welt

Bei aller Zensur der Amerikaner, die Nachkriegsjahre waren auch die Zeit,
in der in München und im Münchner Funkhaus die Fenster zur Welt wieder geöffnet wurden. *Die Stimme Amerikas*, ein von den Amerikanern
selbst betriebenes Programm, musste noch bis 1958 von allen Sendern
in der amerikanischen Zone übertragen werden. Viermal täglich informierte die Sendung die deutsche Bevölkerung über den »way of life« der
Besatzungsmacht. Eine amerikanische Neuerung im Programm war der

Herbert Hupka leitete von 1945 bis 1957 die Kulturabteilung und die Abteilung Ostfragen

Internationaler Militärgerichtshof in Nürnberg 1946: Hermann Göring auf der Anklagebank

Kommentar. Bodo Ohly durfte in der *Weltpolitischen Umschau* als erster Deutscher wieder außenpolitische Themen behandeln. Alle Parteien und gesellschaftlichen Gruppen hatten jetzt die Möglichkeit, sich in Sendereihen wie *Der Bürgermeister spricht*, *Die Gewerkschaft ruft* oder *Tribüne der Parteien* zu äußern. Fritz Benscher und Fritz Meingast betreuten die wohl spektakulärste Reeducation-Sendung *Nie wieder Krieg*. Sie lief bis April 1947 einmal wöchentlich zur besten Sendezeit. Der Emigrant Ernest Landau, der als freier Mitarbeiter noch bis in die 1980er Jahre für den Bayerischen Rundfunk arbeitete, gestaltete die Sendefolge *Unter den Stiefeln der Gestapo*.

1945 bedeutete für das Wortprogramm ebenso einen Neubeginn wie für das Musikleben. Am 8. Juli 1945 eröffnete Eugen Jochum, der spätere Chefdirigent des Symphonieorchesters des Bayerischen Rundfunks, im Prinzregententheater mit Felix Mendelssohn Bartholdys *Sommernachtstraum* das neue Münchner Konzertleben. Zwölf Jahre lang war Mendelssohn Bartholdy als jüdischer Komponist aus dem Repertoire verbannt gewesen.

Nürnberger Prozesse

Einen Schwerpunkt bei Radio München bildeten die ausführlichen Berichte von den Nürnberger Prozessen, die die Bevölkerung zum ersten Mal vollständig über die Taten des Terrorregimes aufklärten. Sie kamen von November 1945 bis zur Urteilsverkündung am 1. Oktober 1946 täglich außer samstags direkt aus Nürnberg. Dort hatte am 17. April 1945 der Nebensender Nürnberg nach zweitägigem Artilleriebeschuss zwar seinen Betrieb eingestellt, aber noch im selben Jahr, am 22. November, ging er unter amerikanischer Militäraufsicht als Nebenstation von Radio Mün-

Sendung aus Nürnberg mit Fritz Mellinger, Chefsprecher und erster Studioleiter des Senders Nürnberg von 1948 bis 1950

Hannes Stein war der erste Chefsprecher des Bayerische Rundfunks, hier eine Studioaufnahme von 1947

chen wieder auf Sendung. Die Beiträge zum Programm beschränkten sich zunächst auf Kommentierungen der Nürnberger Prozesse. Die Amerikaner beauftragten damit Gaston Oulman. Weil sich seine Stimme aber nicht fürs Radio eignete, sprach Fritz Mellinger die Texte. Später stellte sich heraus, dass Oulman nicht der politisch Verfolgte kubanischer Herkunft war, als der er sich ausgab, sondern als Deutscher Walter Ullmann wegen Betruges im Gefängnis gesessen hatte.

Neue Kultur und Unterhaltung

Besonders ernst nahm der neue Rundfunk seine Aufgaben im Bereich der Kultur. Den Emigranten – wie den Brüdern Mann, Lion Feuchtwanger, Franz Werfel und vielen anderen – , deren Bücher zwölf Jahre lang nicht zugänglich gewesen waren, widmete man unter dem Titel *Worte der Verbannten* eine ganze Hörreihe. Andere literarische Reihen hießen *Aus Dichtungen der Welt*, *Aus Büchern vom Reisen* oder *Der Erzähler*. Das war umso wichtiger, als immer noch auf Grund der Papierknappheit nur wenige Bücher in hohen Auflagen erscheinen konnten.

Auch die im Dritten Reich vernachlässigte Kunst des Hörspiels gewann schnell wieder an Bedeutung. Fritz Benscher widmete sich ihr, aber auch Männer wie Hans Sattler, Hans Cremer, Walter Panofsky und Arnold Weiß-Rüthel. Am 17. November 1945 wurde das erste Hörspiel gesendet. Das Stück hieß *Das Märchen*, das der Autor und Regisseur Curt Goetz 1924 für das Theater geschrieben hatte. Goetz war bei Kriegsausbruch auf einer USA-Tournee gewesen und in den Staaten geblieben, zumal viele seiner Freunde und Kollegen schon vorher dorthin emigriert waren. Nach seiner Rückkehr wurde er einer der populärsten Autoren und Regisseure für Komödien, in denen er in der Regel gemeinsam mit sei-

Regiebesprechung mit Fritz Benscher, Rudolf Didczuhn und Helmuth M. Backhaus (v.li), 1940er Jahre

Die Nachtwindmühle mit u.a. Rudolf Vogel, Helmuth M. Backhaus, Ursula Herking, Will Höhne, Ernst Höchstötter (v.li), 1947

ner Frau Valérie von Martens auch die Hauptrollen übernahm. 1948 war Radio München der einzige Sender, der nach der Ursendung beim NWDR im Februar 1947 das wohl berühmteste Nachkriegshörspiel neu inszenierte: Wolfgang Borcherts *Draußen vor der Tür,* die Geschichte des desillusionierten Kriegsheimkehrers Beckmann.

Das Hörspiel bildete den Auftakt zu einer Reihe von Aufsehen erregenden Produktionen in den folgenden Jahren. Helmuth M. Backhaus, den fast jeder Hörer schon an der Stimme erkannte, widmete sich der so lange vernachlässigten Kunst des Kabaretts, das in Münchens Trümmertheatern wie der Kleinen Freiheit schnell eine neue Bleibe gefunden hatte.

In der Zeit zwischen 1945 und 1948 entstanden viele Sendungen, die das Image des Senders prägen sollten. Über die Hälfte der Sendezeit füllte Musik. Auch hier halfen die Amerikaner aus mit Sendungen wie *Schallplatten aus Amerika* oder der *Serenade für Dich* mit Jean Pierre Barricelli und Dick Kepler – beide bald große Publikumslieblinge. Und völlig neu im Musikprogramm war der Jazz, im NS-Rundfunk verboten und verunglimpft. Man konnte aber auch wieder den Weiß Ferdl hören, obwohl er – als Mitglied der NSDAP – zunächst als Mitläufer eingestuft worden war. Sein neues Lied *Ein Wagen von der Linie 8* machte ihn schnell so populär, dass er an seine alten Erfolge anschließen konnte.

Ein Wagen von der Linie 8
weiß-blau fährt ratternd durch die Stadt
So fährt der Wagen schnell dahin
Die Menschen in dem Wagen drin
die schaun gar grantig – niemand lacht
Da drin – im Wagen der Linie 8

Das Ensemble der *Brummlg'schichten:* Rudolf Vogel, Michl Lang, Barbara Gallauner und die Isarspatzen (v.li), 1940er Jahre

Ernst Höchstötter und Margit Wagner interviewen eine Kaminkehrer für eine Sendung des *Zeitfunks,* 1947

»Es ist schon alles gesagt ...«

Doch einer fand zu seiner großen Enttäuschung kein Forum mehr: Resigniert schrieb der große Komiker, Kabarettist und Autor Karl Valentin 1947 in einem Brief an den Kiem Pauli: »Ich habe meine lieben Münchner und meine Bayern kennen gelernt. Alle anderen mit Ausnahme der Eskimos und der Indianer haben mehr Interesse an mir gehabt als meine Landsleute.«

Valentins Humor, seine so genannten »Elendstendenzen«, waren schon den Nationalsozialisten verdächtig gewesen. Jetzt im Nachkriegsdeutschland wollte niemand seine grotesken Witze über »Kalorienmangel« oder ähnliches hören. Am 9. Februar 1948, einem Rosenmontag, starb Karl Valentin mit nur 66 Jahren in seinem Haus in Planegg bei München, verbittert und enttäuscht, weil sein Humor nicht mehr gefragt war.

Karl Valentins langjährige Partnerin Liesl Karlstadt war dagegen ab Mai 1947 wieder regelmäßig im Radio zu hören. Sie war in Kurt Wilhelms *Brummlg'schichten* die Partnerin von Michl Lang. Mit ihren Alltagsgeschichten eroberte sie schnell wieder die Herzen der Hörerinnen und Hörer.

Weitere Neuanfänge

Im Dezember desselben Jahres begann Fred Rauch mit der Präsentation des *Wunschkonzertes.* Auch wenn der Name *Wunschkonzert* stark an die gleichnamige Sendung des Zweiten Weltkriegs erinnerte, schaffte Rauch es innerhalb kürzester Zeit mit seiner Mischung aus Operettenmelodien,

Fred Rauch (1909 bis 1987) war Moderator (*Sie wünschen? Wir spielen Ihre Lieblingsmelodien*), Autor, Komponist, Conférencier

Fred Rauch (Mitte) und Jimmy Jungermann (li mit Brille) von Fans umringt, 1950er Jahre

Couplets und Liedern aus den 1920er Jahren und neuen deutschen Schlagern, ein Stammpublikum zu fesseln und auch den Musikgeschmack zu prägen. Mehr als 1500 Mal sollte er in den nächsten 30 Jahren die Sendung moderieren.

Das erste Pausenzeichen von Radio München war 1945 der »Bandltanz«, gespielt von der Kapelle Alfons Bauer. 1948 bekam Radio München dann ein neues Pausenzeichen: die ersten Takte des bekannten Münchner Volksliedes »Solang der Alte Peter«. Da aber die Kirche im Münchner Zentrum, die Pfarrkirche St. Peter, im Volksmund »Alter Peter« genannt, noch weitgehend zerstört war, fehlte – um dies zu symbolisieren – zunächst der letzte Ton. Erst nach dem Wiederaufbau im Oktober 1951 sendete der Bayerische Rundfunk das Pausenzeichen vollständig mit der Endsilbe »-ter«.

Solang der Alte Peter
Am Petersbergerl steht,
Solang die grüne Isar
Durchs Münchner Stadterl geht
Solang da drunt am Platzl
Noch steht das Hofbräuhaus,
Solang stirbt die Gemütlichkeit
bei de Münchner niemals aus …

Eine wichtige Rolle in der Nachkriegszeit spielte der Schulfunk. Wegen des enormen Lehrermangels und der Knappheit an Schulbüchern stellte man Radios in die Schulen. Radio München war der erste deutsche Sender, der sein Schulfunkprogramm auf die Lehrpläne und den Unterricht genau abstimmte. Die erste Schulfunkleiterin, Annemarie Schambeck,

Candida Franck und Annemarie Schambeck bei einer Schul-
funkbesprechung, 1947

Carl Orff liest *Astutuli:* Szene aus der Fernsehaufzeichnu▮
vom 19. November 1976

traf sich regelmäßig mit Vertretern des Kultusministeriums, des Münchner Stadtschulamtes, mit Autoren, Lehrerinnen und Lehrern sowie mit
Vertretern der Militärregierung, um die Programme zu konzipieren.

1948 beauftragte Annemarie Schambeck den bayerischen Komponisten
Carl Orff, für den Hörfunk eine Musik für Kinder zu schreiben. Aus seiner
bereits 1930 bis 1934 verfassten Ausgabe des *Orff-Schulwerks* entstand
eine neue Musikpädagogik, die durch die Verbreitung im Rundfunk in
der ganzen Welt bekannt wurde. Carl Orff arbeitete bis zu seinem Tod
1982 vielfältig mit dem Bayerischen Rundfunk zusammen: Mit dem Chor,
den Orchestern – vor allem mit dem Münchner Rundfunkorchester unter
Kurt Eichhorn – und Redaktionen produzierte er zahlreiche Schallplatten, Konzertaufnahmen und Fernsehsendungen, wie *Die Kluge, Die Bernauerin, Astutuli, Das Osterspiel, Der Mond* oder *Carmina Burana.*

Von Anfang an sehr beliebt waren die Bergsteigersendungen. Am 24. November 1948 eröffnete Fritz Buschmann als verantwortlicher Redakteur
die erste Sendung *Für den Bergsteiger*, die sich unter anderem mit den
»10 Spielregeln für den Alpinismus« beschäftigte. Diese Mischung aus
Ratgeber, Naturkundeführer und Heimatkunde sollte Millionen Menschen die Alpen und ihre Schönheit nahebringen – mit beträchtlichen
Folgen, waren die Sendungen doch nicht nur ein Genuss, sondern auch
der Beweis, dass die Hörerinnen und Hörer nur zu gerne die Ratschläge
befolgten. Jahrzehnte später stellte der bekannte Schauspieler und
Moderator Fritz Strassner, der wöchentlich einen Wandertipp rund um
München gab, seine Sendung ein, weil jedes Mal zu viele seinem Rat gefolgt und die jeweiligen Wanderstrecken am gleichen Wochenende über-
füllt waren. Als sich Bruno Erath, der »Alpenbruno«, 1987 nach 40 Jahren
beim Bayerischen Rundfunk verabschiedete, hatte er allein 4000 Berg-

runo Erath im Büro 1968. Erath war ab 1947 freier Mitarbei-
er und leitete von 1950 bis 1987 die Bergsteigerredaktion

Fritz Strassner im Studio bei den Aufnahmen zum Hörspiel
Die Grandauers und ihre Zeit, 1980er Jahre

steigersendungen verantwortet. Somit waren viele die Zukunft prägende Programmneuerungen bereits vor der eigentlichen Übergabe des Senders in deutsche Hände in den Grundzügen festgelegt, so dass von einer programmlichen Zäsur 1949 nicht gesprochen werden kann.

Gesetzesgrundlage für den öffentlich-rechtlichen Rundfunk

»Der Rundfunk gehört niemandem.« Unter diesem Motto begann nach dem Zweiten Weltkrieg der Wiederaufbau des Rundfunks in Bayern. Deutschland wurde 1945 in vier Besatzungszonen aufgeteilt. In Bayern steuerten die Amerikaner den Wiederaufbau. Der Rundfunk sollte nach den Erfahrungen in der Weimarer Republik und im Dritten Reich auf keinen Fall mehr zum Sprachrohr des Staates werden. Er sollte aber auch nicht einzelnen gesellschaftlichen Gruppierungen ausgeliefert sein oder etwa kommerziell organisiert werden. Nach dem Vorbild der BBC in England war in der britischen Besatzungszone im November 1948 die erste öffentlich-rechtliche Rundfunkanstalt in Deutschland geschaffen worden, der damalige Nordwestdeutsche Rundfunk (NWDR) in Hamburg.

Einen starken Einfluss hatte hier ab 1946 Hugh Carleton Greene, der Patron eines neuen, von allen staatlichen und parteipolitischen Einflüssen unabhängigen Journalismus. Das öffentlich-rechtliche Modell des NWDR setzte sich auch in leicht unterschiedlichen Varianten in der amerikanischen und in der französischen Zone durch. Während das spätere WDR-Gesetz das parlamentarische Gremienmodell repräsentierte, indem die Mitglieder des Rundfunkrats vom Landtag gewählt werden, etablierte sich in der amerikanischen Zone das »ständische, pluralistische« Modell aus Vertretern unterschiedlicher zu entsendender Gruppen und – zu einem Drittel – aus Vertretern des Staates. In öffentlichen Kontroll-

Bayerischer Landtag, Juli 1948: Alois Hundhammer, Zita Zehner, Michael Horlacher (v.li), Wilhelm Hoegner (v. hinten)

Hugh Carleton Green, Mitbegründer des NWDR und von 19∎ bis 1969 Generaldirektor der BBC, 1966

instanzen der Sendeanstalten sahen die Alliierten die Garanten für die Neutralität des Rundfunks.

Am 25. Januar 1949 wurde Radio München in deutsche Verantwortung zurückgegeben. Bayern war das erste Land in der amerikanischen Zone, das den Rundfunk nach föderalistischem Prinzip und öffentlich-rechtlichen Grundsätzen organisierte. Es folgten drei weitere Landesrundfunkanstalten: der Hessische Rundfunk, Radio Bremen und der Süddeutsche Rundfunk. Die Grundlage des »Bayerischen Rundfunks, einer Anstalt des öffentlichen Rechts« bildete das am 1. Oktober 1948 in Kraft getretene Rundfunkgesetz. Zwei Jahre dauerte seine Ausarbeitung. Seit Anfang 1946 hatte sich Kurt Pfister, ein Rundfunkexperte aus der Weimarer Zeit, als Vertreter der Bayerischen Staatskanzlei mit den Amerikanern über ein neues Rundfunkmodell auseinandergesetzt. Erst der vierte Entwurf Pfisters führte zu einem Kompromiss. Er berücksichtigte die amerikanische »Erklärung über Rundfunkfreiheit in Deutschland« von 1946 und die darin genannten »Zehn Gebote« zur Meinungsfreiheit sowie zur objektiven und ausgewogenen Berichterstattung. Pfister legte ein Papier vor, das einem Intendanten und einem Rundfunkrat die oberste Verantwortung für das Programm übertrug. Dieser Vorschlag wurde am 15. März 1948 dem Bayerischen Landtag übergeben, der nach langer Diskussion noch den Verwaltungsrat hinzufügte und das erste bayerische Rundfunkgesetz dann am 10. August 1948 verabschiedete.

Mit diesem Gesetz war die Struktur des öffentlich-rechtlichen Rundfunks festgelegt, wie sie bis heute besteht. Der Rundfunkrat vertritt die Interessen der Allgemeinheit auf dem Gebiet des Rundfunks. Der Verwaltungsrat überwacht die wirtschaftliche und technische Entwicklung des Senders. Der Intendant führt die Geschäfte und trägt die Verantwortung

erbert Beckh dirigiert das Rundfunk-Tanzorchester anläss-
:h der Einweihung des Großen Sendesaals, 1947

Eduard Ritschard in der Jugendfunk-Sendung *Wer kennt die
Dichter? Nennt die Namen*, 1947

für den gesamten Betrieb und die Programmgestaltung. Noch vor der
ersten Bundestagswahl im September 1949 war damit klar, dass der
Rundfunk unter Verantwortung der Länder steht.

Die Zusammensetzung des Rundfunkrats und die öffentliche Rundfunk-
kontrolle führten seit 1948 immer wieder zu Auseinandersetzungen. In
den Jahren 1959, 1973 und 1993 gab es umfangreiche Novellierungen, die
aber an der grundlegenden Struktur nichts geändert haben.

Radio München stellte 1948 in vielerlei Hinsicht ein Provisorium dar: Der
Riemerschmidbau war nur notdürftig wieder aufgebaut, die Technik in
vielen Teilen noch mangelhaft. Auch gab es noch keine klaren Vorstellungen, wie der Spagat zwischen »Belehrung und Unterhaltung« (laut
Gesetz von 1948) oder zwischen »Bildung, Unterrichtung und Unterhaltung«, wie es Paragraph 4 1959 festlegte, gelingen würde. Entscheidend
aber war, dass die Sendungen »von demokratischer Gesinnung, von kul-
turellem Verantwortungsbewusstsein, von Menschlichkeit und Objekti-
vität getragen sein und der Eigenart Bayerns gerecht werden sollten«.

Wir sind heute hier zusammengekommen, um ein feierliches Ereignis von ungewöhnlicher Wichtigkeit, ja vielleicht sogar von historischer Bedeutung, zu begehen. Denn innerhalb der nächsten Stunde wird Radio München seine Tätigkeit als Sender der Militärregierung einstellen und zur ersten deutschen Radiostation in der US-Zone nach Kriegsende erklärt werden.

James E. Clark

OFFICE OF MILITARY GOVERNMENT FOR BAVARIA
OFFICE OF THE LAND DIRECTOR

MUNICH, GERMANY   APO 407-A,   US ARMY

MGEIS   25 January 19

SUBJECT: Authorization to Operate a Radio Broadcasting Service.

TO   : Der Bayerische Rundfunk.

     1. The Bayerische Rundfunk, principal organizations of which are the Radio Council, the Administrative Council, and the General Manager (Intendant), as constituted in accordance with the Bavarian radio broadcasting law of 10 August 1948, is authorized to operate a radio broadcasting service for the area comprising Land Bavaria, assuming such duties as are provided for in the Bavarian radio broadcasting law, and as are contained in this letter.

     2. The Bayerische Rundfunk will operate on a frequency or frequencies at specified maximum power to be assigned by ISD, OMGUS.

     3. This authorization is subject to revocation by Military Government in the event that the station violates Military Government laws or fails to conform with the following requirements:

     a. The radio station will provide broadcast time to Military Government as requested for the broadcast of official MG programs and announcements and such programs as selected by Military Government ... able to Military Government any necesg facilities required in connection station will also make its own proernment for relay or rebroadcast.

ransmissions broadcast by the radio equirements of Information Control Government law 191 or other applicable

l programs will be placed in permanent grams will be retained for Military iny. True broadcast copies of all d by the Land Director will be for-

will strictly conform with the proroadcasting law.

Aus Radio München wird der Bayerische Rundfunk

Aus der Verantwortung der Militärregierung entlassen und auf eigene Füße gestellt, wird der Bayerische Rundfunk sich nunmehr im Gebrauch seiner neuen Freiheit bewähren müssen ... Aus eigener Verantwortung heraus müssen seine Organe das Richtige finden. Sie stehen unter keiner Kuratel, auch unter keiner Staatskuratel.

Hans Ehard,
Bayerischer Ministerpräsident

Lizenzurkunde des Bayerischen Rundfunks vom 25. Januar 1949

Festakt zur Übergabe des Senders in deutsche Verantwortung am 25. Januar 1949: Intendant Rudolf von Scholtz, Alois Johannes Lippl, Vorsitzender des Rundfunkrats, Militärgouverneur Murray D. van Wagoner, James E. Clark, Vertreter der amerikanischen Militärregierung (v.li)

Murray D. van Wagoner (re) überreicht die Lizenzierungs-
urkunde an Alois Johannes Lippl, 25. Januar 1949
Links: Intendant Rudolf von Scholtz

Josef Kirmaier leitete nach dem Krieg den Sportfunk

Start der Serie *Hörerwünsche* mit Liselotte Klingler,
Ernst Höchstötter und Jimmy Jungermann, 1947

Ich bin aus dem Bayerischen Wald und die
einzige Verbindung, die mir als Schulkinder
mit der Außenwelt g'habt haben, des war
damals nach'm Krieg eigentlich nur der
Radio. Fernsehen hat's noch nicht 'geben,
Zeitung haben wir nicht gelesen, den Lehrern haben wir nichts geglaubt, also ist nur
der Radio geblieben. Da waren natürlich in
erster Linie die Hörspiele, aber sehr gern
erinnere ich mich an Jimmy Jungermann.
Seine Unterhaltungssendungen waren
nicht dumm, dat i sag'n, seine Plattenaus-
wahl war nicht das ordinär Gängige, das
Gewöhnliche, und das Angenehmste war
eigentlich seine Stimme.

Herbert Achternbusch in der Hörfunksendung *Lob auf Jimmy*, 1977

... und das ewig' Leben

Kurt Wilhelm war einer der vielseitigsten und dadurch auch einer der wichtigsten Kreativen, die das Programm des Bayerischen Rundfunks beeinflussten. Er gehörte 1945 zu den Ersten, die zu Radio Munich kamen. Mit 22 Jahren wurde der

Senders mit Produktionen, in denen Anspruch, Unterhaltung und Heimatgefühl miteinander verbunden waren. Zu Beginn der regelmäßigen Fernsehausstrahlungen 1953 wechselte er das Medium – zu einer Zeit, in der die meisten glaubten, dass Fernsehen sich nicht gegen den Hörfunk durchsetzen werde. Hier wurde er Abteilungsleiter Unterhaltung und Musik. Wilhelm gehörte zur Gründer-Generation des Fernsehspiels. Er adaptierte Bühnenstücke, Shows und Operetten. Einer breiten Öffentlichkeit wurde er zu Beginn der 1960er Jahre mit Opern-Inszenierungen wie Mozarts *Die Hochzeit des Figaro* bekannt, in denen er die Rollen mit ausgebildeten Schauspielern besetzte, während die Sangesstimmen im Playback-Verfahren eingeblendet wurden.

Kurt Wilhelm inszenierte 1964 Brechts selten aufgeführtes Ballett *Die sieben Todsünden der Kleinbürger* (Musik Kurt Weill) mit Gisela May vom Berliner Ensemble. Ein Kritiker meinte damals: »Er bediente sich aller Kamera-, Schnitt- und

Kurt Wilhelm, Autor, Regisseur und Musiker, 1952

ausgebildete Schauspieler Regisseur für Hörspiel und Unterhaltung beim Sender. Dort prägte er sehr schnell – etwa mit den *Brummlg'schichten* – das Image des

Blendeffekte und erreichte mehr, als es die Bühne vermag: Gesungenes und Gezeigtes bildeten eine Einheit.« Seine über 100 Fernseh-Inszenierungen aber sind unterhaltende Boulevard- und vor allem Volksstücke zwischen Ödön von Horváth

Szene aus der Fernsehsendung *Der Brandner Kaspar und das ewig' Leben* mit Fritz Strassner als Kaspar Brandner (li) und Toni Berger als Boandlkramer, 1975

und Curt Goetz. Insbesondere hat er die Stücke und Erzählungen von Ludwig Thoma adaptiert. Anfang der 1970er Jahre schrieb Kurt Wilhelm das Theaterstück *Der Brandner Kaspar und das ewig' Leben* und damit Theatergeschichte. Die Vorlage bildete die Erzählung um den Brandner Kaspar, die sein Urgroßonkel Franz von Kobell 1871 in den *Fliegenden Blättern* veröffentlicht hatte. Seit 1975 steht das Stück durchgehend auf dem Spielplan verschiedener Münchner Bühnen. Die Aufführung aus dem Residenztheater München mit Fritz Strassner und Toni Berger aus dem Jahr 1975 wurde vom

I mog ihn nimmer, den Kerschgeist, den hinterkünftigen!

Aus dem *Brandner Kaspar und das ewig' Leben* von Kurt Wilhelm

Bayerischen Fernsehen aufgezeichnet und an Heilig Abend des gleichen Jahres urgesendet. Insgesamt war das Stück von 1975 bis 2008 15 Mal im Bayerischen Fernsehen zu sehen.

Eine Kinofassung unter der Regie- und Kameraarbeit von Joseph Vilsmaier startete im Oktober 2008.

1988 beendete Wilhelm offiziell seine Tätigkeit für den Bayerischen Rundfunk. Sein Engagement für die Kunst setzte er jedoch fort. Lange Jahre war er der Vorsitzende der Richard-Strauss-Gesellschaft.

Der Rebell
Walter von Cube

Als erster Sender in der amerikanischen Zone wurde Radio München 1949 als Bayerischer Rundfunk selbständig. Das Schild am Riemerschmidbau wird ausgetauscht, Januar 1949

Walter von Cube, 50, Chefredakteur des Bayerischen Rundfunks, saß während der Vorführung des französischen Dokumentarfilms über ein Konzentrationslager Nacht und Nebel *im Münchner Amerikahaus auf einem guten Platz, den er sich rechtzeitig vor Beginn des Films durch einen Zettel mit der Aufschrift* Reserviert für Churchill *gesichert hatte.*

Diese Personalie erschien im Juli 1956 im Nachrichtenmagazin *Der Spiegel*. Wenn die Geschichte nicht wahr ist, so ist sie treffend erfunden. Walter von Cube gewann im Alter immer mehr Ähnlichkeit mit dem britischen Premierminister. Und auch sein Selbstbewusstsein spricht für die Anekdote.

Walter von Cube wurde am 10. Juli 1906 in Stuttgart geboren. Als 18-Jähriger be-

gann Cube neben seinem Studium ein Volontariat beim *Berliner Tageblatt* unter Theodor Wolff und Alfred Kerr. Ab 1933 publizierte er nicht mehr, sondern reiste durch Bayern und arbeitete unter anderem in der Landwirtschaft. 1940 wurde er zum Kriegsdienst eingezogen und geriet 1944 in französische Gefangenschaft, aus der er 1947 zurückkehrte. Noch im gleichen Jahr wurde er Ressortchef für Innenpolitik bei der *Neuen Zeitung* in München und gleichzeitig freier Kommentator bei Radio München. 1948 war Cube Herausgeber der Zeitschrift *Der Ruf* und ab 1. März als Chefredakteur Leiter der Hauptabteilung Politik und Wirtschaft sowie Chefkommentator am Münchner Sender. Seine Kommentare zu innenpolitischen Fragen und zur Deutschlandpolitik und deutschen Teilung sorgten in den 1950er Jahren für kontroverse politische Debatten. Unter dem Titel *Ich bitte um Widerspruch* erschienen seine Kommentare 1953 in Buchform. Im gleichen Jahr beschäftigte sich sogar das Bundeskabinett mit einem seiner Kommentare und legte bei der Bayerischen Staatsregierung Beschwerde ein. Dabei hatte Cube nur ein einfaches Rezept für den Minister für gesamtdeutsche Fragen, Jakob Kaiser, zur Verbesserung von dessen in seinen Augen verfehlter Ostpolitik genannt: ... *erstens Vorhang zu; zweitens formale Anerkennung der Deutschen Demokratischen Republik; drittens Handelsvertrag; viertens Vorhang auf* ...

Die danach folgende Anfrage der Bayerischen Staatsregierung beantwortete Intendant Rudolf von Scholtz mit dem Hinweis, dass die Staatsregierung für Beschwerden nicht zuständig sei, sondern er als Intendant. Er habe den Kommentar vorab gelesen. Er habe nicht seine Meinung ausgedrückt, aber auch gegen kein Gesetz verstoßen, so dass er ihn zur Ausstrahlung freigegeben habe. Walter von Cube kommentierte weiter im Bayerischen Rundfunk, wie er es für angemessen hielt, wobei er selbst mit großem Selbstbewusstsein das englische Sprichwort zitierte: *Wer einen Tag früher als andere etwas erkennt, ist einen Tag lang ein Narr.*

Nach dem Tod von Rudolf von Scholtz 1956 übernahm Cube für ein halbes Jahr – bis zum Amtsantritt

von Franz Stadelmayer – kommissarisch das Amt des Intendanten. 1957 wurde er zum Programmkoordinator Hörfunk des Bayerischen Rundfunks ernannt und 1960 Programmdirektor Hörfunk und Stellvertreter des Intendanten. Cube hatte 1960, nach dem Ausscheiden von Stadelmayer, selbst für das Amt des Intendanten kandidiert. In einer Stichwahl unterlag er dem damaligen Ministerialdirigenten Christian Wallenreiter. 1972 verließ Cube den Bayerischen Rundfunk. Nach Änderungen im Bayerischen Rundfunkgesetz, die er vehement ablehnte, ersuchte er den Intendanten um seine vorzeitige Entlassung. Walter von Cube starb am 11. Juni 1984 in seinem Schweizer Haus.

Chefredakteur und Chefkommentator Walter von Cube in den 1950er Jahren

Intendant auf Lebenszeit
Rudolf von Scholtz

Geboren wurde Rudolf von Scholtz am 22. September 1890 in Wiesbaden, wuchs aber zunächst in St. Petersburg auf. Nach dem Abitur studierte er an den Universitäten Leipzig, Jena und München Philologie und Philosophie. 1926 bekam Scholtz eine Anstellung bei der Deutschen Stunde in Bayern, zunächst als Redakteur, ab 1930 als Leiter der Aktuellen Abteilung. Aus politischen Gründen verließ er 1933 den Sender und arbeitete bis 1945 als Übersetzer englischsprachiger Literatur und Verlagslektor in Neuburg am Inn. Nach dem Ende des Zweiten Weltkriegs setzte die US-amerikanische Kontrollregierung Scholtz im September 1945 kurzfristig als Oberbürgermeister der niederbayerischen Stadt Passau ein. Zehn Monate später wurde er Sendeleiter bei Radio München und 1947 als Nachfolger von Edmund Schechter zum Intendanten berufen. 1949 übernahm er die Lizenzurkunde vom Direktor der amerikanischen Militärregierung, die aus Radio München den Bayerischen Rundfunk und Scholtz zu dessen erstem Intendanten

machte. In seine Amtszeit fielen der Ausbau des ersten UKW-Sendernetzes in Europa, ein zweites Hörfunkprogramm, der Aufbau der Klangkörper sowie der Beginn des Fernsehens in Bayern.

Rudolf von Scholtz blieb bis zu seinem Tod am 9. März 1956 in München Intendant des Bayerischen Rundfunks.

Rudolf von Scholtz in den 1940er Jahren

...abonniert auf Superlative...

Jan Koetsier dirigiert das Symphonieorchester des Bayerischen Rundfunks in der Aula der Münchner Universität, 1949

1949, das war das Jahr nach der Währungsreform, als man das knappe Geld zum Bäcker oder Metzger statt zur Konzertkasse trug, endlich Glas in die seit den Luftangriffen notdürftig zugenagelten Fenster setzte und den paradiesischen Zustand genoß, Zigaretten im Laden statt auf dem Schwarzmarkt kaufen zu können. Großes Wehgeschrei erhob sich: München brauche kein weiteres Orchester, das an die Öffentlichkeit trete, da die alteingesessenen Vereinigungen vor halbleeren Sälen um ihre Existenz bangten: Im übrigen möge sich der vormalige »Sender der Militärregierung« nicht protzig aufspielen, nur weil er über die Hörergebühren als sichere Einnahmequelle verfüge und hochrangige Instrumentalisten mit satten Gagen ködern könne. Hans Knappertsbusch donnerte, er werde dieses Parvenu-

Orchester nie dirigieren. Und hielt leider Wort. Die vermeintliche Totgeburt aus Managerköpfen hat inzwischen fünf Jahrzehnte durchmessen, vier Chefdirigenten beglückt, dornige musica viva-Abende ohne sonderlichen Schaden hinter sich gebracht und mehr Tournee-Kilometer aufgehäuft als viele unserer reisesüchtigen Senioren. Jubilare sind abonniert auf Superlative. Das Symphonieorchester des Bayerischen Rundfunks fordert zu belegbaren Superlativen heraus, so zur Feststellung, dass es das am seltensten verrissene Orchester weit und breit ist.

Beitrag von Karl Schumann, einem Musikkritiker der *Süddeutschen Zeitung*, zum 50-jährigen Jubiläum des Symphonieorchesters des Bayerischen Rundfunks 1999.

No comment, no comment ...

Durch das viele Radiohören bin ich aber darauf gekommen, dass Radio München, vielleicht haben sie es gut gemeint mit der reeducation, vielleicht wollten sie die Leute umerziehen, von morgens bis abends Jazzplatten gespielt haben, für die die Leut halt überhaupt kein Verständnis hatten. Das war noch zu früh für so eine Musik, da waren sie überfordert ...

Da habe ich in einem Wutanfall einen langen Brief geschrieben. Damals hab ich noch gut Englisch gekonnt. Auf zwölf oder 15 Seiten habe ich geschrieben, was für einen Sinn es denn habe, diese herrlichen Platten zu spielen, ohne den Leuten das nahezubringen und zu erklären, um was es ginge, mal ein bisschen erzählen, was die Geschichte vom Jazz ist, was dahinter steckt. Berichten über die Ursprünge, die ja auf Europa zurückgehen. Kurz und gut, ich habe mich nicht beworben. Ich habe den Brief geschrieben und einem Journalisten mitgegeben. Damals gab es ja noch keine Post, im Juni, Juli 1945.

Im September 1945 kommt dann plötzlich ein Jeep angebraust mit zwei schwerbewaffneten GI's, Stahlhelm und Maschinenpistole. Meine Mutter ist ganz erschrocken. Was ist los? No comment, no comment ... Und so sind wir in einem Wahnsinnstempo im offenen Jeep – es war ein kühler Herbsttag – nach München gebraust. Dort haben sie mich zu Mr. Brill gebracht.

Jimmy Jungermann (1914 bis 1987) mit seiner Plattensammlung

»Plattenkramer« Werner Götze, freier Mitarbeiter bei Radio München seit 1947, Programmgestalter der Abteilung Tanzmusik, Moderator von *Mitternacht in München* oder *Wir schallplatteln*, Leiter der Abteilung Leichte Musik von 1976 bis 1982

Jimmy Jungermann in einem Interview 1980. Jungermann arbeitete von 1945 bis 1977 für den Hörfunk, u.a. als Moderator populärer Sendungen, wie *Der Bunte Teller, Die Zehn der Woche, Mitternacht in München*.

... dann wäre ich elend verhungert!

Ich kam nach München, und nun hieß es, sich nach einem Job umsehen. Ich hatte ja kein Geld, wir waren ja alle abgebrannt nach dem Krieg. Und ich traf hier einen Regisseur, einen Dr. Elling, mit dem ich auch gearbeitet hatte, und der sagte zu mir: Weißt Du was, ich kenne einen Amerikaner, der sehr gut mit mir steht und der wird mir behilflich sein, dass ich was für Dich finde. Nach ein paar Tagen – es war inzwischen August geworden – sagte er wieder: Geh' mal zum Bayerischen Rundfunk – »Radio Munich« nannte sich das damals – und frage, ob dort eine Möglichkeit ist. Die brauchen sicher irgendjemanden. Also, ich kam und sprach mit Mr. Greenfeld. Mr. Greenfeld sagte zu mir: Ach, es tut mir schrecklich leid, wenn Sie vor acht Tagen gekommen wären – er lispelte immer so ein bisschen, er sprach immer »in se air« – wenn Sie vor acht Tagen gekommen

wären, da hätten wir was für Sie in der Redaktion gehabt.

Ich wurde so wütend und sagte: Wenn ich in diesen ganzen vielen schweren Jahren, die ich mitgemacht habe und wo ich mich verstecken und heimlich an Drehbüchern arbeiten musste, um Geld zu verdienen, wenn da auch alle gesagt hätten, wären Sie vor acht Tagen gekommen, dann wäre ich elend verhungert. Er sagte: Leider, leider. Was wir aber brauchen, ist jemand, der von morgens um acht bis abends an der Schreibmaschine sitzt in der Redaktion. Ich sagte: Gut, einverstanden. Das mache ich.

Katja Flick interviewt den Bayerischen Ministerpräsidenten Hans Ehard bei einem »Pfalzabend« in München, 1947

Katja Flick in einem Interview 1980. Flick hatte im August 1945 als Sekretärin bei Radio München begonnen, kurz darauf wurde sie Nachrichten-Korrespondentin, bis zu ihrer Pensionierung 1962. Als erste deutsche Frau interviewte sie 1947 General Eisenhower – den späteren amerikanischen Präsidenten – im Münchner Haus der Kunst.

Claire Brill und Alfons Tiefenböck bei einer Aufnahme der *Morgengymnastik*, 1949

Elise Aulinger las erstmals am 24. Dezember 1925
Die heilige Nacht von Ludwig Thoma

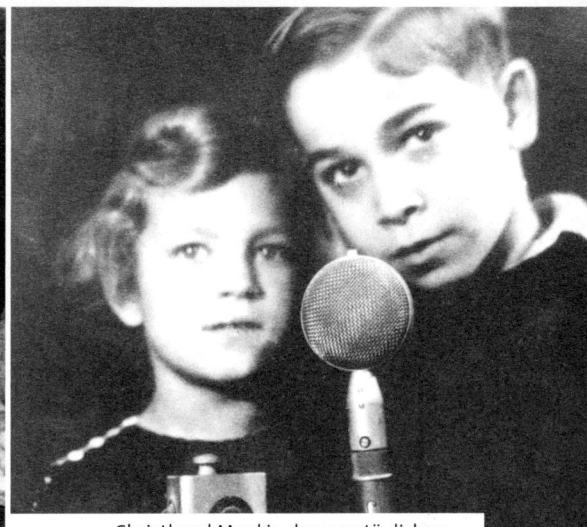

Christl und Maxl in der sonntäglichen
Kindersendung, 1947

Otto Ebner mit seiner Rundfunkkapelle, 1946

Geräuschemachen fürs Hörspiel mit Regisseur
Jan Alverdes (re) und dem Inspizienten, 1947

Regisseur Fritz Kortner (Mitte) mit
Peter Lühr (re) im Studio, 1949

Annemarie Schambeck (li) plant das
erste Schulfunkprogramm, 1947

Die Welt im Ohr

Die 1950er Jahre: Das Hörfunkjahrzehnt

Franz Josef Kugler prägte die Berichterstattung aus Bayern als Leiter der *Bayernchronik* und, bis 1984, der Bayernabteilung

Ingenieur Heinz Rudat vor dem ersten UKW-Rundfunksender Freimann, 1949

Im Dezember 1946 war die bayerische Verfassung in Kraft getreten. Föderalistische Positionen waren und sind in Bayern besonders wichtig. Am 20. Mai 1949 hatte der Bayerische Landtag nach 14-stündiger Debatte das »Grundgesetz« mit 101 von 174 Stimmen abgelehnt. Nur unter der Bedingung, dass zwei Drittel der anderen Länder zustimmten, erkannte auch Bayern die Verfassung an, die aufgrund bayerischer Vorbehalte »Grundgesetz« genannt wurde. Damit wollte man auf den provisorischen Charakter der jungen Republik hinweisen. Die Bayern fürchteten am stärksten eine Verlagerung der politischen Aufgaben in den Bund. Auch die Verantwortlichen im Sender wollten von Anfang an neben den allgemeinen Informationen das bayerische Leben und die bayerischen Eigenarten im Programm widerspiegeln. Ein frühes Beispiel für Vermittlung von Heimat ist die Sendung *Zwölfuhrläuten*, die am 5. Juni 1949 zum ersten Mal ausgestrahlt wurde. Seither wird jeden Sonntagmittag im Hörfunk das Geläute einer Kirche in Bayern präsentiert, die Geschichte der jeweiligen Kirche und des jeweiligen Ortes vorgestellt.

Zwischen Aufwachen und Mitternacht

1949 war das Programm auf 130 Stunden wöchentlich angewachsen. Es begann um 6.00 Uhr früh mit der *Musik zum Aufwachen* und endete um 1.00 Uhr nachts, meist ebenfalls mit Musik. Beliebt war die Jazzsendung *Mitternacht in München,* moderiert von Jimmy Jungermann und Werner Götze. Die Sendung wurde dreimal wöchentlich ausgestrahlt, montags kamen Neuvorstellungen, mittwochs Live-Konzerte und freitags Hörerwünsche. Jungermann, ein Autodidakt, der sich bereits früh mit Jazz und Swing beschäftigt hatte, schuf Sendungen wie *Die klingende Funkpost* oder *Jimmys Fundgrube*.

...öffnung des neuen Funkhauses in Nürnberg am 3. Juni 1949. ... der ersten Reihe Rudolf von Scholtz und Fritz Mellinger (re)

Studio Nürnberg 1950 mit dem 100 m hohen Stahlgitterturm: Bis 1957 wurden von hier UKW-Sendungen abgestrahlt

Die Zahl der Beschäftigten verzehnfachte sich in dreieinhalb Jahren, von etwa 70 auf 700 Mitarbeiterinnen und Mitarbeiter, unter ihnen vier amerikanische Kontrolloffiziere. Sie standen dem deutschen Personal beratend zur Seite. Die alliierte Funkhoheit endete erst mit der von den Alliierten vertraglich garantierten Souveränität Deutschlands im Mai 1955. Bereits am 28. Februar 1949 nahm man im Münchner Stadtteil Freimann den ersten frequenzmodulierten UKW-Sender Europas in Betrieb. Freimann, bis dahin vor allem durch seinen Schuttberg, der aus den Kriegstrümmern Münchens aufgehäuft worden war, bekannt, wurde später zum Fernsehgelände ausgebaut. Dieser frühe Weg zu den UKW-Frequenzen war eine Folge des Kopenhagener Wellenplans, der – 1948 verabschiedet – ab 1950 die Sendefrequenzen für Rundfunksender im Lang- und Mittelwellenbereich für Europa neu ordnete. Deutschland, das als Kriegsverlierer auf der Konferenz nicht vertreten war, wurden in diesem Plan nur zwei Mittelwellenfrequenzen zugeteilt. Deswegen trieben die Techniker den Ausbau der UKW-Sendernetze voran. UKW hatte zwar eine kürzere Reichweite als Mittel- und Langwelle, erzielte dafür aber eine bessere Klangqualität. Aufgrund des hohen Musikanteils und des guten Klanges bürgerte sich später für das zweite Hörfunkprogramm, das so genannte UKW-Programm, die Bezeichnung »Welle der Freude« ein.

Ein neues Funkhaus in Nürnberg

Im Juni 1949 wurde in Nürnberg, der zweitgrößten Stadt Bayerns, ein eigenes Funkhaus eröffnet. Einflussreiche fränkische Persönlichkeiten aus Kirche, Politik und Musik hatten darauf gedrängt, die regionale Identität mit ihren eigenen Bedürfnissen im Programm zu repräsentieren. In Nürnberg waren die Jahre 1948 und 1949 durch mehrfache Umzüge geprägt: Im November 1948 bezog das Studio übergangsweise Räume im Rund-

Peter Frankenfeld (1913 bis 1979) legte im Studio Nürnberg den Grundstein für seine Fernsehkarriere

Herbert Lehnert prägte 40 Jahre lang den Rundfunk in Franken, hier beim Faschingsball im Studio Nürnberg 1968

funktechnischen Institut an der Tillystraße. An seinem heutigen Standort in der Wallensteinstraße befinden sich auch die ARD.ZDF medienakademie, die frühere Schule für Rundfunktechnik (SRT), sowie die Rundfunkbetriebstechnik (RBT). Die offizielle Einweihung des parkähnlichen Studiogeländes, das zuvor als Pferdelazarett und von den Amerikanern als Jazz-Club genutzt worden war, fand am 3. Juni 1949 statt. Intendant Rudolf von Scholtz formulierte in seiner Eröffnungsrede: »Der Nürnberger Sender werde ein Mittler und Künder ... sein für fränkische Eigenart und Formen künstlerischen Ausdrucks, die hier beheimatet sind.« Der Programmschwerpunkt des Studios Nürnberg lag zu Beginn auf der populären Unterhaltung: Sendungen wie *Sonntag um vier, So haben Sie sich kennengelernt* und *Schlagerbabie*s boten witzige Dialoge und Anekdoten, verbunden mit leichter Schlager- oder Tanzmusik. Die Moderatoren Peter Frankenfeld und Hans-Joachim Kulenkampff legten im Studio Nürnberg den Grundstein für ihre späteren Fernsehkarrieren. Ein Name galt aber fast als Synonym für das Nürnberger Funkhaus: der Moderator Herbert Lehnert, die »Stimme Frankens«. Anspruchsvolle Unterhaltungsmusik spielten renommierte Tanzorchester und Big Bands, wie z.B. das Orchester Kurt Edelhagen, die Kapelle Leo Eysoldt, das Tanzorchester Steff Lindemann oder das Orchester Kurt Illing.

Ein *Tafel-Confect* der besonderen Art

Ein Bereich, den man in der Musik-Redaktion in Franken, die bereits 1948 gegründet worden war, besonders pflegte, war und ist die Alte Musik. Die Sendereihe *Musikalisches Tafelkonfekt*, die Willy Spilling, der erste Musikchef in Franken, in den 1950er Jahren initiierte, existiert bis heute und heißt inzwischen kurz *Tafel-Confect*. Am 2. November 1952 war die erste Folge zu hören, und damit ist das *Tafel-Confect* wahrscheinlich die

Willy Spilling (1909 bis 1965) leitete von 1948 bis 1960 die Musikabteilung im Studio Nürnberg

Klaus Hashagen (li), Leiter der Musikabteilung in Nürnberg, produziert mit Dieter Salbert in einer Kirche, 1970er Jahre

älteste Musiksendung im europäischen Rundfunk. Von Anfang an gab es auch eine enge Kooperation mit dem Germanischen Nationalmuseum, das historische Instrumente für Aufnahmen zur Verfügung stellte. Ebenso gehörte bald die Neue Musik zu den besonderen Anliegen: 1957 wurde das erste *Ars nova*-Konzert gesendet. Und Klaus Hashagen, ab 1966 Leiter der Musikabteilung, regte 1968 die Gründung des ars nova ensembles nürnberg unter der Leitung von Werner Heider an. Zudem machte er Elektronische Musik und Radiophonie zu einem wichtigen Programmschwerpunkt. Eine weitere Säule des Musikprogramms stellte von Anfang an die fränkische Volksmusik dar. Emil Händel, eine Ikone der fränkischen Volksmusikszene, und Josef Ulsamer erhielten von Willy Spilling grünes Licht, Volksmusikgruppen und fränkisches Liedgut aufzuspüren und in den Studios zu produzieren.

musica viva

Am 27. November 1948 übernahm Radio München auf Anregung des Komponisten Karl Amadeus Hartmann die Schirmherrschaft der *musica viva*-Konzerte, um so die moderne Ernste Musik des 20. Jahrhunderts zu fördern. Die Geburtsstunde der *musica viva* war bereits am 7. Oktober 1945 im Münchner Prinzregententheater. Dort hatte Hartmann seine erste Matinee veranstaltet, damals noch mit dem Bayerischen Staatsorchester. Während des Nazi-Regimes war die Aufführung von Werken zahlreicher namhafter Komponisten verboten gewesen. Hartmann erkannte die Notwendigkeit, dem Publikum das musikkulturelle Erbe zu präsentieren, das ihm jahrelang vorenthalten worden war. Durch die Kooperation mit dem Bayerischen Rundfunk standen der Konzertreihe das Symphonieorchester und der Chor des Bayerischen Rundfunks zur Verfügung. Ebenso war dadurch die wirtschaftliche Grundlage gesichert.

Karl Amadeus Hartmann (1905 bis 1963) gründete 1945 die *musica viva*-Konzertreihe und leitete sie bis zu seinem Tod

Helmut Jürgens, Bühnenbildner an der Münchner Staatsoper gestaltete das Plakat zum Konzert am 8. Februar 1957

Geprägt wurde die wichtige Arbeit nach dem Tod von Hartmann 1963 durch Wolfgang Fortner, Ernst Thomas, Jürgen Meyer-Josten, Josef Anton Riedl und seit 1997 von Udo Zimmermann. Zimmermann nahm im Programmkonzept der *musica viva* eine Neuorientierung vor: Zu den Orchesterkonzerten, die in Bewahrung der Tradition im Herkulessaal stattfinden, kamen Sonderveranstaltungen multimedialen Charakters und Kooperationen mit anderen Kulturinstitutionen dazu, die die Münchner Kulturszene um außerordentliche Projekte bereicherten. Der seit 1997 ausgeschriebene BMW Kompositionspreis der *musica viva*, zahlreiche Aufführungen namhafter Komponisten, wie beispielsweise von Karlheinz Stockhausen, Iannis Xenakis und Mauricio Kagel, und die Durchführung des ersten *musica viva festivals* im Januar 2008 dokumentieren, dass die Konzertreihe innerhalb der zeitgenössischen Musikszene weit über die Grenzen Münchens maßgebend ist.

Der Chor

Der Chor des Bayerischen Rundfunks wurde 1946 gegründet und ist der älteste der drei heutigen Klangkörper des Senders. Sein künstlerischer Aufschwung verlief parallel zur Entwicklungsgeschichte des Symphonieorchesters des Bayerischen Rundfunks, dessen Chefdirigent zugleich Chefdirigent des Chores ist. Entsprechend erfolgte eine entscheidende Prägung nicht nur durch die Chorleiter Robert Seiler, Josef Kugler, Kurt Prestel, Heinz Mende, Josef Schmidhuber, Gordon Kember, Hans-Peter Rauscher, Michael Gläser und seit 2005/2006 durch den Holländer Peter Dijkstra, sondern ebenso durch die bisherigen Chefdirigenten des Symphonieorchesters (siehe auch Seite 216). Aufgrund seiner besonderen klanglichen Homogenität sowie der stilistischen Vielseitigkeit, die alle Gebiete des Chorgesangs von der mittelalterlichen Motette bis zu zeitgenössischen

or Strawinsky (li) ist 1951 erstmals Gast der *musica viva*.
eben ihm Chefdirigent Eugen Jochum

Werner Schmidt-Boelcke dirigiert das damalige Rundfunkorchester und den Chor des Bayerischen Rundfunks, 1949

Werken, vom Oratorium bis zur Oper umfasst, genießt das Ensemble höchstes Ansehen in aller Welt. Seit 1998 präsentiert sich der Chor in einer eigenen Abonnementreihe im Münchner Prinzregententheater. Höhepunkte der jüngeren Zeit waren Konzerte mit dem Münchner Rundfunkorchester in der Reihe Paradisi gloria, Aufführungen der Requiem-Vertonungen von Mozart, Dvořák, Brahms und Verdi mit Mariss Jansons sowie Auftritte mit so prominenten Gastdirigenten wie Riccardo Muti, Ton Koopman, Thomas Hengelbrock und Nikolaus Harnoncourt.

Das Symphonieorchester

1949 von Eugen Jochum gegründet, zählt das Symphonieorchester heute zu den führenden Orchestern weltweit – laut einer internationalen Kritikerumfrage der Zeitschrift *Gramophone* vom November 2008 rangiert es auf Platz sechs in der Welt und ist das einzige Rundfunkorchester unter den ersten 20. Von Beginn an stand auch die zeitgenössische Musik im Mittelpunkt: Im Rahmen der 1945 von Karl Amadeus Hartmann gegründeten *musica viva* führten unter anderem Strawinsky, Milhaud, Hindemith, Kagel, Berio und Eötvös eigene Werke auf. Nachfolger Jochums, der seinen Akzent vor allem auf die Werke der Wiener Klassik und die Symphonien Bruckners legte, wurde 1961 Rafael Kubelík (siehe auch Seite 212/213). Er initiierte den ersten Mahler-Zyklus in Deutschland, der auch auf Schallplatte eingespielt wurde. Weiterhin erweiterte er das Repertoire des Orchesters mit Kompositionen slawischer Komponisten wie Smetana, Dvořák, Janáček, und Martinů. Aus gesundheitlichen Gründen musste Kubelík 1979 die langjährige, von Freundschaft geprägte Zusammenarbeit aufgeben. Nach einer Phase des Suchens wurde Sir Colin Davis neuer Chefdirigent (von 1983 bis 1992), der vor allem die Werke von Mozart und Berlioz sowie englische Komponisten mit dem Symphonie-

Salvatorprobe: Olf Fischer, Liesl Karlstadt, Barbara Gallauner, Fee von Reichlin, Fred Rauch und Walter Popper am Klavier (v.li)

Kurt Eichhorn, Tenor Heinz Hoppe und Alfred Schröter, d Initiator der Münchner Sonntagskonzerte, 1960er Jahre

orchester aufführte. Von 1993 bis 2002 folgte ihm Lorin Maazel. Er widmete sich bedeutenden Werkzyklen von Beethoven, Brahms, Bruckner, Schubert und Mahler. Seit 2003 ist Mariss Jansons Chefdirigent, der sich besonders für die Interpretation der Wiener Klassik und Romantik einsetzt, aber auch russische Komponisten in München aufführt. Für die Einspielung der 13. Symphonie von Schostakowitsch bekam das Symphonieorchester unter seiner Leitung 2006 den Grammy. Seine Konzerte in München wie seine Auftritte in den führenden europäischen Metropolen, in Asien und Amerika erhalten regelmäßig euphorische Kritik. Bis 2010 ist das Orchester »Orchestra in residence« bei den Osterfestspielen des Lucerne Festivals. Neben den Chefdirigenten prägten und prägen eine internationale Elite von Gastdirigenten das Orchester: Sir Georg Solti, Leonard Bernstein, Carlo Maria Giulini, Carlos Kleiber, Riccardo Muti, Esa-Pekka Salonen und Franz Welser-Möst.

Das Münchner Rundfunkorchester

Schon im Herbst 1945 kündigten die Radioprogramme an: »Musik von heute. Gespielt vom Rundfunkorchester, Leitung Walter Popper.« Mehr als dreieinhalb Jahre behalf sich Radio München mit diesem einen Orchester. Aber schon 1949 wurden acht Stunden »Gehobene Unterhaltungsmusik« wöchentlich ausgestrahlt. 1952, drei Jahre nach der Gründung des Symphonieorchesters, entstand daher aus einem Teil des ehemaligen Rundfunkorchesters und dem von Kurt Graunke aufgebauten Orchester das Münchner Rundfunkorchester. Sein Auftrag war es, den Menschen in der grauen Nachkriegszeit mit Werken leichterer Art etwas Zerstreuung zu bieten. Der erste Chefdirigent Werner Schmidt-Boelcke vom Berliner Metropol-Theater war ein Meister seines Fachs, der das Metier von Operette, Musical, Filmmusik und Schlagern perfekt beherrschte

mil Vierlinger, Schriftsteller und Conferencier (re), wirkte in ielen Werbefunksendungen mit, hier mit Roy Etzel, 1963

Fritz Hausmann wurde 1964 als Nachfolger von Josef Kirmaier Leiter des Sportfunks und moderierte *Heute im Stadion*

und das Münchner Rundfunkorchester nicht zuletzt in den Sonntagskonzerten präsentierte. Sein Nachfolger Kurt Eichhorn, zuvor Musikalischer Leiter am Münchner Gärtnerplatz-Theater, brachte ab 1967 eine erste Umorientierung des Repertoires. Er lenkte die Sonntagskonzerte verstärkt in Richtung Oper und initiierte die Reihe der Funkkonzerte. Auf Eichhorn folgte 1975 für sechs Jahre Heinz Wallberg.

Von 1982 bis 2004 war das Münchner Rundfunkorchester vorwiegend in italienischer Hand: Lamberto Gardelli (1982), Giuseppe Patané (1988), Roberto Abbado (1992) und der Schweizer Marcello Viotti (1998) sorgten für eine stetige Profilschärfung des Orchesters; im Jahr 2000 wurde z.B. die Konzertreihe Paradisi gloria eingeführt. Dennoch stand 2004 die Existenz des Klangkörpers zur Disposition. Im Zuge der Sparmaßnahmen bei allen öffentlich-rechtlichen Rundfunkanstalten wurde erwogen, das Münchner Rundfunkorchester ganz aufzulösen. Nach massiven Protesten von Hörern bzw. Publikum entschloss sich die Leitung des Hauses, das Orchester von 71 Mitgliedern auf etwa 50 zu verkleinern. Als neuer Künstlerischer Leiter wurde Ulf Schirmer berufen, ein vielseitiger Dirigent, der bereits in seiner ersten Spielzeit (2006/2007) neue Akzente setzte: u.a. durch einen Lehár-Zyklus und die Zusammenarbeit mit der Bayerischen Theaterakademie August Everding.

Werbung im Radio

Noch eine Neuerung – oder besser gesagt Wiederaufnahme – gab es 1949. Zum ersten Mal nach dem Verbot durch Goebbels im Jahr 1936 wurde im Hörfunk wieder Werbung ausgestrahlt. Mit diesem Programminhalt des öffentlich-rechtlichen Rundfunks, der bis heute immer mal wieder umstritten ist, wurden 1949 die Bayerische Werbefunk GmbH und 1956 die

Rudolf Mühlfenzl kam 1948 zu Radio München, wurde Leiter des Wirtschaftsfunks, von 1969 bis 1983 Chefredakteur Fernsehen

Meister Eder und sein Pumuckl im Kinderfunk: Alfred Pongra? (li) sprach ab 1964 den Meister Eder, Hans Clarin den Pumuc

Bayerische Werbefernsehen GmbH als Tochtergesellschaften beauftragt. Allerdings gab es von Anfang an eine Reihe von Einschränkungen für die Werbung im Rundfunk. Sie war zeitlich begrenzt, besonders im Fernsehen, wo sie nur zwischen 18.00 und 20.00 Uhr ausgestrahlt werden durfte. Programmunterbrechungen für Werbesendungen – wie in den USA üblich – waren nicht nur im Fernsehen, sondern auch im Hörfunk untersagt. Diese Einschränkungen wurden von 1984 an nur für den privaten Rundfunk aufgehoben, da er ausschließlich auf die Einnahmen aus der Werbung angewiesen war. Alle Bemühungen der kommerziellen Veranstalter, Werbung im öffentlich-rechtlichen Rundfunk ganz abzuschaffen, scheiterten jedoch bisher.

Neue Fachredaktionen

Der Beginn des öffentlich-rechtlichen Hörfunks war auch in Bayern geprägt vom Aufbau vieler Fachredaktionen. Da bis 1950 nur ein Programm über Mittelwelle ausgestrahlt wurde, entwickelte sich eine Art »Generalrundfunk«. Möglichst viele Gruppen der Gesellschaft sollten ihr Programm im Radio finden können. So entstanden Kirchenfunk und Schulfunk, Wirtschaftsfunk, Frauenfunk und Redaktionen für literarische Sendungen, Hörbilder und Features, eine Bergsteigersendung und eine vielbeschäftigte Sportredaktion. Kurz nach der Währungsreform ging am 24. Juni 1948 erstmals *Die Wirtschaftsglosse* von Rufus Mücke, dem Pseudonym von Rudolf Mühlfenzl, auf Sendung. Kennzeichen dieses satirischen Wirtschaftskommentars, der erst 1962 nach 600 Folgen abgesetzt wurde, war immer der Einleitungssatz: »Sie werden es nicht für möglich halten.« Eine besondere Rolle spielte ab 1946 der Kinderfunk. Er war mit Hörspielen und Mitmachsendungen als Zielgruppenprogramm für die Kinder gedacht und wurde entsprechend genutzt. Der

rich Geiersberger leitete ab 1959 den Landfunk und von 1964 s 1991 auch die Fernsehredaktion Landwirtschaft

Bernhard Ücker, als »Stimme Bayerns« bekannt, leitete von 1970 bis 1986 die Korrespondentenabteilung

jungen Generation sollte durch bewusst freche und zum Teil humoristisch akzentuierte Sendungen Mut gemacht werden, Mut zur eigenen Meinung. Die damalige Leiterin des Kinderfunks, Candida Franck, führte 1948 das *Betthupferl* ein, eine fünfminütige abendliche Gute-Nacht-Geschichte, mit der man auch den Eltern helfen wollte, die Kinder zur richtigen Zeit ins Bett zu bringen. Später kam noch der *Sonntagswecker* hinzu – mit der gegenteiligen Absicht. Der *Sonntagswecker* sollte die Kinder am Sonntagmorgen unterhalten, wenn die Eltern vielleicht noch ausschlafen wollten.

»Alles, was sich reimt, ist gut – Pumuckl-Gesetz«

Eine der erfolgreichsten Serien war der »Pumuckl«, ein rothaariger Kobold, den Ellis Kaut für eine Hörspielserie des Bayerischen Rundfunks erfunden hat. Der Name »Pumuckl« entstand laut Ellis Kaut durch Zufall beim Skifahren. Sie sei auf den Skiern gestürzt und kopfüber in den Schnee gefallen. Ihr Ehemann habe daraufhin ausgerufen: »Du schaust ja aus wia a Pumuckl«. Die erste Folge lief am 21. Februar 1962, schon damals stammte die charakteristische Stimme des Pumuckl von dem Schauspieler Hans Clarin. 1982 kam der Pumuckl auch ins Fernsehen. Insgesamt wurden 52 Folgen gedreht, in denen Gustl Bayrhammer die Rolle des Meister Eder spielte.

Ein Zielgruppenprogramm – der Landfunk

Bayern war nach dem Zeiten Weltkrieg ein Agrarstaat, in dem die Landwirtschaft nicht nur für die Ernährung der Bevölkerung eine wichtige Rolle spielte, die Landwirtschaft dominierte die gesamte Wirtschaft. So überraschte es nur wenig, dass der Landfunk sehr schnell ein erfolgrei-

Zeitfunkreporter Josef Jablonka berichtete ab 1949 für die *Bayernchronik*, *Echo der Zeit* oder die *Klingende Funkpost*

Übertragung des Festgottesdienstes im Dom zu Freising anlässlich des Eucharistischen Weltkongresses 1960 in München

ches Zielgruppen-Angebot im Hörfunk wurde. Bereits in den 1920er Jahren erkannte man, dass es für die Bauern kein besseres Medium gab als eben den Hörfunk. Spezielle Wetterberichte und aktuelle Marktnotierungen gehörten zum täglichen Service-Programm. Auch in der Zeit des Dritten Reichs wurden diese Dienste aufrechterhalten und ausgebaut. Die Stunde zwischen 11.00 und 12.00 Uhr, wenn das Mittagessen gekocht wurde und die Bauern vom Feld kamen, war die Stunde, in der in den Küchen auf dem Land das Radio lief. Der Landfunk des Bayerischen Rundfunks sollte noch eine große gesellschaftspolitische Bedeutung bekommen. Erich Geiersberger wurde 1959 dessen Leiter und damit Nachfolger von Wolf von Tucher.

Der Agrarwissenschaftler war kein unbeschriebenes Blatt. Ein Jahr zuvor hatte er den »Maschinenring« ins Leben gerufen, eine Institution, die zunächst sehr misstrauisch beäugt wurde. Die Idee war einfach. In Bayern gab es nur wenige große Agrarbetriebe, dafür aber Millionen von Kleinbetrieben. Den Kleinbauern, die häufig nur ein Dutzend Kühe oder weniger im Stall stehen hatten, war es aber zu teuer, sich aufwändige Maschinen anzuschaffen, die nur wenige Tage im Jahr genutzt werden konnten. So setzte Geiersberger, der aus seiner früheren Tätigkeit im Landwirtschaftsministerium und als Pressechef der BayWa die Nöte der kleinen Landwirte kannte, seine Idee durch, Maschinen und technische Einrichtungen gemeinsam anzuschaffen und gemeinsam zu nutzen.

Maschinen für alle

So gut die Idee war, so schnell stieß sie in den Anfangsjahren auch auf Widerstand. Das Gespenst der russischen Kolchosen wurde beschworen, und auf die Bildung der landwirtschaftlichen Produktionsgenossen-

Weihnachtshilfe des Frauenfunks: Redaktionsleiterin Lore Walb besucht ein altes Ehepaar in seiner Wohnung, 1961

Lore Walb, Leiterin des Frauenfunks, organisierte die erfolgreiche Aktion *Weihnachtshilfe* von 1958 bis 1968

schaften hingewiesen, mit denen die Enteignung der Bauern in Ostdeutschland kaschiert wurde. Nicht zuletzt durch die Sendungen des Landfunks konnte Geiersberger aber die Gegner überzeugen, und im Jahr 2008 wurde mit einem großen Festakt das 50-jährige Bestehen der »Maschinenringe« gefeiert. Allen war dabei klar, dass ohne die Unterstützung des Bayerischen Rundfunks der Erfolg so nicht möglich gewesen wäre. Ganz bewusst hatte Erich Geiersberger und damit auch der Sender die sonst so gepflegte Position des neutralen Außenstehenden, der die Entwicklung beobachtet, analysiert und auch kommentiert, verlassen. Er war zum Akteur geworden, hatte wirtschaftspolitisches Engagement bewiesen, das in anderen Bereichen sicher auf heftige Kritik gestoßen wäre. Der bayerischen Landwirtschaft hat es aber entscheidend geholfen, die Krisen der nachfolgenden Jahre besser zu bestehen.

Der Einfluss der Kirchen

Noch einen Bereich gab es, in dem der Bayerische Rundfunk bewusst auf eine distanzierte Berichterstattung verzichtete: in den Kirchensendungen. Bei den regelmäßig sonntags stattfindenden Gottesdienstübertragungen war noch selbstverständlich, dass es zu keinen redaktionellen Bearbeitungen kam. Aber auch in den redaktionell betreuten Sendungen war der Einfluss der Kirchen zu spüren. Trotzdem gab es immer wieder Auseinandersetzungen über Berichte, in denen die Redaktion die Amtskirchen kritisch unter die Lupe genommen hatte. Auch die starke Position der jeweiligen Kirchenvertreter im Rundfunkrat des Bayerischen Rundfunks war ein Zeichen für die Sonderposition der Kirchen. Doch auch hier haben die Redaktionen manchen Denkanstoß für die beharrenden Kräfte in der Kirchenverwaltung gegeben. Es überrascht jedoch, dass sich im stark katholisch geprägten Bayern, in dem die Konfessionsschule noch gesetz-

Franz Josef Strauß (1915 bis 1988) war ab 1978 bis zu seinem Tod Ministerpräsident des Freistaates Bayern

Franz Josef Bautz, Autor, Moderator, Redakteur, leitete d Abteilung Kulturkritik von 1980 bis 1990

lich veankert war, seit 1948 im Hörfunk die katholische und die evangelische Kirchenredaktion in einer gemeinsamen Redaktion vereinten.

Frauenfunk und die Männer

Der Frauenfunk wurde dank der engagierten Arbeit von Ilse Weitsch auch zu einer Anlaufstelle für Ratsuchende, die sich häufig in ganz persönlichem Ton an »ihre« Sendung wandten. Überliefert ist die Geschichte einer Bäuerin, die eines Tages mit den Worten »Ihr seid's doch die, wo für Frauen da sind?« in der Tür stand und nach einer langen Bahnfahrt Ratschläge für ihre Ehe begehrte. Aber auch Männer waren auf die neue Art von Sendungen aufmerksam geworden und ließen sich in Haushaltsfragen gerne belehren oder von einem »Kochbuch für Junggesellen« anleiten. Rund 40 Prozent der eingehenden Briefe und Anfragen stammten von ihnen. Die Arbeit des Frauenfunks wurde sogar außerhalb Bayerns wahrgenommen. Eine schwedische Zeitung attestierte dem Frauenfunk des Bayerischen Rundfunks, dass er in Bezug auf die politische Bildung und Teilhabe der Frauen am öffentlichen Leben das beste Programm in Deutschland biete.

Den Einsatz für die Gleichberechtigung setzte nach dem Tod von Ilse Weitsch 1958 ihre Nachfolgerin Lore Walb konsequent fort. Unter ihrer Leitung entwickelte sich die tägliche Frauenfunksendung *Das Notizbuch* zu einem gesellschaftspolitischen Forum, bei dem es auch um die nach wie vor vorhandene Benachteiligung der Frauen in Beruf und Politik ging. Diese Sendung sollte vor allem im Zusammenhang mit der 1968er-Bewegung, die es sich auch zum Ziel gesetzt hatte, überkommene Strukturen zu verändern, für Unruhe sorgen. So gewann *Das Notizbuch*, das jeden Vormittag auf Bayern 1 ausgestrahlt wurde, bald eine grundsätz-

tudentenprotest in München: Blockade des Straßenverkehrs
m Stachus, 1968

Gunthar Lehner leitete ab 1959 die HA Kultur und Erziehung und war von 1972 bis 1982 Hörfunkdirektor

liche Bedeutung. Besonders die CSU kritisierte die Sendung. Dem stand der große Zuspruch von Hörerinnen und Hörern entgegen, die *Das Notizbuch* als ihr Forum ansahen.

1968 wurde zum ersten Mal ein Mann für die Redaktion engagiert, dessen Name in der Öffentlichkeit zunehmend mit dem des *Notizbuchs* gleichgesetzt wurde: Franz J. Bautz war als Redakteur der Kulturabteilung häufig Mitarbeiter der Sendung gewesen und hatte sich auch den Respekt von Abteilungsleiterin Lore Walb erworben. Doch in der Redaktion gab es bald Schwierigkeiten, nicht zuletzt weil Bautz auch die Bestrebungen unterstützt hatte, den bisherigen »Frauenfunk« in »Familienfunk« umzubenennen. Walb selbst plädierte für die Bezeichnung »Redaktion Frau und Gesellschaft«, konnte sich damit aber bei der Leitung des Hauses nicht durchsetzen.

Das Notizbuch sorgte bald – nicht zuletzt im Zusammenhang mit der 1968er-Bewegung, die mit einer gewissen Sympathie begleitet wurde – für eine heftige Diskussion in der Öffentlichkeit. Für die Linken war es das Flaggschiff einer neuen Emanzipation, die über die reine Frauenfrage hinausging, den Konservativen war sie zu links. Franz Josef Strauß empörte sich 1972 über den »Hausfrauenfunk«, wie er den Familienfunk abschätzig nannte, der täglich »kleine Tropfen des roten Gifts« verspritze. Seinen Mitarbeitern gab er den Auftrag, die Sendung regelmäßig zu hören und zu bewerten.

An Glanz verloren?

Nach dem Scheitern der CSU-Initiative für ein neues Rundfunkgesetz, das den Einfluß des Staates erheblich stärken sollte, verlor die Diskussion

Hubert Fritz und Annette Pfeiffer beantworten Verbraucher-
fragen in der Sendung *Das Notizbuch*, 1983

Die Schulfunkredaktion in den 1980er Jahren, in der Mitte d[ ]
Leiterin Renate von Walter (u.2.v.re) , Gustl Weishappel (re)

an Brisanz, das *Notizbuch* behielt seine Grundausrichtung. 1978 stellte
die *Süddeutsche Zeitung* fest, dass *Das Notizbuch* noch immer eine Perle
im Programm sei, die aber doch an Glanz verloren hätte. Ein halbes Jahr
später gab es im *Bayernkurier*, dem Zentralorgan der CSU, erneut eine
Breitseite gegen die Sendung: »Seit Jahren ist das *Notizbuch* ein be-
kanntes Dauerärgernis, das vom Bayerischen Rundfunk Vormittag für
Vormittag ausgestrahlt wird. Im Dauerton verdrossener Miesmacherei,
mit krasser linker Parteilichkeit und durch einseitige Themenwahl sollen
Bayerns Frauen auf den ideologisch emanzipatorischen Vordermann gebracht werden.«

Der Artikel erschien zu einem Zeitpunkt, zu dem ein Personalwechsel be-
vorstand. Lore Walb hatte die Altersgrenze erreicht. Nun galt es eine Nachfolgerin oder einen Nachfolger zu finden. Mehr als 40 Bewerberinnen und
Bewerber gab es für diese Position. Mit dabei war auch Franz J. Bautz, dessen Ernennung von der CSU als Kampfansage empfunden worden wäre.
Lore Walb hatte selbst den Vorschlag gemacht, eine langjährige Mitarbeiterin als Nachfolgerin zu berufen.

Intendant Reinhold Vöth und Hörfunkdirektor Gunthar Lehner entschie-
den sich zur allgemeinen Überraschung aber für einen Mann aus einer
anderen Redaktion des Hauses, weil – so die offizielle Begründung – kein
Mann und keine Frau aus dem Kreis der Bewerberinnen und Bewerber
den Ansprüchen genügt hätte. Der nun überraschend mit der Abtei-
lungsleitung beauftragte Udo Reiter war bis dahin der Leiter der Wis-
senschaftsredaktion gewesen und wurde dem konservativen Flügel
zugerechnet. In seinen ersten Stellungnahmen erklärte er, dass er für
mehr Ausgewogenheit beim *Notizbuch* sorgen wolle. Sein Lieblingswort
war, dass er Kontroverses auch kontrovers dargestellt haben wolle. Einige

fnahme des Hörspiels *Der Prozess um des Esels Schatten* von
edrich Dürrenmatt, Mai 1952

Aufnahme einer Folge des Kriminalhörspiels *Dickie Dick Dik-
kens* mit Walter Netzsch (Mitte), Karl Heinz Schroth (re), 1959

Jahre später wurde bei einer Programmreform *Das Notizbuch* vom viel
gehörten Programm Bayern 1 in das neu konzipierte Wortprogramm
Bayern 2 verschoben.

Der Schulfunk oder radioWissen

Zum Kultur- und Bildungsauftrag auf Bayern 2 gehört auch der Schulfunk. Heute haben die meisten Sender – auch der Bayerische Rundfunk
– den Namen Schulfunk abgeschafft, um die Nutzung dieser Sendungen
nicht auf die Schüler einzuschränken. Beim Bayerischen Rundfunk heißt
die Redaktion seit 2003 radioWissen. Die Zeiten, als die Sendungen noch
für jeweils feste Klassenjahrgänge angeboten wurden, sind inzwischen
vorbei. Die tägliche Sendeleiste bietet eine weit gefächerte Themenpa-
lette, die auch vielen Hörerinnen und Hörern gefällt, die längst ihre Schul-
zeit hinter sich haben. Als Ergänzung zum eigenen Unterricht werden die
Sendungen von Lehrerinnen und Lehrern aber immer noch genutzt, auch
wenn ihr integrierter Anteil am Unterricht stark abgenommen hat.

Das Hörspiel als eigene Gattung

Gut ablesen lässt sich die Entwicklung des Hörfunks noch an einem anderen Beispiel. Schon in der Frühzeit gehörte das Hörspiel zu den wichtigsten und beliebtesten Angeboten. Beim Wiederaufbau nach dem Ende
des Zweiten Weltkriegs gab es kein Fernsehen, die Kinoindustrie musste
erst wieder entstehen und der Kinobesuch war vielen zu teuer. Es entwickelte sich sehr schnell eine Hörspielkultur, bei der die besten Autoren
mitwirkten. Die Grundlagen dazu legte Rolf Didczuhn, ein ausgebildeter
Schauspieler, der im Krieg als Dolmetscher in Berlin arbeitete und in den
letzten Kriegstagen noch nach Bayern flüchten konnte. Im November

Bildungsreise nach Amerika: Ankunft der Radiojournalisten mit Rolf Didczuhn (Mitte) in New York, 1948

Aufnahme *Die Grandauers und ihre Zeit*, 1979: Ilse Neubauer, W Purucker, Karl Obermayr, Franziska Stömmer (v.li), 1979

1946 wurde er als Leiter der Literarischen Abteilung bei Radio Munich engagiert und ein Jahr später zum Leiter der Hörspielabteilung ernannt. Er gab Hörspielfassungen in Auftrag von Büchern unterschiedlicher Autoren, wie Knut Hamsun, Carl Zuckmayer und Theodor Fontane. Junge Autoren wie Günter Eich, Alfred Andersch und Heinrich Böll schrieben Originalhörspiele für den Rundfunk.

Der Rhetoriker und Literaturwissenschaftler Walter Jens erörterte Anfang der 1960er Jahre im Programm des Bayerischen Rundfunks die Frage, welcher Literaturgattung das Hörspiel eigentlich zuzuordnen sei: zur Prosa, zur Lyrik oder zur Dramatik. Er kam zum Schluss, dass es keine Erzählform sei, da es ja von den Dialogen lebe, zum Theater gehöre es aber auch nicht, da zum Theater ja unabdingbar die optische Präsentation zähle. Am ehesten gelte, so sein erstaunliches Fazit, dass es mit der Lyrik verwandt sei, da es bei beiden auf das einzelne Wort und den Klang der Sprache ankäme. Doch in Wirklichkeit solle man es am besten als eine eigene Gattung ernst nehmen. Dass dafür manches spricht, zeigt die Bandbreite des Hörspielangebots: vom Klassiker über Volksstücke bis hin zum Kriminalhörspiel aus der Abteilung Unterhaltung. Nach einer halbjährigen Studienreise durch die USA, zu der Didczuhn wie viele seiner Kollegen eine Einladung bekam, um neue Anregungen zu gewinnen, übernahm er im Februar 1950 die Abteilung Unterhaltung Wort. Dem Genre blieb er bis zu seiner Pensionierung 1974 treu. Er nahm die beliebten *Bunten Abende* ins Programm, pflegte aber auch das Kabarett und die Liebe zum französischen Chanson.

Waren Unterhaltung und Hörspiel in den 1950er Jahren noch gleich wichtig, musste gerade das Hörspiel kämpfen, um vom aufkommenden Fernsehen nicht ganz verdrängt zu werden. Die Akteure entwickelten neue

Günter Grass (li) und Siegfried Lenz waren Mitglieder der Gruppe 47

Gerhard Szczesny leitete das Nachtstudio von 1948 bis 1961

Formen der Klang- und Spracharbeit. So wurde das Hörspiel zu einer neuen Kunstgattung, zunächst allerdings von der Mehrheit der Hörerinnen und Hörer nur selten wahrgenommen.

Das Nachtprogramm

Das Wirkungsfeld der jungen Intellektuellen waren vor allem die Nachtprogramme. Zur späten Abendzeit boten sie die Möglichkeit zum neuen ungewohnten Diskurs über alle gesellschaftlich wichtigen Themen. Nicht das große Publikum hatten sie im Blick, sondern sie sahen die Chance, neue Weltordnungen und neue Philosophien auf anspruchsvoller Ebene zu diskutieren. Orientiert am »Third Program« der BBC, installierten fast alle neu gegründeten Sender in den westlichen Zonen 1947 solche Nachtprogramme. Für die damaligen Hörerinnen und Hörer waren diese Programme die beste Information über Kultur und Geistesleben, so wie es der Münchner Verleger Michael Krüger später einmal voller Achtung ausdrückte: »Wir waren vor und neben aller Lektüre, radiogebildet.« Später bekannt gewordene Autoren wie Alfred Andersch oder Horst Krüger begannen ihre intellektuelle Tätigkeit als Redakteure in diesen Sendungen. In München gründete Gerhard Szczesny das Nachtstudio. Die erste Sendung der neuen Redaktion am 10. Dezember 1948 über den britischen Philosophen Arnold Toynbee hieß *Die westliche Nation ist noch im Werden*.

Das Nachtstudio war ein anspruchsvolles Kulturprogramm, das nicht nur die Hörerinnen und Hörer nachts vor den Apparaten mit verfolgten, sondern das auch viele Leserinnen und Leser fand. Zahlreiche Manuskripte wurden in Zeitschriften nachgedruckt, so dass die Auswirkungen auf die öffentliche Diskussion enorm waren. Viele der literarisch Beteiligten fanden sich auch in der Gruppe 47 wieder. Nicht zuletzt die im Vergleich zu

Leonhard Reinisch (li), Leiter des Nachtstudios, und Leszek Kolakowski in Ottobrunn, November 1977

Remigius Netzer, Maler, Grafiker und Journalist, leitete ab 19 den Zeitfunk und von 1954 bis 1979 die Kulturkritik

anderen Arbeiten guten Honorare beim Hörfunk sicherten die Mitarbeit der Besten aus allen Kulturbereichen.

Der Fall Szczesny

Szczesny gewann für den Bayerischen Rundfunk einen Mitarbeiter, der für ihn besonders wichtig war: den Kölner Soziologen René König. König war zu der Zeit der wichtigste und bekannteste Vertreter einer neuen Soziologie, die weniger empirisch als gesamtgesellschaftlich arbeitete. Beide verband unter anderem eine kritische Haltung gegenüber der Amtskirche und vielen klerikalen Bestrebungen. Szczesny veröffentlichte 1957 ein Buch, in dem er unter dem Titel »Die Zukunft des Unglaubens« seine Thesen von einem humanistischen Staat entwickelte, der frei von klerikalen Einflüssen ein neues Menschenbild prägen sollte. König unterstützte diese Thesen mit seinen Beiträgen für das Nachtstudio. In dem von der Kirche stark beeinflussten Bayern stieß diese Haltung auf harsche Kritik. Im Jahr 1961 – nachdem Szczesny eine Vereinigung unter dem Namen Humanistische Union gegründet hatte – kündigte er beim Bayerischen Rundfunk, nicht zuletzt wegen der massiven Kritik, die er von Seiten der CSU und der katholischen Kirche erfuhr. Aktueller Anlass für die Kündigung war, dass der Rundfunkrat die Absetzung einer von Szczesny geplanten Sendung des anerkannten polnischen Philosophen Leszek Kolakowski unter dem Titel *Katholizismus in einem kommunistischen Land* als gerechtfertigt ansah.

Nur zwei Hörfunkwellen

In den 1950er und 1960er Jahren beschränkte sich das gesamte Hörfunkangebot des Bayerischen Rundfunks auf zwei Programme. Das 1. Pro-

...nes der letzten Röhren-Kofferadios war 1957 der Akkord-
...nguin mit Schlangenlederimitation

Fritz Benscher: Radiosprecher, Conférencier, Moderator und
Regisseur, 1952

gramm – seit der Programmreform am 1. Januar 1974 unter dem Wellen-
namen Bayern 1 – war das politisch informierende Hauptprogramm, das
aber auch auf ein breites Publikum ausgerichtet war. Das 2. Hörfunkprogramm – ebenfalls seit 1974 und nach einigen Namensänderungen seit
2007 wieder unter dem Namen Bayern 2 – wurde 1950 ins Leben gerufen.
Seit 1958 wurde es als eigenständiges Kulturprogramm für unterschiedliche Zielgruppen wie das 1. Programm 18 Stunden täglich ausgestrahlt.
Durch die schnelle Verbreitung des Fernsehens ab den späten 1950er Jahren veränderten sich die Hörgewohnheiten gründlich. War der Hörfunk
zunächst ein Abendmedium, gingen jetzt die Zahlen zu dieser Tageszeit
drastisch zurück. Durch die veränderte Nutzung war Hörfunk weniger
Familien-, sondern mehr Nebenbei-Nutzmedium, das in der Küche, am
Arbeitsplatz und vor allem im Auto gehört wurde. Die Erfindung des Tran-
sistorradios steht charakteristisch für den damaligen gesellschaftlichen
Trend zur Mobilisierung.

Für die Autofahrer

Schon früh hatte der Bayerische Rundfunk auf diesen Trend reagiert. Von
1955 an war sonntags die allen bekannte Stimme von Fritz Benscher zu
hören. Er schlug den Hörern vor: *Nimm's Gas weg*. Die unerwartet schnelle
Motorisierung Deutschlands hatte das Auto in den Mittelpunkt des
Lebens gestellt. Es war Motor der Wirtschaft im Ganzen und bot für jeden
Einzelnen mehr Mobilität und Flexibilität. Die Entwicklung hatte aber
auch eine Kehrseite. Rund 17 000 Verkehrstote wurden jedes Jahr beklagt.
Also wandte sich Fritz Benscher an die Autofahrer, die am Sonntag ihren
Ausflug machten. Die erste Servicesendung bestand aus einer Mischung
aus Unterhaltung, technischen Tipps und Verkehrserziehung für eine neue
Zielgruppe. 1957 lieferte der Bayerische Rundfunk in seinen beiden Hör-

Die Schwabenredaktion: Nadine Mader, Josef Böck, Wolfgang Herre, Leo Schwarz und Hajo Schröter (v.li), 2008

Die drei Hörfunkredakteure im Studio Mainfranken: Eberha Schellenberger, Franz Barthel und Stephan Kirchner (v.li), 20

funkprogrammen »Straßenzustandsberichte«, worunter in erster Linie Staumeldungen zu verstehen waren. Ab 1959 wurden die Sendungen unter dem Titel *Gute Fahrt* in einer Länge von jeweils einer Stunde an vier Nachmittagen pro Woche ausgestrahlt, zur besten Berufsverkehrszeit. Und zwölf Jahre später war der Bayerische Rundfunk die erste Medienanstalt, die eine komplette Servicewelle für Autofahrer startete: Bayern 3. Alles, was mit Autofahren zusammenhing, wurde gemischt mit leichter Musik und regelmäßigen Nachrichten. Damit hatte der Bayerische Rundfunk eine lang anhaltende Diskussion in der ARD abgekürzt, bei der es um eine bundesweite Autofahrerwelle gegangen war. Die Rechnung ging besser auf, als man gedacht hatte. Bayern 3 wurde bald zum erfolgreichsten Radioprogramm Deutschlands (siehe auch Seite 206/207).

»Wo Heimat Welt bedeutet«

Ein weiteres Stichwort kennzeichnet die Programmentwicklung der 1960er und 1970er Jahre: Regionalisierung. »Wo Heimat Welt bedeutet« lautete 1960 das entsprechende Leitmotiv von Intendant Christian Wallenreiter. Er spielte damit auch an auf die Forderung im bayerischen Rundfunkgesetz, dass die Sendungen des Bayerischen Rundfunks der »Eigenart Bayerns gerecht« werden sollen. Doch erst der zügige Ausbau der UKW-Sender ermöglichte gegen Ende der 1950er Jahre ein Sender-Splitting zu bestimmten Zeiten im zweiten Programm. Am 2. Oktober 1960 setzte die erste Regionalisierung im Hörfunk ein. Jeden Sonntag von 11.00 bis 12.00 Uhr liefen unter dem Titel *Dreimal Bayern* für die bayerischen Regionen Altbayern, Franken und Schwaben die neuen Sendereihen *Zwischen Arber und Wetterstein*, *Vom Main zur Donau* und *Der Schwabenspiegel*. Ohne die technischen Voraussetzungen wäre diese Entwicklung nicht denkbar gewesen.

as Team der Redaktion Ostbayern mit Redaktionsleiter Gerard Schiechel, 2008 (rechts neben der Autotür)

Münchner Mittagsmagazin mit Rüdiger Stolze, Helga Montag und Heiner Müller, 1980er Jahre

Das *Münchner Mittagsmagazin*

Bisher hatte nur das Studio Nürnberg die Hörerinnen und Hörer Frankens bedienen können, nun war das auch in anderen Regionen möglich. Seit 1971 gab es die drei Regionalprogramme täglich außer samstags. 1973 kam als viertes Regionalprogramm *Ostbayern heute* hinzu, 1977 folgte die *Welle Mainfranken* und schließlich 1979 als sechstes Regionalprogramm das *Münchner Mittagsmagazin* für den Großraum München. Chefredakteur Walter von Cube hatte 1960 anlässlich eines Rundfunkgesprächs in Augsburg versichert: »Wir sind nicht ein Münchner, sondern ein bayerischer Rundfunk, das sage ich immer wieder.« Und der damalige Hörfunkdirektor Gunthar Lehner, der die Entwicklung des Regionalprogramms maßgeblich beeinflusst hat, erinnerte sich 1988: »In Kenntnis dieser neuen technischen Möglichkeiten hatte sich auch der Druck regionaler Interessenten innerhalb und außerhalb der Aufsichtsgremien verstärkt, die eine stärkere Berücksichtigung ihrer Region im Programm forderten. Regionalpolitischen Interessen, die durch die jeweilige Landesregierung vermeintlich oder tatsächlich nicht ausreichend bedient wurden, sollte wenigstens auf dem medienpolitischen Feld entgegengekommen werden. Politisch und ideologisch meistens anders gefärbt, trat in den 1960er Jahren zur Pression von Notabeln und etablierten Institutionen von der Basis her das Verlangen nach mehr regionaler und lokaler Information als Voraussetzung für mehr Partizipation und größerer Bürgernähe.«

Land und Leute

Regionale und lokale Informationen bieten seit den 1950er Jahren auch die Redaktionen Land und Leute sowie Hörbild und Feature. Vor allem authentische Geschichte(n), Originelles jenseits von Klischees erzählen

Der Drehorgelbus unterwegs mit Wastl Witt (vorne re), dem Roider Jackl (Mitte) und Regisseur Olf Fischer (hinten li), 1958

Sepp Eibl, Vertreter der traditionellen Volksmusik in Baye prägt seit 35 Jahren Sendungen des Bayerischen Rundfunk
+ 2003

Sendereihen wie *Bayern für Liebhaber, Unbekanntes Bayern, Land und Leute* oder *Bayerisches Feuilleton*. Die mehrfach umbenannten Redaktionen (seit 2006 wieder als Hörbild und Feature vereint) prägten in den 1950er und 1960er Jahren die Leiter Alois Fink, Wilfrid Feldhütter, Herbert Schindler oder Otto Guggenbichler. Wilfrid Feldhütter, der 2000 im Alter von 96 Jahren gestorben ist, war einer der dienstältesten Mitarbeiter des Bayerischen Rundfunks und produzierte als Kunsthistoriker, Dramaturg und Autor nicht nur Hörspiele, Hörbilder und Fernsehfilme, sondern organisierte bereits 1929 mit dem Kiem Pauli und Karl List zusammen Volksmusikabende, die im Radio übertragen wurden (siehe auch Seite 30/31).

Volksmusik

Karl List war es dann, der die 1950 neu gegründete Abteilung Volksmusik als Nachfolger von Hans Seidl von 1959 bis 1970 leitete. Während in Nürnberg Willy Spilling eine Redaktion für fränkische Volksmusik aufbaute, hatte in München der Volksmusiker Wastl Fanderl ab 1946 mit seinem Wastl-Fanderl-Trio wesentlichen Anteil am Programm. Im Hörfunk lief von 1960 bis 1975 die Reihe *A weni kurz, a weni lang*, im Fernsehen die Sendungen *Singen und Spielen in der Stub'n* und bis 1984 das *Bayerische Bilder- und Notenbüchl*.

Von 1970 an leitete der Musiker Alfred Artmeier die Abteilung Volksmusik. Dabei wurden alle bayerischen Regionen berücksichtigt, auch der »vierte« Stamm Bayerns, die Sudetendeutschen, war mit seinem Liedgut in der Sendung repräsentiert. Diese Arbeit setzte Fritz Mayr von 1991 bis 2003 engagiert fort. So ist der Bayerische Rundfunk der einzige öffentlich-rechtliche Sender in Deutschland, der heute noch sein Angebot an Volksmusik ständig pflegt. Konkret bedeutet dies etwa 100 Stunden

Vastl Fanderl, Volksmusikpfleger Oberbayerns, Autor und Moderator volksmusikalischer Sendungen, 1980er Jahre

Fritz Mayr, Moderator zahlreicher Volksmusiksendungen, leitete von 1991 bis 2003 die Redaktion Volksmusik, 1977

monatlich traditionelle Volksmusik im Hörfunk. Einen wesentlichen Anteil hat dabei die neue Volksmusik, wie sie etwa die Biermösl Blosn der Brüder Well verkörpert (siehe auch Seite 135). Dazu gehört auch die beliebte Begleitmusik zum täglichen Wetterpanorama im Bayerischen Fernsehen: Traditionelle Volksmusik aus Bayern, zusammengestellt von der Abteilung Volksmusik.

Die *Weißblaue Drehorgel*

Der Bayerische Rundfunk startete in den 1950er Jahren beliebte und langlebige Sendereihen wie die *Weißblaue Drehorgel* (Beginn 1952) oder das *Bayerische Karussell* (Beginn 1958). Sie liefen bis weit in die 1960er Jahre. Mit ähnlichem Konzept, aber unter anderem Namen, wie *Weißblaue Truhe* oder *Bayern Express*, überlebten sie sogar bis weit in die 1970er Jahre hinein. Dabei gastierte der Bayerische Rundfunk etwa alle zwei Monate in einem anderen Ort Bayerns – ein paar Mal auch außerhalb – und strahlte die Aufnahme an einem der folgenden Samstage als Zentralelement des Abendprogramms aus. Der Roider Jackl hielt dabei als *Drehorgel*-Bürgermeister die auf den jeweiligen Ort zugeschnittene Einführungsrede und schloss die Sendung mit einer Serie von Gstanzln ab (siehe auch Seite 134).

Ausländerprogramm

Dass der Bayerische Rundfunk immer auf gesellschaftspolitische Entwicklungen achtete, zeigte er 1964 mit der Schaffung eines dritten Hörfunkprogramms. Es war zunächst ein so genanntes »Gastarbeiterprogramm«. 1964 war der Millionste Gastarbeiter – ein Portugiese – in Deutschland begrüßt worden. Begonnen hatte diese Entwicklung in den

Italienischer Gastarbeiter belädt seine BMW-Isetta für die Heimfahrt, 1973

Pavlos Bakojannis, Rena Kapojanni, Gualtiero Guidi, Sandra Diedric Assimakis Hatzinikolaou, Manuel Moral, Charo Navascués (v.li)

1950er Jahren mit Italienern, die in Deutschland Arbeit suchten. Arbeiter aus Spanien, Griechenland und der Türkei folgten. Sie hatten in Deutschland kein Medium, so dass der Westdeutsche Rundfunk und der Bayerische Rundfunk gemeinsam für die ARD das Hörfunkprogramm in sechs Sprachen produzierten. Der Bayerische Rundfunk war dabei redaktionell verantwortlich für die Sendungen in italienischer, spanischer und griechischer Sprache. Dieser besondere Service, der viel zur Integration der Gastarbeiter beigetragen hat, wurde im Jahr 2002 eingestellt. Durch die Satellitentechnik konnten viele der hier arbeitenden Ausländer Hörfunk- und Fernsehprogramme aus ihrer Heimat empfangen, so dass das Interesse an den ARD-Ausländerprogrammen stark nachgelassen hatte.

Der Konflikt Bakojannis

Bei der Einführung der Gastarbeitersendungen – ab 1964 als Gemeinschaftsaufgabe der ARD – war eines der Ziele, den nicht deutsch sprechenden Gastarbeitern, die in Deutschland kaum an Informationen kamen, ein Programm in ihrer Muttersprache anzubieten. Die Verantwortlichen formulierten die grundsätzliche Idee als »Existenz- und Orientierungshilfe für das Leben in der Bundesrepublik«. Die Journalisten, die für ihre Landsleute die Sendungen gestalteten, beschränkten sich natürlich nicht nur auf allgemeine Lebenshilfe, sondern berichteten – teilweise sehr kritisch – über die politische Situation in den jeweiligen Heimatländern. In einen schwerwiegenden Konflikt geriet der Bayerische Rundfunk nach dem Militärputsch von 1967 in Griechenland. Zur Zielscheibe der Angriffe wurden die Sendungen der Griechischen Redaktion, denen die systematische kommunistische Beeinflussung der Hörer vorgeworfen wurde.

ualtiero Guidi (li) und Mario Cerza von der Italienischen ədaktion des Ausländerprogramms, 1970er Jahre

Flyer zur Werbung für das griechische Ausländerprogramm des Bayerischen Rundfunks, 2002

Pavlos Bakojannis, von 1967 bis 1974 Leiter der Redaktion, geriet in die Kritik des griechischen Obristenregimes. Seine Berichte und Kommentare wurden als feindselige Haltung gegenüber Griechenland bewertet und Bakojannis sah sich mit Morddrohungen konfrontiert. Über ihren Generalkonsul protestierte die griechische Regierung beim Bayerischen Rundfunk, die Zusammenarbeit wurde zeitweise eingestellt und eine Entlassung Bakojannis gefordert. Ebenso gingen Beschwerden bei der Bayerischen Regierung ein, in denen man Änderungen in der Berichterstattung forderte.

Seinen Höhepunkt hatte der Konflikt 1971, als auch die Bundesregierung ihre »ernste Sorge« über die vom Bayerischen Rundfunk verursachten »anhaltenden Störungen der deutschgriechischen Beziehungen« kundtat. In einer ähnlichen Problematik befand sich auch die Spanische Redaktion mit ihrem Leiter Manuel Moral, der sich in Kommentaren kritisch zur Franco-Regierung in Spanien geäußert hatte. Sowohl der damalige Intendant Christian Wallenreiter, Hörfunkdirektor Walter von Cube wie auch Sendeleiter Gerhard Bogner verwahrten sich immer wieder gegen den Versuch der Einflussnahme sowohl durch deutsche Politiker als auch durch Vertreter der Regierungen von Spanien und Griechenland. Erst 1972, im Vorfeld der Olympischen Sommerspiele in München, wurden die politischen Kommentare der Ausländerredaktion vorübergehend eingestellt. Der Bayerische Rundfunk begründete die Entscheidung mit der Rücksichtnahme auf griechische, spanische und italienische Sportler. Pavlos Bakojannis verließ 1974 den Bayerischen Rundfunk und arbeitete nach dem Ende des Obristenregimes als stellvertretender Intendant des griechischen Fernsehens. 1989 wurde Bakojannis, inzwischen Parlamentsabgeordneter seines Heimatortes Evrytania, von Terroristen der Untergrundorganisation »17. November« erschossen.

Die Volksschauspielerin Ida Schumacher wurde in ihrer Rolle als »Ratschkathl« berühmt, 1950er Jahre

Aufnahme des Hörspiels *Der Biberpelz* von Gerhart Hauptmann mit Therese Giehse und Gerhard Bienert, 1958

Georg Blädel, bekannt als »Blädel Schorsch«, bayerischer Unterhaltungskünstler, 1950er Jahre

Die Isarspatzen: Klaus Netzle, Fritz Westermeier, Erika Blumberger, Franz Messner, 1950er Jahre

Ein Welthörer
Hansjörg Schmitthenner

1950 lobte die damals weltberühmte Zeitung *New York Herald Tribune* einen Preis für die »beste Kurzgeschichte der Welt« aus. Gewonnen hat diesen Wettbewerb ein Münchner: der damals 42 Jahre alte Hansjörg Schmitthenner.

Im gleichen Jahr wurde Schmitthenner als Nachfolger von Rolf Didczuhn Hörspieldramaturg beim Bayerischen Rundfunk und sollte dort – später als Hörspielchef – 24 Jahre bleiben. Er hatte schnell erkannt, dass das Hörspiel die Möglichkeit bot, ganz neue künstlerische Wege zu gehen. Auf seinen zahlreichen Reisen in alle Kontinente sammelte er Originaltöne und daraus entstand die Tri-

Es ist kein Zufall, dass das Hörspiel in dem Augenblick, als es mit den experimentellen Künsten der verschiedensten Art, vor allem mit der radiophonischen Poesie, zusammentrat und die angebotenen Möglichkeiten assimilierte, in eine neue Phase seiner Geschichte eintrat.

Hansjörg Schmitthenner in dem Vortrag *Das neue Hörspiel und die konkrete Poesie* aus dem Jahr 1972.

logie *Welthören*, die großen Einfluss auf die Hörspielentwicklung hatte. Schmitthenner legte damit für Jahrzehnte den Maßstab für die Hörspielarbeit im Bayerischen Rundfunk.

Als verantwortliche Hörspielchefs folgten ihm Dieter Hasselblatt, Christoph Buggert, Christoph Lindenmeyer und Herbert Kapfer nach.

Aufnahme des Hörspiels *Das Röcheln der Mona Lisa* von und mit Ernst Jandl (li unten) und Hansjörg Schmitthenner (re oben), April 1970

Hörspielpreis der Kriegsblinden

Der Hörspielpreis der Kriegsblinden gilt als die bedeutendste Auszeichnung für Autorinnen und Autoren deutscher Hörspiele. Er wird seit 1950 vom Bund der Kriegsblinden Deutschlands (BKD) verliehen. Verantwortlich dafür war von Anfang an der Publizist und Medienkritiker Friedrich Wilhelm Hymmen, der im Krieg ein Auge verloren hatte. Der Hörspielpreis der Kriegsblinden wird jedes Jahr »für ein von einem deutschsprachigen Sender konzipiertes und produziertes Original-Hörspiel verliehen, das in herausragender Weise die Möglichkeiten der Kunstform realisiert und erweitert«. Die Jury setzt sich je zur Hälfte aus Vertretern des Bundes der Kriegsblinden und Hörspielkritikern zusammen. Seit 1994 ist neben dem Bund der Kriegsblinden auch die Filmstiftung Nordrhein-Westfalen an der Verleihung des Preises beteiligt. Bei den Blinden ist die Beteiligung nicht länger auf Kriegsblinde beschränkt. Unter den Preisträgern der ersten zehn Jahre waren bedeutende deutsche Autoren, unter anderen Erwin Wickert, Günter Eich, Wolfgang Hildesheimer, Leopold Ahlsen, Friedrich Dürrenmatt, Ingeborg Bachmann, Dieter Wellershoff und Wolfgang Weyrauch.

Ingeborg Bachmann bekam den Preis für eine Produktion des Bayerischen Rundfunks, ebenso wie Wolfgang Weyrauch, dessen *Totentanz* im Übrigen der junge Schriftsteller Martin Walser inszeniert hatte.

Siebenmal in Folge wurden von 1970 bis 1976 Produktionen des Bayerischen Rundfunks mit dem Hörspielpreis der Kriegsblinden ausgezeichnet. Es waren jeweils Originalton-Hörspiele, in denen aus Tonmaterial alltäglicher Bereiche oder Interviewaufnahmen ein Hörwerk komponiert wurde. Beispielsweise ging 1972 die Auszeichnung an Paul Wühr für *Preislied*, in den folgenden Jahren an Hans Noever für *Tod meines Vaters* und Alfred Behrens für *Das große Identifikationsspiel*. 1975 erhielt Dieter Kühn die Auszeichnung für die *Goldberg-Variationen*.

Friedrich Wilhelm Hymmen, Alfred Behrens und Bundespräsident Walter Scheel (v.li). Alfred Behrens erhält 1974 den Hörspielpreis der Kriegsblinden

Nachfolgend aufgeführt sind die Produktionsdaten aller Hörspiele unter Beteiligung des Bayerischen Rundfunks, die bislang, im jeweils darauffolgenden Jahr, mit dem Preis geehrt wurden.

Der gute Gott von Manhattan von Ingeborg Bachmann, Regie: Fritz Schröder-Jahn (BR/NDR, 1958)

Totentanz von Wolfgang Weyrauch, Regie: Martin Walser (NDR/BR, 1962)

Zwielicht von Rolf Schneider, Regie: Otto Kurth (BR/HR/WDR, 1966)

Paul oder die Zerstörung eines Hörbeispiels von Wolf Wondratschek, Regie: Heinz Hostnig (WDR/BR/HR/SR, 1969)

Zwei oder drei Porträts von Helmut Heißenbüttel, Regie: Heinz Hostnig (BR/NDR/SR, 1970)

Preislied von Paul Wühr, Regie: Paul Wühr (BR/NDR, 1971)

Der Tod meines Vaters von Hans Noever, Regie: Hans Noever (BR/WDR, 1972)

Das große Identifikationsspiel von Alfred Behrens, Regie: Alfred Behrens (BR/RIAS, 1973)

Goldberg-Variationen von Dieter Kühn, Regie: Heinz von Cramer (BR/HR, 1974)

Centropolis von Walter Adler, Regie: Walter Adler (WDR/BR/SWF, 1975)

Vor dem Ersticken ein Schrei (Trilogie des bürgerlichen Wahnsinns 1) von Christoph Buggert, Regie: Raoul Wolfgang Schnell (WDR/BR, 1977)

Apocalypse Live von Andreas Ammer (BR/Bayerisches Staatsschauspiel Marstall/Bayerische Staatsoper, 1994)

Jackie von Elfriede Jelinek, Regie: Karl Bruckmaier (BR, 2003)

Föhrenwald von Michaela Melián, Regie: Michaela Melián (BR, 2005)

Aufführung des Hörspiels *Apocalypse Live* von Andreas Ammer im Münchner Marstalltheater, 1994

Ingeborg Bachmann
Das Hörspiel – ein Gedicht

Ich habe nur zwei Hörspiele geschrieben und über das, was ein Hörspiel sein sollte oder sein könnte, habe ich mir nur Gedanken gemacht, während ich schrieb. Es ist leicht gesagt, es muss zum Hören gemacht sein. Daher, schien es mir, muß es sich sehr weit entfernen von einem Bühnenstück. Es muss Gesten, Gesichter, Kostüme, Abgänge, Auftritte und den Vorhang entbehren können. Es muss alles mit Worten sagen und mit Worten verschweigen können. Die Worte müssen erröten oder verzweifeln oder verletzen, denn ich kann dem Hörer nicht die Rückschädel zeigen, keine Verkleidung, kein Taschentuch, das fällt und eine Verwicklung einleitet, die zum Tod führt. Das Hörspiel hat eine Innenbühne, einen Innenraum, der dem Zuhörer nun offen stehen soll, damit er hineinhören kann. Er kennt diese Bühne, er kennt diesen Raum, er trägt ihn ja in sich. Vor allem aber gibt es Bezirke, wo das Zeigen nicht hinkommt. Darum habe ich meistens versucht, den Dialog dort anfangen zu lassen, wo er auf der Bühne aufhören muss. Das, meine ich, gilt für die Situationen in der sich das Liebespaar Jennifer / Jan in dem Stück Der gute Gott von Manhattan *befinden, aber auch für die Monologe aus den* Zikaden. *Situationen darzustellen, die man nicht zeigen kann, ist vielleicht besonders naheliegend für jemanden, der von Gedichten kommt. Aber er hat viel Neues zu bewältigen. Situationen eben und die erweiterte Stimmenführung. Ob es eine Hörspielform gibt, weiß ich nicht. Jedenfalls sicher keine, die man einem schon existierenden Spiel abschauen könnte. Jedes muß wie ein Gedicht eine neue sinngemäße Form haben, man muß sie mit erschaffen, wie bei einem Gedicht und ich wäre froh, wenn ich die zwei Spiele aus sich selbst begriffen hätte, die mir aus ganz anderen Gründen entstanden sind.*

Ingeborg Bachmann und Hans Werner Henze in Bayreuth, 1965

Ingeborg Bachmann war 1957 auf Wunsch des damaligen Fernsehdirektors Clemens Münster beim Bayerischen Rundfunk als Dramaturgin für Fernsehspiele angestellt worden. Für die Dichterin war diese Festanstellung aber nur ein kurzes Intermezzo, bevor sie wieder als freie Schriftstellerin arbeitete.

Ingeborg Bachmann zur Sendung *Aufnahme zum Hörspiel-Almanach 1948-1958,* 1959

Der aufrechte Jurist
Intendant Franz Stadelmayer

Franz Stadelmayer (1891 bis 1971), 1950er Jahre

jurist, der seit 1949 dem Verwaltungsrat des Bayerischen Rundfunks angehörte.

Seine Karriere hatte 1919 in Würzburg begonnen. Noch im Jahr 1933 wurde Stadelmayer zum 2. Bürgermeister gewählt. Kurz darauf zwangen ihn die Nazis, das Amt niederzulegen. Nach dem Krieg wurde er zunächst Leiter der Münchner Stadtverwaltung, dann unter Karl Scharnagl 2. Bürgermeister in München und 1949 Oberbürgermeister von Würzburg. Schon in seiner Antrittsrede als Intendant setzte er sich für die Unabhängigkeit des Rundfunks und für die Freiheit der Gedanken ein, dies alles »fortiter in re, suaviter in modo«, also: hart in der Sache, gemässigt im Ton.

Tatsächlich widersetzte er sich den Bestrebungen, den politischen Einfluss auf den Bayerischen Rundfunk zu erhöhen. Ein besonders wichtiges Anliegen war ihm, die Wurzeln der einzelnen Regionen besser zur Geltung zu bringen.

Nach dem plötzlichen Tod von Rudolf von Scholtz musste schnell ein neuer Intendant gewählt werden. In einer Sitzung am 4. Juni 1956 wählte der Rundfunkrat einen Mann, der kurz vor der Pensionierung stand. Franz Stadelmayer, Oberbürgermeister von Würzburg, war zu dieser Zeit bereits 65 Jahre alt. Doch er galt als mit dem Bayerischen Rundfunk vertraut und somit den meisten Rundfunkräten als ein Garant für die Unabhängigkeit des Senders. Er war ein Verwaltungs-

1960 – mit immerhin 69 Jahren – überlegte Stadelmayer noch einmal, erneut als Intendant zu kandidieren, zog die Kandidatur aber zurück, als er merkte, dass die Intendantenwahl in ein parteipolitisches Fahrwasser geraten war. Eine Genugtuung war ihm sicher, dass der von der CSU favorisierte Nachfolge-Kandidat dann vom Rundfunkrat nicht die Mehrheit erhielt.

Ein Herr der Bildung
Intendant Christian Wallenreiter

Nichts deutete darauf hin, dass er eines Tages einen Rundfunksender leiten würde. Der gebürtige Schwabe aus Friedberg bei Augsburg machte nach der Beendigung seines Studiums eine typische Beamtenkarriere, die ihn vorwiegend durch bayerische Landratsämter führte. 1952 wurde er im Bayerischen Kultusministerium Referent für Bildende Kunst und engagierte sich nicht nur beim Ausbau der staatlichen Museen, sondern auch als Leiter der Abteilung für Volks-, Mittel- und Berufsschulen sowie der Lehrer- und Erwachsenenbildung. Gegen den

> *Der Bayerische Rundfunk ist nicht nur eine schöne Einrichtung, die sich Bayern leistet, sondern er leistet selbst mit, dass es Bayern, so wie es ist, gibt, dass es werde, was wir für Bayern wünschen.*

Willen der Regierungspartei CSU wurde er 1960 zum Intendanten des Bayerischen Rundfunks gewählt. Zweimal – 1964 und 1968 – wurde er wiedergewählt, bis er 1972 mit 72 Jahren in den Ruhestand trat. In seine Amtszeit fiel der stürmische Ausbau im Hörfunk- und Fernsehbereich. Zahlreiche Initiativen und Beteiligungen hat er verantwortet, etwa die Gründung des Prix Jeunesse und des Internationalen Zentralinstituts für das Jugend- und Bildungsfernsehen sowie die Einführung des *Telekollegs*.

Wallenreiter machte immer deutlich, wie sehr Ausbildung und Bildung ihm am Herzen lagen. Seine persönliche Leitlinie formulierte er bei der Amtsübernahme 1960: »Wir müssen selbst eine gute Demokratie im Hause sein.«

Intendant Christian Wallenreiter (1900 bis 1980) und sein Nachfolger Reinhold Vöth (1930 bis 1997), 1970er Jahre

Die Stimme der Vielen
Die ARD

Volker Herres (li) trat zum 1. November 2008 die Nachfolge von Günter Struve als Programmdirektor Erstes Deutsches Fernsehen an

Die 1950 existierenden sechs deutschen Landesrundfunkanstalten Bayerischer Rundfunk, Hessischer Rundfunk, Radio Bremen, Süddeutscher Rundfunk, Südwestrundfunk und Nordwestdeutscher Rundfunk haben sich 1950 zu einer Arbeitsgemeinschaft (ARD) zusammengeschlossen. Sie diente und dient bis heute der Zusammenarbeit auf verschiedenen Gebieten, ohne dass die einzelnen Landesrundfunkanstalten ihre Unabhängigkeit verloren haben.

Die grösste Aufgabe der ARD war kurz nach ihrer Gründung die Vorbereitung und Ausstrahlung eines ersten gemeinschaftlichen Fernsehprogramms in der Bundesrepublik Deutschland. Seit dem 1. November 1954 sendet die ARD dieses Programm – zunächst als »ARD-Programm«, später als »Erstes Deutsches Fernsehen« und heute offiziell als »Das Erste«.

Nach der Teilung des NWDR, der Neuordnung im Osten nach der Wiedervereinigung und der Zusammenlegung von SDR und SWF zum SWR hat die ARD neun Landesrundfunkanstalten als Mitglieder. Jedes Jahr wird aus dem Kreis der Intendanten der Vorsitzende der ARD gewählt, in der Regel mit einmaliger Wiederwahl. Die Intendanten bestimmen auch einen Programmdirektor der ARD, dessen Aufgabe es ist, das Programmangebot der ARD zu erarbeiten und die Programmzulieferung der einzelnen Landesrundfunkanstalten zu koordinieren.

Beteiligt ist die ARD ferner an den Sendern 3sat, Phoenix, ARTE und dem Kinderkanal. Die Programmdirektion der ARD hat ihren Sitz in München im Hochhaus des Bayerischen Rundfunks.

Das Hochhaus des Bayerischen Rundfunks, 2008

Der ARD-Musik-wettbewerb

1952 gegründet, bietet der Internationale Musikwettbewerb der ARD Nachwuchsförderung auf höchstem Niveau. Alljährlich wird er vom Bayerischen Rundfunk in München ausgerichtet – als Gemeinschaftseinrichtung der neun Landesrundfunkanstalten der ARD zusammen mit Deutscher Welle und Deutschlandradio. Lange Jahre oblag die Künstlerische Leitung Jürgen Meyer-Josten, 2001 ging sie an Christoph Poppen über; seit 2006 leitet Axel Linstädt den Wettbewerb. Etwa 200 Kandidatinnen und Kandidaten aus aller Welt treten jeweils für gut zwei Wochen in einen musikalischen Wettstreit, der in wechselnden Fächern ausgetragen wird. Neben Klavier und Gesang stehen dabei alle wichtigen Orchesterinstrumente einschließlich Harfe und Schlagzeug auf dem Programm, außerdem Klavierduo, Klaviertrio, Streichquartett und Bläserquintett. Der Anspruch der Jury ist beim ARD-Musikwettbewerb stets außerordentlich hoch. Seit 2002 müssen die Teilnehmerinnen und Teilnehmer im Übrigen auch ein Auftragswerk interpretieren; renommierte Komponisten wie Mauricio Kagel, Wolfgang Rihm oder Jörg Widmann legten hierzu Stücke vor.

Für viele Preisträgerinnen und Preisträger war der ARD-Musikwettbewerb der Ausgangspunkt ihrer Karriere. Im Fach Gesang gehörten dazu u.a. Jessye Norman, Anne Sofie von Otter, Francisco Araiza und Thomas Quasthoff. International bekannt geworden sind aber z.B. auch Christoph Eschenbach (Klavier), Christian Tetzlaff (Violine), Heinz Holliger (Oboe), das Tokyo String Quartet oder in jüngerer Zeit die Cellistin Sol Gabetta.

Die Preisträgerinnen und Preisträger des 57. Internationalen Musikwettbewerbs der ARD 2008

Die Mutter Brandl
Liesl Karlstadt und der Bayerische Rundfunk

Liesl Karlstadt, die eigentlich Elisabeth Wellano hieß, begann 1911 die Zusammenarbeit mit dem bereits bekannten

mit dem Volksschauspieler Michl Lang verpflichtet – allerdings nur in Gastrollen in einigen Folgen.

Doch damit begann ihre Funkkarriere, die sie zu einer der bekanntesten Künstlerinnen Bayerns machte. Als sie 1952 die Hauptrolle der Mutter in der von Ernes-

Münchner Komiker Karl Valentin. Diese Kooperation wurde während des Zweiten Weltkriegs unterbrochen. Kurz vor dem Tod Valentins im Februar 1948 kam es noch ein letztes Mal zu ein paar gemeinsamen Auftritten.

Gleichzeitig wurde sie von Kurt Wilhelm für die von Anfang an überaus erfolgreiche Rundfunkserie *Brummlg'schichten*

Bild oben: Regisseur Jo Baier während der Dreharbeiten zum Fernsehfilm *Liesl Karlstadt und Karl Valentin*, 2007

Bild Mitte: Filmszene mit Johannes Herrschmann als Karl Valentin und Hannah Herzsprung als die junge Liesl Karlstadt, 2007

Bild rechts: Aufnahme der Folge *Der schwarze Einser* aus den *Brummlg'schichten* mit Michl Lang, Barbara Gallauner, Liesl Karlstadt und Rudolf Vogel (v.li), Dezember 1950

tine Koch geschriebenen Radioserie *Familie Brandl* übernahm, eine Art Spielserie mit alltäglicher Lebensberatung, kannte ihre Popularität kaum noch Grenzen. Waschkörbeweise erhielt sie Briefe mit der Bitte um Haushaltstipps, die sie in ihrer Rolle als Walburga Brandl gab – obwohl Liesl Karlstadt selbst zeitlebens keine gute Hausfrau gewesen ist, wie sie immer wieder feststellte.

Die Serie lief noch, als Liesl Karlstadt überraschend am 27. Juli 1960 während eines Ferienaufenthaltes in Garmisch an

einer Gehirnblutung starb. Sie wurde auf dem Bogenhausener Friedhof in München beigesetzt.

Der Bayerische Rundfunk setzte ihr jüngst mit dem Fernsehfilm *Liesl Karlstadt und Karl Valentin*, der im Dezember 2008 zum ersten Mal ausgestrahlt wurde, ein Denkmal. Unter der Regie von Jo Baier spielen darin Hannah Herzsprung die junge und Bettina Redlich die ältere Liesl Karlstadt. Karl Valentin wird von Johannes Herrschmann dargestellt.

Sonst wer i berühmt
Der Roider Jackl

Jakob Roider (1906 bis 1975)

Jakob Roider, den später alle nur den Roider Jackl nannten, wurde als Volkssänger 1931 beim 1. Niederbayerischen Preissingen in Landshut entdeckt. Schon damals war es die Spezialität des 25-Jährige, selbst verfasste Gstanzln vorzutragen, in denen er die kleinen und großen Probleme der Menschen kommentierte. Während seiner Militärzeit von 1936 bis 1939 ließ er sich zum Förster ausbilden. Aber noch bevor er seinen Forstdienst antreten konnte, begann der Zweite Weltkrieg und Jakob Roider wurde einberufen. Kurz nach Kriegsende trat er – als politisch unbelastet eingestuft – die Stelle als Forstamtmann an und arbeitete bis zu seiner Pensionierung 1967 in den Freisinger Isarauen. 1945 begann auch seine große Zeit als Gstanzl-sänger, nachdem er das politisch-kritische Gstanzl erfunden hatte und als Erster landes-, bundes- und weltpolitische Ereignisse besang. In Volksmusik- und Unterhaltungssendungen, in Hörspielen, im Landfunk oder in der Politischen Abteilung stand sein Name über 40 Jahre lang auf dem Programm des Bayerischen Rundfunks. So wirkte er unter anderem in der ab 1952 ausgestrahlten *Weißblauen Drehorgel* als »Bürgermeister« mit oder in der Sendereihe *Bairisch Herz* sowie beim Salvatoranstich auf dem Nockherberg. Allgemein bezog er sich mit seinen Liedern und Gstanzln sowohl auf aktuelle politische Ereignisse wie auch auf verbreitete menschliche Schwächen. Kaum einer der so »Derbleckten« war jemals beleidigt, man betrachtete es im Gegenteil als besondere Ehre, von ihm aufs Korn genommen zu werden. Der Roider Jackl starb mit 68 Jahren im Mai 1975 in München.

Über die Bayern

Ja mia Bayern san a Rass'
überall mach ma unseren Gspaß
spieln Theater, plattln und singa
wolln die Welt zum Lacha bringa

Über den Bayerischen Rundfunk

Und des Fernsehn, sagn de Gelehrtn,
macht unsa Kultur no ganz hi,
da werd aa no's Letzte verwurschtelt
in dera Machinerie

Über sich selbst

Jetzt muaß i aufhern zum Singa
sonst wer i berühmt
und kriag a so a Denkmal
da wo's Wasser rausrinnt

Subversiv und bissig
Die Biermösl Blosn

Die Brüder Hans, Michael und Christoph (Stofferl) Well präsentieren seit über 30 Jahren oberbayerische Folklore und den Dialekt des Landes auf eine besonders unterhaltsame und zugleich subversive Art. Dabei verbinden sie bayerische Volksmusik mit Texten, die sich in satirischer Weise mit Politik und Gesellschaft auseinandersetzen. Ihren Namen haben sie sich nach ihrer Heimat gewählt, dem Biermoos, das zwischen München und Augsburg liegt. In der Familie – es gibt zwölf weitere Geschwister, von denen drei Schwestern die ebenso bekannte Gruppe »Wellküren« bilden – wurde Volksmusik immer groß geschrieben. Als Biermösl Blosn traten die drei Brüder erstmals 1977 auf. Bayernweit bekannt wurden sie, als 1979 das Bayerische Fernsehen ihr kritisches BayWa-Lied ausstrahlte. Es gab eine Flut von Protesten, weil der satirische Text des Liedes zur Melodie der Bayern-Hymne gesungen wurde.

Gott mit dir, du Land der BayWa,
deutscher Dünger aus Phosphat.
Über deinen weiten Fluren
liegt Chemie von fruah bis spat.
Und so wachsen deine Rüben,
so ernährest du die Sau.
Herrgott, bleib dahoam im Himmi,
mir hom Nitrophoskablau.

Nachtgebet eines modernen Landwirts

Ich kann mich noch gut erinnern, wie wir das erste Mal mit Gerhard Polt im ehrwürdigen Hamburger Schauspielhaus auftraten, als erstes Stück einen schönen Landler spielten und das eigentlich als reserviert geltende Hamburger Publikum dabei wie entfesselt zu schunkeln begann. Diese ironische Reaktion, wie ein pawlowscher Reflex ausgelöst durch bayerische Musik, relativierte sich dann zwar sehr schnell mit dem nächsten Lied, doch solche Klischeevorstellungen begegnen uns auch in Teilen Bayerns immer wieder. Auf der einen Seite das Image der Volksmusik als erzkonservativ bis reaktionär, auf der anderen das Deppenbild der Volkstümlichen. Die mangelnde Fähigkeit vieler Menschen, Volksmusik von volkstümlicher Musik zu unterscheiden, hat hauptsächlich regionale und mediale Ursachen. Bayern ist das einzige Land Deutschlands, in dem noch eine traditionelle Volksmusik existiert, im übrigen Deutschland ist sie längst verlorengegangen. Durch das Wissen um das Original ist die Abneigung gegen volkstümliche Musik in Bayern auch am weitesten verbreitet.

Hans Well über Volksmusik

Die Brüder Christoph, Hans und Michael Well: Die Biermösl Blosn, 1999

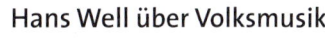

*Rundfunklied
aus den 1930er Jahren*

*Der Rundfunk ist das Schönste,
was Menschenwitz erfand;
er bannt in engste Kammer
Musik aus jedem Land.*

*Er zaubert in das Zimmer,
was jedem gut gefällt;
so ist das Radio immer,
das große Ohr der Welt.*

*Nicht einsam und verlassen,
nicht fremd mehr und allein,
nein, mit der Welt verbunden
kann jeder Mensch jetzt sein.*

*Ein Radio im Zimmer
schafft Freude und spart Geld,
man hört am Radio immer
die Stimme unserer Welt.*

*Was wäre ohne Rundfunk
das ganze Leben wert?
Es bleibt ein halber Mensch nur,
wer niemals Radio hört.*

*Ein Radio im Zimmer,
das gibt dem Leben Schwung,
Drum rate ich Euch immer,
hört Rundfunk und bleibt jung!*

Philips Philetta, Baujahr 1956

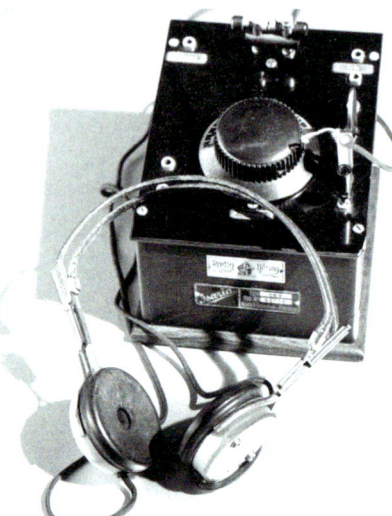

Detektorempfänger Isaria, Baujahr 1924

Grundig Reisesuper Boy, Baujahr 1950

*In der Tat haben wir uns ans Radio so
sehr gewöhnt, dass es für uns beinah
der Natur gleicht. Wir können uns
das Alltagsleben ohne Radio kaum
mehr vorstellen, ohne jene selbstver-
ständliche Verfügbarkeit von Wort
und Musik, wo immer wir auch sind,
wann immer.*

Urs Widmer, Schweizer Schriftsteller
und Literaturkritiker, 1994

Siemens Dreiröhren-Schatulle, Luxusgerät mit dem Spitznamen »Herr im Frack«, Baujahr 1935

1925 veröffentlichte eine Radiozeitung folgende scherzhafte Bekanntmachung:

Am Faschingsdienstag sind unsere Büros zur Entgegennahme von Beschwerden über das Programm der Sendestelle den ganzen Tag geöffnet. [...]
Für folgende Arten von Beschwerden sind gesonderte Büros eingerichtet:

1. *Beschwerden über zuviel klassische (traurige) Musik*
2. *Beschwerden über zuviel seichte (lustige) Musik, Shimmy, Foxtrott, Strauß-Walzer usw.*
3. *Beschwerden über zu langes Senden am Abend*
4. *Beschwerden über zu kurzes Senden*
5. *Beschwerden über den „preußischen" Ansager*
6. *Beschwerden über zu wenig Humor*
7. *Beschwerden über die Kränkung bestimmter Berufe, Altersklassen, Geschlechter, Konfessionen usw. durch humoristische Vorträge und Witze*
8. *Beschwerden überhaupt, besonders über die unglaublichen Zustände bei der Sendegesellschaft*

Skizze eines Übertragungswagens Ü 8 mit Generatoranhänger, 1961

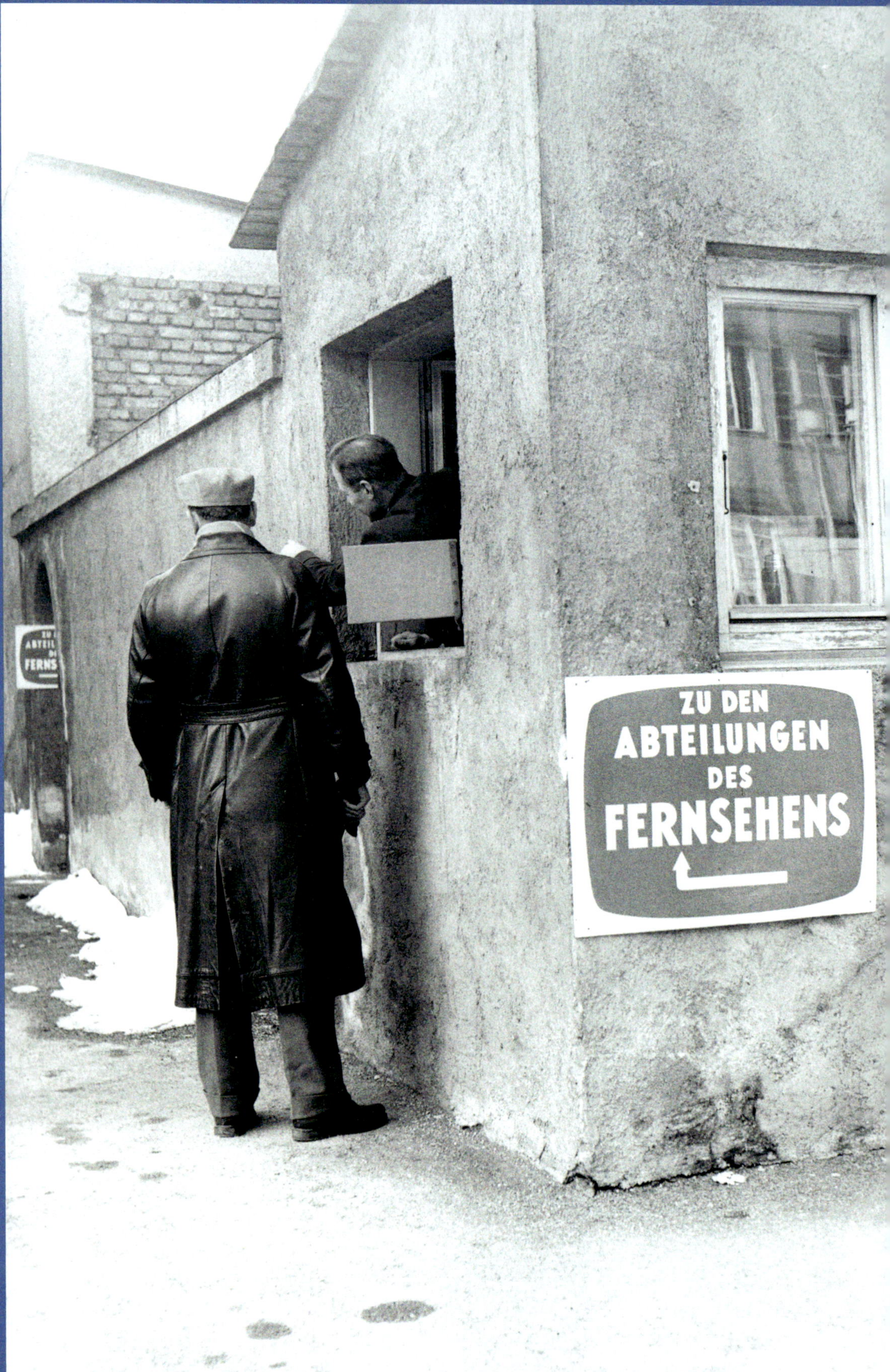
ZU DEN
ABTEILUNGEN
DES
FERNSEHENS

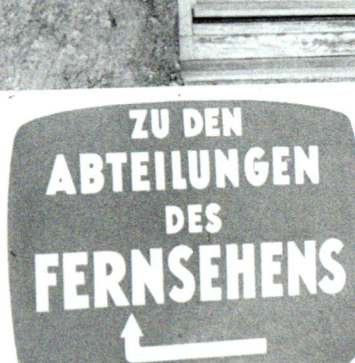

»...Es ist günstig, dass wir häufig mit Wissenschaftlern, mit Professoren arbeiten. Denn der Professor ist billiger als der Clown«
Christian Wallenreiter

Hören und Sehen

Die Anfänge des Fernsehens
(1954 bis 1969)

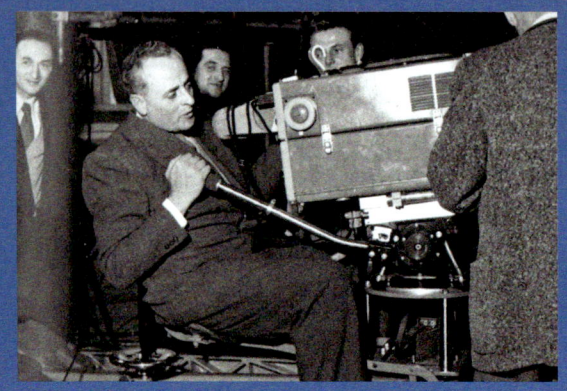

Fernsehdirektor Clemens Münster testet in der Münchner Lothstraße die neue Fernsehtechnik, 1953

Der große Saal im Blindenheim hatte den Krieg überstand und wurde zum Fernsehprobestudio umgerüstet, 1953

Es war Anlass für viele Scherze: Am 11. Mai 1953 nahm der Bayerische Rundfunk den Probebetrieb seines Fernsehens auf – ausgerechnet in einem Blindenheim an der Münchner Lothstraße. Die Scherze drückten die allgemeine Stimmung aus. Man wusste, dass es in den USA und in England längst regelmäßige Fernsehprogramme gab, dass sich das neue Medium aber auch hier durchsetzen würde, daran zweifelten viele. Nur wenige Menschen hatten in öffentlichen Fernsehstuben die Möglichkeit gehabt, die ersten Bilder von den Olympischen Sommerspielen 1936 in Berlin zu sehen. Nach Kriegsbeginn 1939 war die Entwicklung zunächst ganz eingestellt worden. Und ausgerechnet der Mann, der beauftragt wurde, das neue Medium in Bayern vorzubereiten, blieb selbst recht skeptisch. Clemens Münster, der spätere erste Fernsehdirektor des Bayerischen Rundfunks, äußerte öffentlich die Überzeugung, dass man wohl nur zwei Stunden täglich senden werde, da der Zuschauer mehr gar nicht verarbeiten könne.

Die erste *Tagesschau*

Waren die Menschen überhaupt bereit, sich ein teures Fernsehgerät nach Hause zu stellen, wenn ihnen schon zwei Radioprogramme vollauf genügten? Nur die Beliebtheit der *Wochenschau* in den Kinos ließ darauf schließen, dass die potenziellen Zuschauerinnen und Zuschauer an einer aktuellen Berichterstattung Interesse haben könnten. So begann der NWDR, der Nordwestdeutsche Rundfunk, in Hamburg im November 1950 mit einem Fernsehversuchsprogramm dreimal die Woche. Am 25. Dezember 1952 startete offiziell das Fernsehen in der Bundesrepublik: Der NWDR strahlte erstmals die *Tagesschau* aus – mangels ausreichenden Materials am Anfang allerdings auch nur dreimal wöchentlich. Zusätzlich gab es ein halb- bis einstündiges Nachmittagsprogramm. Fernseh-

ster Übertragungswagen des Fernsehens auf dem Gelände
Freimann, 1954

Fernsehgeschäft in den 1950er Jahren – Viele Menschen konnten sich ein teures Fernsehgerät nur auf Raten leisten

direktor Werner Pleister sprach zur Eröffnung: »Das Fernsehen schlägt eine Brücke von Mensch zu Mensch, von Völkern zu Völkern.« Das klang nach einem allzu großen Entwurf, war doch im Detail noch nicht einmal die Brücke zwischen den einzelnen ARD-Anstalten geschlagen, um ein gemeinsames Programm für das gesamte Bundesgebiet senden zu können. Bislang stammten alle Sendungen vom NWDR.

Erste Weltereignisse

In einem Punkt waren sich die Programmplaner einig: Besondere Bilder schaffen auch ein besonderes Interesse. Die Faszination der Königshäuser hatten sich schon die zahlreichen Illustrierten, die nach 1945 entstanden waren, zunutze gemacht. So war es natürlich ein Weltereignis, als am 2. Juni 1953 die englische Königin Elizabeth II. vor laufenden Kameras gekrönt wurde und diese Zeremonie mit Hilfe des neuen Mediums in alle Welt übertragen werden konnte.

In Deutschland existierte zu diesem Zeitpunkt noch kein festes bundesweites Programm, aber in allen Versuchsnetzen wurde die Krönung ausgestrahlt. Die Radiohändler, die sich keineswegs sicher waren, ob diese merkwürdigen großen Kästen mit den kleinen Bildschirmen ein Geschäft werden würden, nutzten die Gelegenheit, in ihren Schaufenstern die Bilder aus London zu zeigen.

Genau ein Jahr später ergab sich die nächste Gelegenheit, das Medium werbewirksam zu präsentieren. Deutschland war zum ersten Mal nach 1945 wieder zur Teilnahme an einer Fußballweltmeisterschaft zugelassen worden und hatte vollkommen überraschend das Endspiel erreicht. Legendär wurde zwar die Radio-Reportage von Herbert Zimmermann,

Die ersten Fernsehansagerinnen Anneliese Fleyenschmidt, Annette von Aretin und Ruth Kappelsberger (v.li), 1954

Das Fernsehgelände in Freimann, 1955

dessen Stimme sich geradezu überschlug, als er am 4. Juli 1954 die frohe Nachricht »Deutschland ist Weltmeister« in sein Mikrofon brüllte, aber vor Tausenden von Schaufenstern der Rundfunkhändler und in manchen Gaststätten konnten die Deutschen das Spiel auch live im Bild verfolgen. Danach wich die Skepsis, dass Fernsehen nicht die notwendige Zahl von Zuschauern interessieren würde, der starken Hoffnung, das Medium der Zukunft gefunden zu haben.

Nach der Fußballweltmeisterschaft dauerte es noch fast ein halbes Jahr, bis am 1. November 1954 das bundesweite Programm starten konnte. Im März 1953 hatten die Intendanten der ARD den Fernsehvertrag unterzeichnet, der die Kooperation der Anstalten bei der Gestaltung des Gemeinschaftsprogramms »(Erstes) Deutsches Fernsehen« regelte: täglich zwei Stunden Sendezeit, wovon 50 Prozent vom NWDR, 20 Prozent vom Bayerischen Rundfunk und der Rest von den anderen Sendern zu bestreiten war. Je ein Sender sollte abwechselnd das Abendprogramm gestalten. Das erforderte ständige Programmwechsel, und das Bildsignet »Wir schalten um« oder »Kurze Pause« war Dauergast auf den Bildschirmen, weil es oft Minuten dauerte, die Schaltungen auf den Weg zu bringen.

Programmstart in Bayern

Für den Bayerischen Rundfunk hieß es nun, neben dem Hörfunk einen eigenen Programmzweig Fernsehen zu organisieren. Keine leichte Aufgabe für den Fernsehbeauftragten Clemens Münster und seine Mannschaft, die wie er selbst aus dem Hörfunk kam und so gut wie keine Erfahrungen mit dem neuen Medium hatte. Im Bayerischen Rundfunk drehte sich bislang alles um Wort und Musik, nicht aber um das Bild.

it der Fernsehplauderei *München - Bilder einer Stadt* eröffnete
r Bayerische Rundfunk am 6. November 1954 sein Programm

Erste Eigenproduktion aus Bayern zum ARD-Programm: Mozarts *Die Gärtnerin aus Liebe* mit Erika Köth und Hugo Sieberg

Im Versuchsstudio an der Lothstraße probte Münster mit aus England importierten Kameras und Geräten. Er besuchte die Kollegen in Hamburg, um die Fernsehtechnik live zu studieren. Im Mai 1954 bezog die Fernsehabteilung das neu ausgebaute Studiogelände in München-Freimann.

Für die bundesweite Ausstrahlung musste ein flächendeckendes Sendernetz aufgebaut werden. Der Wendelstein als mittlerweile bewährter UKW-Standort bot sich als geeigneter Platz für einen Fernsehsender an. Für das Sendergebäude kaufte der Bayerische Rundfunk von der Firma Henkel ein Grundstück unterhalb des Gipfels und musste dabei versprechen: Sollte Werbefernsehen in Bayern möglich sein, würde als Erstes für ein Produkt der Firma Henkel geworben werden (siehe auch Seite 164).

Am 9. September 1954 konnte das erste Testbild vom Sender Wendelstein ausgestrahlt werden, und am 13. Oktober empfingen die wenigen Fernsehbesitzerinnen und -besitzer in Bayern erstmals das »Deutsche Fernsehen«. Drei Wochen später erfolgte der offizielle Programmstart.

Abenteuer Fernsehen

Am 6. November 1954 war das Fernsehen in Freimann soweit, zum ersten Mal Beiträge für das Gemeinschaftsprogramm liefern zu können – der Beginn des Fernsehzeitalters in Bayern. Die Premierensendung hieß *München – Bilder einer Stadt*, eine Fernsehplauderei mit Illustrationen und kurzen Filmeinblendungen. Ihr folgte als Programmhöhepunkt das Singspiel *Die Gärtnerin aus Liebe* von Wolfgang Amadeus Mozart, eigens für das Fernsehen inszeniert. Regie führte Wilm ten Haaf. Angesagt wurden diese Programme von Annette von Aretin, die damit zu einem der ersten Stars des Mediums wurde und später noch bis 1989 bei Robert Lembkes

Walter Dörfler, ein Bühnenbildner vom Münchner Staats-
theater, baute die Fernsehkulissen, 1950er Jahre

Bau des Senders Wendelstein, des ersten Fernsehsenders
Bayern, 1954

Fernsehquiz *Was bin ich?* mitwirkte. Auf einer kleinen Premierenparty
beglückwünschte Intendant Rudolf von Scholtz das Team zu seinem Start
in »ein neues Zeitalter«. Auch für den Sender Wendelstein bedeutete der
6. November 1954 die Feuertaufe, das Sendeprotokoll resümierte ganz
technisch-nüchtern: »Bild sehr gut, Ton sehr gut. Studiopremiere gut
überstanden«.

Bei allem Stolz über den gelungenen Start kehrte bald Ernüchterung ein,
weil Fernsehen anfangs kaum wahrgenommen wurde. Kein Wunder: In
Bayern waren 1954 gerade einmal 1570 Geräte angemeldet. Auch die
Presse nahm wenig Notiz. Es habe zunächst sogar eine Woge der Ableh-
nung gegeben, erinnerte sich Kurt Wilhelm in seinem 1965 veröffentlichten Buch *Fernsehen. Abenteuer im Neuland:* Fernsehen zerstöre das
Familienleben, schädige die Augen oder töte gar Kanarienvögel. Wilhelm
beschrieb auch eine lange Liste »unüberwindlicher Malheurs«: Beleuch-
tung, Schärfe, Kontraste. Was dem menschlichen Auge in natura gefiel,
konnte als Fernsehbild schrecklich, unscharf, überbeleuchtet, kurz:
unansehnlich erscheinen.

Auch Aufzeichnungen waren zu diesem Zeitpunkt technisch noch nicht
möglich, und so produzierte man live im Studio oder mit dem Übertragungswagen vor Ort. Das sollte nicht nur für Jahre die Möglichkeiten des
Programms einschränken, sondern erforderte auch einen hohen technischen und personellen Aufwand. Erst von 1958 an ermöglichte die MAZ,
die magnetische Bildaufzeichnung, Vorproduktionen und Wiederholungen. 1957 war in Deutschland die Millionengrenze bei den Fernsehhaus-
halten überschritten. In Bayern beglückwünschte Intendant Christian
Wallenreiter 1963 Rudolf Kiessling aus Oberfranken als einmillionsten
Fernsehteilnehmer in Bayern.

Die *Münchner Abendschau* startete am 8. November 1954 und das älteste Regionalprogramm im deutschen Fernsehen

Die *Münchner Abendschau* überträgt die Bayerische Landtagswahl 1958: Heinz Böhmler (mit Brille), Wolfgang Belstler (re)

Blick auf die eigene Region

Bereits zwei Tage nach dem offiziellen Programmstart in Bayern begann am 8. November 1954 zwischen 19.00 und 19.30 Uhr *Die Münchner Abendschau*, die erste regionale Fernsehsendung in Deutschland. Sie entstand aus der Gewissheit, dass man zwar ein in der ganzen Bundesrepublik Deutschland empfangbares Gemeinschaftsprogramm machen, zugleich aber auch das Bedürfnis nach regionalen Informationen und landesbezogenen Nachrichten befriedigen wollte. Daraus folgte die Regelung, dass alle Landessender zwischen 18.00 und 20.00 Uhr ein eigenes Landesprogramm senden und mit der *Tagesschau* um 20.00 Uhr dann wieder das Gemeinschaftsprogramm fortgesetzen sollten. Weil das die Zeit war, in der die ARD-Sender Werbung senden durften, wurde dieser Abschnitt auch Werberahmenprogramm genannt. Mit seiner Mischung aus Information, Unterhaltung und Brauchtumspflege war dies bald ein besonders beliebtes Programm. Für die *Abendschau* selbst waren in erster Linie Heinz Böhmler und Wolfgang Belstler verantwortlich. Die Sendung prägte für Jahrzehnte das Bild Bayerns.

»Welches Schweinderl hätten'S denn gern?«

Zwei Monate nach Sendebeginn startete im ARD-Programm ein Klassiker der deutschen Fernsehunterhaltung, der Jahrzehnte lang äußerst erfolgreich lief. Robert Lembke, im Hörfunk ab 1949 stellvertretender Chefredakteur, hatte die Vorlage im englischen Fernsehen entdeckt und sie deutschen Verhältnissen angepasst: Das Quiz *Was bin ich?* (Untertitel: *Das heitere Beruferaten*) lief zum ersten Mal am 2. Januar 1955 und begeisterte von Beginn an die Zuschauerinnen und Zuschauer. Jeder Gast der Sendung machte die »typische Handbewegung«, die für die

Feier zum 65. Geburtstag von Rudolf von Scholtz mit Gratulant Robert Lembke und seinem Hund Struppi, 1955

Eine der ersten *Was bin ich?*-Sendungen mit Robert Lemb|(hinten re) und seinem Rateteam, 1955

Ausübung seines Berufs unerlässlich war, und ein Team aus vier »Ratefüchsen« musste mit gezielten Fragen, die nur mit Ja oder Nein zu beantworten waren, den Beruf erraten. Für jedes Nein bekam der Interviewte fünf Mark in sein »Schweinderl«, eine Spardose, so dass er das Studio mit maximal 50 Mark wieder verlassen konnte, sofern niemand das Rätsel löste.

Der Erfolg der Sendung lag an ihrer Bescheidenheit und ihrer Nähe zu den Zuschauerinnen und Zuschauern. Er hatte aber auch mit der Beliebtheit des Showmasters Robert Lembke und seines Rateteams zu tun. Ab der zweiten Staffel 1961 bestand das Team aus der Fernsehansagerin Annette von Aretin, der Schauspielerin und späteren Ärztin Marianne Koch, aus dem Schweizer Journalisten Guido Baumann und dem Nürnberger Staatsanwalt Hans Sachs. Ab 1965 wechselte sich Marianne Koch häufig mit der Fernsehansagerin Anneliese Fleyenschmidt ab.

Selbst nach der Einführung des Privatfernsehens lief die unaufwändig gemachte Sendung einmal monatlich – unverändert mit diesen bescheidenen Gewinnmöglichkeiten. Erst im Januar 1989 wurde die Sendung nach dem plötzlichen Tod von Robert Lembke eingestellt – nach insgesamt 337 Folgen.

»Persil und nichts anderes!«

Bereits 1955 machte sich der damalige Verwaltungsdirektor Hans Spies Gedanken über ein zukünftiges Werbefernsehen. Als die Pläne publik wurden, war das Echo sehr gemischt: Die Wirtschaft drängte auf eine rasche Verwirklichung, die Zeitungsverleger fürchteten um die Werbeeinnahmen und protestierten, die ARD zögerte und setzte eine Kommission ein. Auch

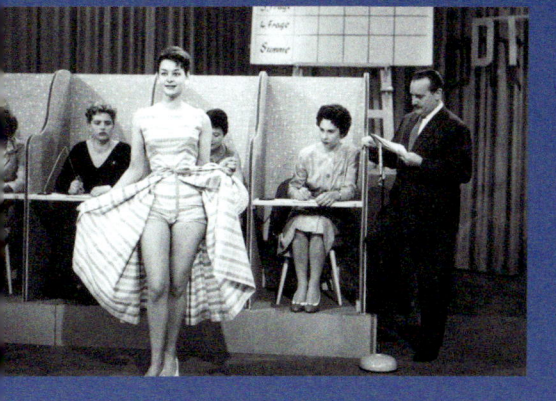

e Sendung *Die ideale Frau* mit Fred Rauch als Moderator lief den 1950er Jahren erfolgreich im Werbefernsehen

Margot Hielscher zu Gast in Fred Rauchs Sendung. Sie moderierte auch eine eigene Talkshow *Zu Gast bei Margot Hielscher*

im Rundfunkrat des Bayerischen Rundfunks herrschten Bedenken, ob Werbefernsehen dem Auftrag des öffentlich-rechtlichen Rundfunks entspräche. Er stimmte schließlich doch zu, unter der Bedingung, die Zusatzeinnahmen der Kulturförderung zur Verfügung zu stellen. Im Juni 1956 gründete sich die Bayerische Werbefernsehen GmbH, und am 3. November 1956 ging ihre erste Sendung *Zwischen halb und acht* über den Bildschirm. Im ersten Werbespot der deutschen Fernsehgeschichte warben die beiden populären Schauspieler Liesl Karlstadt und Beppo Brem für die Vorzüge eines Waschmittels – natürlich von der Firma Henkel (siehe auch Seite 164). Das Werbefernsehen entwickelte sich rasant. Im ersten Jahrzehnt erhöhte sich die jährliche Sendezeit auf 25 000 Minuten im Jahr 1965. Ins Werbefernsehen eingepackt waren viele Unterhaltungs- und Quizsendungen. Bekannte Moderatoren traten in Erscheinung, zum Beispiel Fred Rauch mit seiner Show *Die ideale Frau* oder Heinrich Fischer in dem Quiz *Alles oder nichts*. In der Rauch-Sendung mussten sich die Kandidatinnen zum Beispiel in den Kategorien Hemdenbügeln, Kartoffelschälen oder Kinderverarzten messen.

Bayerische Unterhaltung

Von Anfang an wurde auch im Fernsehen Wert auf volkstümliche bayerische Unterhaltung gelegt. Einige der Mitarbeiter aus dem Hörfunk wechselten nach Freimann, um dem jungen Medium ihren Stempel aufzudrücken. Zu ihnen gehörte Kurt Wilhelm, der mit seinen Volksstücken einen bayerischen Akzent ins Programm brachte und gleichzeitig mit seiner Idee, Opern mit Schauspielern zu besetzen und von Sängern synchronisieren zu lassen, große Erfolge feierte. 1955 inszenierte Wilhelm den Klassiker *Erster Klasse*, das Volksstück von Ludwig Thoma. Wastl Witt spielte darin den Ökonomen und Landtagsabgeordneten Josef Filser.

Ludwig Thomas *Erster Klasse* mit Willi Rose, Heinz-Peter Scholz, Franz Fröhlich, Gaby Fehling, Albert Sprenger, Wastl Witt (v.li)

Komödienstadel mit Uli Steigberg, Hans Baur, Edmund Ste berger, Ludwig Schmid-Wildy, Carl Baierl, Lore Frisch (v.li), 19

Willy Purucker schrieb und inszenierte die ersten Fernsehspiele, die vor allem Alltagsgeschichten aus der Heimat erzählten. In den Fernsehspielen und Serien glänzten Volksschauspielerinnen und Volksschauspieler wie Michl Lang, Liesl Karlstadt, Hans Baur, Franz Fröhlich, Ludwig Schmid-Wildy, Elfie Pertramer und viele andere. Bis heute ein Garant guter Einschaltquoten sind die Übertragungen des *Komödienstadels*, der am 16. Mai 1959 erstmals im Fernsehen ausgestrahlt wurde. Es war das traditionelle Bauerntheater in Bayern, das auf so vielen Heimatbühnen gepflegt wurde, von Regisseur Olf Fischer ab 1954 zunächst für den Hörfunk, ab 1959 auch für das Fernsehen produziert.

Die Mischung macht's

Ein Jahrzehnt später, Ende der 1960er Jahre, verlagerten sich die bayerischen Themen vom Ersten Programm in das – 1964 gegründete und 1973 in Bayerisches Fernsehen umbenannte – Dritte Fernsehprogramm. Die Eigenart des Freistaates und das bayerische Lebensgefühl darzustellen, Heimat zu zeigen, das waren die Aufgaben des jungen Bayerischen Fernsehens.

Im November 1969 wurde hier zum ersten Mal die neue Sendereihe *Unter unserem Himmel* ausgestrahlt: der Bergfilm *Die Eiger-Nordwand*, gedreht vom renommierten Filmemacher und Kletterer Lothar Brandler. Brandler und Gerhard Baur prägten das Genre Bergfilm, das der »Himmel« als regelmäßigen Programmteil seinen Zuschauern bot. Das Konzept von *Unter unserem Himmel* war eine Mischung aus Dokumentarfilmen, Unterhaltungssendungen, wie zum Beispiel den Übertragungen des *Komödienstadels*, Alpendramen und Fernsehfilmen zur Heimat- oder Berggeschichte sowie Filmen mit kulturellen, ökologischen oder historischen Themen.

ie Kabarettistin und Schauspielerin Elfi Pertramer arbeitete b 1947 bis in die 1970er Jahre für Hörfunk und Fernsehen

Beppo Brem und Erni Singerl im *Komödienstadel Spätlese oder auch der Herbst hat schöne Tage*, 1981

Schwabinger Kabarett

Auch die politische Unterhaltung fand ihren Platz im Fernsehen aus München. Am 19. März 1957 übertrug der Bayerische Rundfunk in der ARD zum ersten Mal das Programm der Münchner Lach- und Schießgesellschaft. Diese Kabarettgruppe war 1955 aus dem Studentenkabarett »Die Namenlosen« hervorgegangen. Beide gestaltete Dieter Hildebrandt maßgeblich. Die Gruppe hatte sich ein festes Domizil in der Haimhauser Straße in Schwabing geschaffen und war schnell zum Geheimtipp in der Münchner Szene geworden. Bei der ersten Fernsehübertragung wirkten neben Hildebrandt Ursula Herking, die Schauspieler Klaus Havenstein, dessen Stimme man auch aus dem Hörfunk kannte, und Hans Jürgen Diedrich mit. Der Erfolg auf der Bühne lag in der Mischung aus unterhaltenden Sketchen und scharfer politischer Satire. Vor allem das Solo von Dieter Hildebrandt, das in allen Programmen vor das gemeinsame Finale gesetzt war, begeisterte das Publikum, das auf engstem Raum im Schwabinger Lokal zusammengepfercht saß.

Um auch dem Fernsehzuschauer diese Stimmung zu vermitteln, wurde der Kneipenraum im Bavaria-Studio so echt wie möglich nachgebaut, auch wenn dieser in Wirklichkeit sehr viel größer war, um die damals notwendigen riesigen Kameras unterzubringen. Zur Sendeaufzeichnung wurden gern Prominente eingeladen, um sie im Programm auf die Schippe zu nehmen. Regie führte von der ersten Sendung 1957 an bis 1976 Sammy Drechsel.

Der Erfolg der Lach- und Schießgesellschaft war so groß, dass man nicht nur alljährlich das neue Programm übertrug, sondern die Gruppe aus Schwabing mit einer eigenen Silvestersendung beauftragte. Dieses

Münchner Lach- und Schießgesellschaft: Dieter Hildebrandt, Ursula Noack, Klaus Havenstein und Hans Jürgen Diedrich (v.li)

Reinhard Raffalt (1923 bis 1976), Journalist, Schriftsteller, bekar durch seinen Rundfunksprachkurs *Eine Reise nach Neapel*, 19

eigens gestaltete Programm hatte bald Kultstatus. Die Zusammenarbeit allerdings war schwierig, denn nicht immer verstanden sich die verantwortlichen Redakteure und die Kabarettisten, so dass der Lach- und Schießgesellschaft häufiger das Aus drohte.

Aktuelle Berichterstattung

1960 rief der Bayerische Rundfunk ein aktuelles Magazin ins Leben, das unter dem Titel *Anno* lief, aber kurze Zeit später in *Report* umgetauft wurde. Diese Sendung spielte im Rahmen der aktuellen Magazine der ARD immer eine herausragende Rolle. Geprägt hat sie in den 1960er Jahren als Moderator vor allem der damalige Chefredakteur des Fernsehens, Hans Heigert, der von 1971 an in der gleichen Funktion bei der *Süddeutschen Zeitung* tätig war.

Das Fernsehen nutzte die Chance, die aktuelle politische Berichterstattung auszudehnen. So wie die großen seriösen Zeitungen bedeutenden Wert auf die Auslandsberichterstattung legten, wollten auch die Chefredakteure der ARD ihr Medium nutzen, um den Zuschauern Bilder und Berichte aus aller Welt zu präsentieren. Jede Landesrundfunkanstalt bekam bestimmte Länder oder Kontinente zugewiesen. Im Rahmen der ARD übernahm der Bayerische Rundfunk die Aufgabe in Rom, wo man 1963 ein eigenes Studio eröffnen konnte. Der Bayerische Rundfunk war nicht nur für die politische Welt Italiens zuständig, sondern auch für die publizistische Begleitung der Vorgänge im Vatikan. Legendär wurden die Feuilletons von Reinhard Raffalt, ebenso wie die Reportagen aus dem Alltagsleben der Italiener von Franca Magnani, die die erste Auslandskorrespondentin des Deutschen Fernsehens wurde. Sehr wichtig war dem Sender das Korrespondentenbüro in Israel, eine besonders schwie-

anca Magnani im Schneideraum bei der Arbeit an ihrem Film *ie Etrusker,* der am 20. August 1985 gesendet wurde

Auslandskorrespondent in Israel: Rolf W. Schloss berichtete in den 1960er Jahren aus dem Studio Tel Aviv

rige Aufgabe so wenige Jahre nach dem Ende der Nazi-Herrschaft. Am deutlichsten wurde dies beim Eichmann-Prozess in Jerusalem, der am 11. April 1961 begann. Angeklagt war der ehemalige SS-Obersturmbann-führer Adolf Eichmann, mitverantwortlich für die Ermordung der Juden im Dritten Reich. 15 Punkte umfasste die Anklageschrift. Eichmann saß während des Prozesses im Gerichtssaal in einem Glaskasten, zum Schutz gegen mögliche Angriffe. 1962 wurde Eichmann zum Tode durch den Strang verurteilt und hingerichtet. Der ARD-Korrespondent Rolf W. Schloss war für die tägliche Berichterstattung zuständig. Schloss, jüdischer Abstammung, hatte Deutschland 1938 verlassen und berichtete seit 1959 aus Tel Aviv und dem Nahen Osten. Vom Eichmann-Prozess berichteten aus Israel zudem Hans-Joachim Netzer und Wolf Posselt vom Bayerischen Rundfunk für die ARD.

In den folgenden Jahren betrieben die Korrespondenten die Auslands-berichterstattungen mit besonderen Engagement. Neben Rom und Tel Aviv war und ist das Bayerische Fernsehen auch für die Auslandsstudios in Wien, Istanbul und Buenos Aires verantwortlich.

Adenauers Vorstoß 1961

Das Verhältnis zwischen Rundfunkanstalten und Politikern war immer schwierig. Gerade das Fernsehen erschien vielen Politikern als wesentliches Medium, um direkt die Zuschauer und damit auch ihre Wähler zu erreichen. Bundeskanzler Konrad Adenauer wollte daher mehr Einfluss auf das immer wichtiger werdende Fernsehen gewinnen. Seit November 1954 ließ er einzelne Sendungen, darunter sogar das BR-Quiz *Was bin ich?* auf politische Tendenzen untersuchen. Adenauer entwickelte den Plan, einen Sender aufzubauen, der unter dem Einfluss des Bundes stehen sollte. Das

Max Schulze-Vorberg berichtete seit 1948 aus Bonn und baute die Bonner Redaktion des Bayerischen Rundfunks auf

Hans-Joachim Netzer, von 1955 bis 1986 beim Bayerisch Rundfunk, u.a. als Chefredakteur Hörfunk, 1960er Jahre

traf sich mit den Interessen mancher Verleger, die endlich in ein lukrativ erscheinendes Geschäft investieren wollten, und auch mit denen der Industrie. Es war die Geburtsstunde der vom Bund dominierten Dachgesellschaft Deutschland-Fernsehen GmbH. Das Programm sollte vom 1. Januar 1961 an von einer privat organisierten Firma produziert werden, der Freies Fernsehen GmbH. Schon der Name deutete an, dass diese Pläne gegen die existierenden Landesrundfunkanstalten und ihre Programme gerichtet waren.

Länderklage gegen den Bund

Bei ihrem Kampf gegen diese drohende Konkurrenz konnten sich nicht alle ARD-Sender auf ihre Landesregierungen verlassen, obwohl Adenauer genau deren Kompetenzen beschneiden wollte. In Bayern gab die herrschende CSU zu erkennen, dass sie die Bestrebungen Adenauers durchaus mit Wohlwollen verfolge. Doch einige Länder sahen ihre Rechte verletzt und klagten gegen den Bund vor dem Bundesverfassungsgericht.

Das Urteil des Karlsruher Gerichts im Januar 1961 war eine Sensation. Dem Bund wurde untersagt, sich im Rundfunkbereich zu engagieren. Die Freies Fernsehen GmbH und die Deutschland-Fernsehen GmbH mussten aufgelöst, Studios und technische Einrichtungen liquidiert werden. Weil das Bundesverfassungsgericht den öffentlich-rechtlichen Charakter des Rundfunks so eindeutig unterstrichen hatte, begannen neue Planungen für weitere Fernsehprogramme. Schon bald einigten sich die Länder darauf, ein zentral organisiertes Zweites Programm zu gründen, für das sie einen eigenen Staatsvertrag abschlossen. Der Aufbau des Zweiten Programms sollte ursprünglich etwa ein Jahr dauern. Für die Übergangsphase wurden die ARD-Anstalten durch einen Beschluss der Ministerpräsidenten

Beginn des Studienprogramms am 22. September 1964 mit Programmdirektor Helmut Oeller im Studio

Der Bayerische Rundfunk produzierte 1964 den ersten Fernsehsprachkurs in Deutschland: *Benvenuti in Italia*

beauftragt, ein zeitlich befristetes Zweites Fernsehprogramm auszustrahlen. Von Juni 1961 bis zum Sendebeginn des ZDF am 1. April 1963 trug der Bayerische Rundfunk Elemente zu diesem Übergangsprogamm bei. Die ARD-Anstalten planten auch, innerhalb ihrer jeweiligen Landesrundfunkanstalten Dritte Programme zu entwickeln.

Auch wenn es seit dem 1. April 1963 mit dem ZDF eine erste Konkurrenz für das ARD-Gemeinschaftsprogramm gab, war dies für die Landesrundfunkanstalten die Zeit der großen Erfolge. Einschaltquoten zwischen 70 und 80 Prozent bedeuteten keine Seltenheit, obgleich die Messmethoden noch nicht sehr ausgefeilt waren. Herausragende Fernsehprogramme – wie etwa der erste große Mehrteiler *So weit die Füße tragen* nach dem berühmten Kriegsheimkehrerroman von Josef Martin Bauer oder später die Durbridge- und Reinecker-Krimis – blieben Tagesgespräch, weil sie von fast allen Zuschauern gesehen wurden.

Start des Studienprogramms

Anfang der 1960er Jahre kaufte der Bayerische Rundfunk in Unterföhring bei München die RIVA-Fernsehstudios, die – benannt nach Hanns Ritter und Wilhelm Vaillant – 1963 bezogen wurden. Bis heute sind sie neben Freimann Standort für Fernsehproduktionen des Senders. In den RIVA-Studios waren Ende der 1950er Jahre Programme für das gerichtlich nicht zugelassene erste privat-kommerzielle Fernsehen produziert worden. Nun boten sie zusätzliche Kapazitäten für das geplante Dritte Programm.

Am 22. September 1964 war es soweit: Zehn Jahre nach Beginn des Fernsehzeitalters in Bayern gaben Intendant Christian Wallenreiter und der

Bildung auf unterhaltsame Weise vermitteln wollte das Studienprogramm, z.B. in *Die Fussballschule* mit Oskar Klose, 1965

Wolf Euba, Sprecher und Schauspieler beim Bayerisch Rundfunk, lehrte 1968 Deutsch im Studienprogramm

Bayerische Ministerpräsident Alfons Goppel um 19.00 Uhr den Startschuss für das erste Dritte Fernsehprogramm in Deutschland. Anspruchsvoll nannten die Planer es Studienprogramm. Am ersten Tag sah es so aus: die Wiederholung einer Schulfernsehsendung vom Vormittag – das Schulfernsehen war bereits seit dem 14. September zu sehen –, dann Kursprogramm, die erste Folge des Italienisch-Sprachkurses *Benvenuti in Italia*, Einblendung der *Tagesschau* vom Deutschen Fernsehen um 20.00 Uhr, danach das Politische Studienprogramm: ein Vortrag von Bundeskanzler Ludwig Erhard über *Politik und Bildung*, ein Dokumentarbericht von Golo Mann *Der Weg in die Teilung* sowie *Der Politisch-Wissenschaftliche Club*. Zum Abschluss die Nachrichten- und Informationssendung *Chronik*.

Wissenschaftler im Studio

Fernsehdirektor Helmut Oeller und die Programmdirektion entwarfen eine klare Struktur für die zunächst fünf Sendetage:

Dienstag	– Politisches Studienprogramm
Mittwoch	– Wissenschaftliches Studienprogramm
Donnerstag	– Kulturelles Studienprogramm
Freitag	– Musisches Studienprogramm mit Theater, Musik und Kunst
Samstag	– Filme im *Teleclub*

Helmut Oeller hatte 1964 Benno Hubensteiner, Professor für Geschichte und Kulturgeschichte, als Fernsehdirektor abgelöst. Hubensteiners Planungen liefen seit 1961 eher auf ein Kulturprogramm hinaus, Oeller verfolgte im Unterschied dazu das Konzept eines Bildungsprogramms. Im

stveranstaltung *40 Jahre Telekolleg* am 24. Januar 2007: Vor-
ag von Günther Dohmen, Bildungsexperte

Prix Jeunesse 1968, seit 1964 wird der Preis zur Förderung des
Kinder- und Jugendfernsehens vergeben

Vordergrund stand die gesellschaftspolitische Verantwortung. Es wurden aber nicht nur Lehrsendungen gestaltet, sondern auch Wissenschaftler ins Studio geholt, damit sie Vorlesungen vor der Kamera hielten. So waren unter vielen anderen der Historiker Golo Mann, der Politologe Kurt Sontheimer, der Rhetoriker Walter Jens, der Biochemiker Adolf Butenandt und der Philosoph Karl Jaspers regelmäßig zu sehen und zu hören.

Der damalige Intendant Christian Wallenreiter erklärte dieses Konzept so: »Wir haben nicht sehr viel Geld zur Verfügung. Es ist günstig, dass wir häufig mit Wissenschaftlern, mit Professoren arbeiten. Denn der Professor ist billiger als der Clown.«

1973 wurde das Studienprogramm nach einer Strukturreform umbenannt in Bayerisches Fernsehen. Seinen heutigen Charakter als Vollprogramm entwickelte das Bayerische Fernsehen allerdings erst mit einer grundlegenden Programmreform im Jahr 1978.

Fernsehen bis zum Schulabschluss

Der Lehrcharakter des Programms verstärkte sich noch, als 1967 zum ersten Mal das *Telekolleg* ausgestrahlt wurde. Das *Telekolleg* war im Zusammenhang mit der heftigen Bildungsdiskussion dieser Jahre, in der ein gerechterer Zugang zur Bildung für alle im Vordergrund stand, der Versuch, das Medium Fernsehen systematisch in die Gestaltung von Bildung und Ausbildung einzubeziehen. Der Besuch einer Fortbildungsstätte zweimal in der Woche sollte mit täglichen Sendungen im Fernsehprogramm ergänzt werden. So gelangten in den folgenden Jahren Tausende von Teilnehmerinnen und Teilnehmern zur Fachschul- und sogar zur Fachhochschulreife.

Willy Brandt gibt auf der Internationalen Funkausstellung in Berlin am 25. August 1967 den Startschuss für das Farbfernsehen

Was bin ich?-Team: Guido Baumann, Annette von Aretin, Ha Sachs, Marianne Koch, stehend Robert Lembke, Irene Aulich (

Prix Jeunesse

Weltweit Interesse erregte der Bayerische Rundfunk mit der Gründung des »Prix Jeunesse«. Seit 1964 treffen sich im Münchner Funkhaus die Macher von Kinderprogrammen aus aller Welt, um diese so wichtigen Programme zu diskutieren und weiterzuentwickeln. Der erste »Prix Jeunesse International« zur Förderung des Kinder- und Jugendfernsehens fand vom 5. bis 12. Juni 1964 in München statt. Er wurde von der Stiftung »Prix Jeunesse« des Freistaates Bayern, der Stadt München und des Bayerischen Rundfunks (1971 trat auch das ZDF bei, 1992 folgte die Bayerische Landeszentrale für neue Medien) vergeben. Der alle zwei Jahre stattfindende Wettbewerb wurde von Anfang an vom Bayerischen Rundfunk ausgerichtet. Der verantwortliche Leiter war bis 1990 der spätere Hörfunkdirektor Ernst Emrich. Die Organisation lag über Jahrzehnte bei Ursula von Zallinger, von 1991 bis 2005 Generalsekretärin. Auch wenn immer wieder finanzielle Sorgen zur Überlegung führten, den Wettbewerb einzustellen, so waren die Ergebnisse doch so überzeugend, dass man alles tat, um ihn zu erhalten – trug er doch ganz wesentlich weltweit zu einer Verbesserung der Kinder- und Jugendprogramme bei.

Zeit des technischen Fortschritts

Die Technik im Hörfunk und Fernsehen machte in den 1960er Jahre große Fortschritte. Im Hörfunk konnte zu Weihnachten 1966 zum ersten Mal eine Sendung in Stereo ausgestrahlt werden: die Übertragung von Ludwig van Beethovens *Missa Solemnis*.

Ein halbes Jahr später, am 25. August 1967, drückte der damalige Außenminister Willy Brandt auf der Internationalen Funkausstellung in Berlin

Übertragungswagen des Fernsehens wird für eine Landfahrt auf die Fähre verladen, 1966

Romy Schneider, Regisseur Fritz Kortner und Barbara Rütting in dem Stück *Lysistrata*, 1961

einen Knopf. Im Anschluss daran konnten einige Zuschauerinnen und Zuschauer erkennen, dass dieser rot war: Die Ära des Farbfernsehens hatte begonnen, wenn sich auch in der ersten Zeit nur Wenige die über 1000 DM teuren Farbempfänger leisten konnten oder wollten. Als erste Sendung des Bayerischen Rundfunks in Farbe ging übrigens Robert Lembkes *Was bin ich?* über den Bildschirm. Dem Fernsehen war es nun auch möglich, bei der Bergwerkskatastrophe von Lengede tagelang live von den Bemühungen der Rettungskräfte zu berichten, bis diese endlich von Erfolg gekrönt waren. Und auch die Bilder von der ersten Mondlandung der Amerikaner 1969, die mitten in der Nacht ausgestrahlt wurden, sind bis heute für viele unvergesslich geblieben.

Umstrittene Absetzungen

1961 passierte beim Bayerischen Rundfunk etwas, das eigentlich bei einem Gemeinschaftsprogramm so unterschiedlicher Sender zu erwarten war, jedoch im ganzen Land für beträchtliche Unruhe sorgte. München schaltete sich am 17. Januar 1961 zum ersten Mal aus dem ARD-Gemeinschaftsprogramm aus. Der in München als Regisseur an den Kammerspielen wirkende Fritz Kortner, einer der ganz Großen dieser Zeit, hatte für das Fernsehen des Süddeutschen Rundfunks das Stück *Lysistrata* des griechischen Autors Aristophanes inszeniert. In dem Stück geht es um den Liebesstreik der Athener Frauen, die ihre Männer zwingen wollen, die kriegerischen Auseinandersetzungen zu beenden. Kortner hatte in seiner Inszenierung die Frauen in wallende, nahezu durchsichtige Gewänder gekleidet, welche die »Grenze der Sittlichkeit überschritten«. So jedenfalls lautete die offizielle Begründung für das Ausschalten. Die Programmfahne vermerkte für diesen Tag: »Sendeschluss für HR, NDR, RB, SFB 24.00 Uhr, mit Ausnahme des BR, hier Sendeschluss 22.15 Uhr«.

Ernst Hannawald (li) und Jürgen Prochnow in *Die Konsequenz* von Wolfgang Petersen, 1977

Szene aus *Fast wia im richtigen Leben* mit Gisela Schneeberger und Gerhard Polt, 1982

Nach dieser Absetzung gab es noch einige Fälle, in denen sich der Bayerische Rundfunk aus dem Gemeinschaftsprogramm ausschaltete, weil man glaubte, manche Inhalte den Zuschauerinnen und Zuschauern in Bayern nicht zeigen zu können. Als unzumutbar empfanden die Verantwortlichen etwa 1973 die ARD-Ausstrahlung des Films *Nicht der Homosexuelle ist pervers, sondern die Situation, in der er lebt* des Regisseurs Rosa von Praunheim.

Um Homosexualität ging es auch in dem Fernsehfilm *Die Konsequenz*, 1977 für den WDR produziert, den der heute weltbekannte Regisseur Wolfgang Petersen gedreht hatte. Die Begründung für die Absetzung dieses Films war, dass in ihm strafbare sexuelle Handlungen an einem Minderjährigen gezeigt wurden. Mit der Ausstrahlung des Films mache man sich daher selbst strafbar. Dieser Meinung konnten sich die anderen Rundfunkanstalten nicht anschließen. Laut Sendeprotokoll stieg der Bayerische Rundfunk ab 21.15 Uhr aus dem Programm aus und brachte stattdessen die Ludwig-Anzengruber-Verfilmung *Der Sternsteinhof*. Ebenfalls vermerkt wurden etwa 900 Beschwerden von Zuschauerinnen und Zuschauern mit der Begründung: »Bevormundung«.

Scheibenwischer abgestellt

Für heftige Kritik sorgte 1982 eine Folge des *Schweibenwischers*, einer Produktion des Senders Freies Berlin, gestaltet von dem Münchner Kabarettisten Dieter Hildebrandt. In dieser Folge der satirischen Reihe hatten als Gäste Gisela Schneeberger und Gerhard Polt einen Sketch über den Bau des Rhein-Main-Donau-Kanals präsentiert. Das von der Bayerischen Staatsregierung favorisierte Projekt war bei Umweltschützern und der lokalen Bevölkerung auf großen Widerstand gestoßen. In der satirischen

gang zum Riemerschmidbau, noch heute der Hauptein-
ng des Bayerischen Rundfunks, 1960er Jahre

Baugelände des Studiobaus des Bayerischen Rundfunks, im
Hintergrund die Kuppel des Verkehrsministeriums, 1958

Nummer behaupteten Schneeberger und Polt, dass Wirtschaft und Politik gemeinsame Interessen hätten. Die Regierung in München war über
dieses Stück so erbost, dass sie lautstark protestierte, doch die Sendung
war ausgestrahlt und alle Proteste konnten daran nichts ändern. 1986
entschied Fernsehdirektor Oeller, eine Folge des *Scheibenwischers* nicht zu
übernehmen und stattdessen in Bayern eine Gala zu Ehren der heimi-
schen Pop-Musik *Heiße Ware Swing* auszustrahlen. Oellers Begründung
für die Absetzung: die »makabere und degoutante Art, die knapp einen
Monat alte Tschernobyl-Katastrophe zu thematisieren« und die Verlet-
zung religiöser Gefühle durch einen Scherz über den Papst. In der Folge
Der verstrahlte Großvater hatte Hildebrandt dazu aufgefordert, den Papst
zu »dekontaminieren«.

Die Reaktion darauf übertraf alles bisher Erlebte. Allein das Sendeprotokoll des Tages registrierte 450 Beschwerden beim Bayerischen Rundfunk
und unzählige bei den anderen ARD-Anstalten, wobei viele Anrufe gar
nicht durchkamen, weil alle zur Verfügung stehenden Leitungen permanent besetzt waren. Aus dem Protokoll geht hervor, dass drei Anrufer sich
positiv über die »mutige Entscheidung des Fernsehdirektors« geäußert
hatten, alle anderen kritisierten die Absetzung hart, etwa als »stufen-
weisen Abbau der Demokratie«.

In zahlreichen Sondervorführungen von Vereinen und Initiativen wurde
die Sendung per Video in ganz Bayern gezeigt, ein damals technisch
noch recht ungewohnter Weg. Die *Süddeutsche Zeitung* veranstaltete
eine Woche nach der Absetzung eine Vorführung, bei der die Sendung
dreimal hintereinander in einem Saal in der Münchner Innenstadt zu
sehen war. Die Karten dazu waren innerhalb von fünf Minuten restlos
vergriffen.

Bruno Jonas und Dieter Hildebrandt in einer *Scheibenwischer*-Sendung, Anfang 2000

Ottfried Fischer in seiner Kabarettsendung *Ottis Schlacht*[die seit 1995 zehn Mal pro Jahr ausgestrahlt wird, 2007

Eine Zensur findet nicht statt

Gegen den Bayerischen Rundfunk wurde daraufhin ein Gerichtsverfahren zur Absetzung des *Scheibenwischers* angestrengt. In unerwarteter Deutlichkeit wurde dem Fernsehdirektor bestätigt, dass er in seiner Funktion das Recht habe, die Absetzung eines Programms zu veranlassen. Genauso deutlich wurde aber festgestellt, dass seine juristische Begründung in diesem konkreten Fall falsch gewesen sei. Gerade diese Gerichtsentscheidung zeigt die Schwierigkeit mit der Verantwortung bei publizistischen Veröffentlichungen. Das deutsche Rundfunksystem ist juristisch so geregelt, dass es einen presserechtlich Verantwortlichen geben muss. Das ist der Intendant eines Senders. Da er unmöglich alle Sendungen vorab prüfen kann, ob sie gegen Gesetze verstoßen, muss er die Verantwortung delegieren. Das geht über den Programmdirektor bis zu den verantwortlichen Redakteurinnen und Redakteuren einzelner Sendungen. Jeder oder jede, der oder die diese Verantwortung wahrnimmt, hat das Recht, eine Sendung nicht auszustrahlen, wenn er oder sie einen Gesetzesverstoß vermutet – oder auch, wenn sie nur als zu schlecht empfunden wird.

Der viel zitierte Satz »eine Zensur findet nicht statt« trifft hier zu. Zensur bezieht sich immer auf einen staatlichen Eingriff. Der konnte in keinem einzigen Fall nachgewiesen werden. Und die Pressefreiheit der Journalisten bedeutet juristisch nicht, dass alles von ihnen veröffentlicht werden muss. Auch jeder Ressortleiter oder Chefredakteur einer Zeitung kann Beiträge seiner Mitarbeiter ablehnen. Der wichtige Punkt in der Regelung der Presse- und Meinungsfreiheit ist umgekehrt: Kein Journalist oder Rundfunkmitarbeiter darf gezwungen werden, etwas gegen seine eigene Überzeugung oder Meinung zu schreiben oder zu senden.

ünther Koch, seit 1977 Sportreporter beim Bayerischen ndfunk, bekannt durch seine Fußballreportagen

Bergfilmer Gerhard Baur (re) begleitet Paul Membrini für die Sendung *Bergkristall* in der Reihe *Unter unserem Him*mel, 1997

Die Abschaltungen und Ausblendungen des Bayerischen Rundfunks erweckten in der Öffentlichkeit den Eindruck, dass hier die Zuschauerinnen und Zuschauer öfter als bei anderen Sendern bevormundet würden. Wie die zahlreichen Reaktionen in den Akten der Intendanz und Sendeleitung zeigen, waren diese äußerst verärgert über das geänderte bzw. ausgefallene Programm. Trotz allem hat der Bayerische Rundfunk wesentlich zur Vielfalt des Gemeinschaftsprogramms beigetragen.

Heute sind solche Alleingänge einzelner Rundfunkanstalten beim Gemeinschaftsprogramm rein technisch nicht mehr möglich, da Satellitenübertragungen ja nicht ausgeblendet oder aufgespalten werden können. Die Technik zwingt die Sender, ihre Konflikte anders zu lösen.

Fernsehansagerinnen Annette von Aretin, Ruth Kappelsberger und Anneliese Fleyenschmidt (v.li) auf dem Fernsehgelände in Freimann, 1950er Jahre

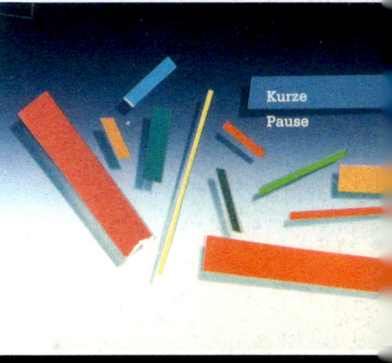

Pausenzeichen und
Werbelöwe Leo

Mit einem Fleck fing alles an: Am 3. November 1956 kleckerte der Volksschauspieler Beppo Brem im ersten Fernsehspot der deutschen TV-Geschichte auf die Tischdecke, und Liesl Karlstadt in der Rolle der ordnungsliebenden und zänkischen Ehefrau regte sich auf. Der Friede wurde dank eines Waschmittels schnell wiederhergestellt

Reklame im Fernsehen
Der erste TV-Werbespot

Leo, das Werbemaskottchen des Bayerischen Rundfunks

Mit einem Ehestreit fing am 3. November 1956 die Ära des Werbefernsehens im deutschen Fernsehen an. An diesem Tag zeigte der Bayerische Rundfunk in seinem Vorabendprogramm einen 55 Sekunden langen Werbespot für das Waschmittel *Persil* von Henkel – gespielt von den bekannten Schauspielern Beppo Brem und Liesl Karlstadt. Der Konzern profitierte dabei von einem Pachtvertrag mit dem Bayerischen Rundfunk. Henkel war im Besitz eines Grundstücks auf dem 1838 Meter hohen Wendelstein in Oberbayern. Genau dort wollte der Sender seinen ersten Sendemast aufstellen. Als Gegenleistung sicherte der Bayerische Rundfunk dem Konzern das Recht auf die Ausstrahlung der ersten Werbesendung zu. Damals gab es in ganz Deutschland 2,5 Millionen Fernsehgeräte.

Ach es ist trostlos, trostlos … hallo? Fräulein …

Fräulein, Fräulein … Signorina, Signorina … Wenn man etwas bestellt, warum bestellt man es denn, wenn es dann doch

Sportreporter und Sportfunkchef Josef Kirmaier

nicht gemacht wird … Ich bin jetzt seit zwei Stunden in diesem Hause und bitte flehendlich, dass ich fünf Minuten auf Band sprechen kann … und es ist bestellt und es wird doch nicht gemacht … es ist trostlos, trostlos … hallo? … Fräulein bitte geben Sie mir München bevor ich restlos verzweifle, ich spreche nach München und verzichte auf alles … hallo? Hallo? Kann ich jetzt, ja? … ja ich bin ja, ich warte ja ständig … ja also Moment, bei ihr geht ja alles drunter und drüber … kann ich sprechen? … ja bitte schreien Sie nicht so, denn seit zwei Stunden kämpfe ich hier, um die fünf Minuten durchzubringen … ja ist in Ordnung, gut, bitte schneiden, bitte schneiden … hier spricht Josef Kirmaier aus Rom, ich gebe dem Bayerischen Rundfunk und den angeschlossenen Sendern einen kurzen Kommentar. Liebe Sportfreunde in der Heimat, Sie können sich kaum einen Begriff davon machen, mit welchem Interesse das morgige Fußball-Länderspiel Italien gegen Deutschland nicht nur in Rom, sondern überall hier erwartet wird. Aber bei der Ankunft in Rom … ja also was … Kinder, Kinder … ich werde hier allmählich verrückt … das ist hier nicht mehr auszuhalten … ach, es ist trostlos, trostlos … hallo? Fräulein ich habe ja bereits drei Minuten gesprochen und dann war alles tot, danach haben sich die Leute am Mikrofon unterhalten … geben Sie mir bitte endlich eine richtige Leitung, ich verzweifle bald … ja aber ich muss Ihnen sagen, ich bin jetzt immerhin 30 Jahre beim Rundfunk, aber so eine Katastrophe wegen vier Minuten habe ich noch nie erlebt … Also ich probier es jetzt noch einmal und wenn wieder Leute auf der Leitung sprechen, dann gehe ich nach Hause!

Sportjournalist Josef Kirmaier bemühte sich am 17. Dezember 1955 um eine Telefonverbindung von Rom nach München.

Bei Josef Kirmaiers Abschiedsfeier 1965 sprach unter anderem auch Kulturkritik-Redakteur Kurt Seeberger. Seeberger, bekannt geworden durch seine Samstagssendung *Kreuz und quer zum Wochenende*, die er von 1958 bis 1978 verantwortete, stellte fest: »Kiri, Du bist das einzige bayerische Original nach Karl Valentin.«

Kurt Seeberger (1913 bis 1994)

Römische Skizzen
Otto Guggenbichler und das Studio Rom

Studio Roma. Televisone Tedesca. Palazzo Torlonia vis-à-vis das Café Greco, wo Goethe saß, seinen Kaffee schlürfte und zeichnete. Römische Skizzen nannten wir deshalb unsere Italien-Bilder. Daneben die Piazza di Spagna mit der Spanischen Treppe, die zu Trinità und Pinco führte. Der Pinco war der Hügel und Garten der Dichter ... Das Studio war das erste und größte Auslandsstudio der ARD, das nicht nur Hörfunk und Fernsehen, die Tagesschau voran, mit Nachrichten und Berichten versorgte: Auch für Österreicher, Schweizer und das ZDF war es mediterraner Stützpunkt. Den Italienern waren wir erst germanische Fremdlinge, vielleicht doch schon wieder Spione, ungebetene Gäste, es sei denn, man lobte sie über den Schellenkönig, oder man kritisierte sie nie. Am liebsten wäre es den Signori in der Farnesina, dem Außenministerium, gewesen, wir hätten nur Reklame für devisenbringenden Tourismus gemacht...

Nein, von Dolce vita keine Spur. Bei Regen funktionierte das Telefon nicht, Filmpakete blieben beim Zoll hängen. Polizei behinderte Aufnahmen, Bürokraten kassierten bündelweise Permesso-Gebühren, denn mit jedem Aufstellen eines Trepiedi, eines Stativs, nahm man Besitz von der Terra romana ... Franca Magnani und Toni Kienlechner standen mir zur Seite, und im Palazzo Grillo tröstete mich ein römischer Niederbayer: »Ich sag Ihnen, sobald Sie an das Chaos in Rom gewöhnt sind, werden Sie sich sauwohl fühlen.« Es war Doktor Reinhard Raffalt.

Bild oben: Otto Guggenbichler

Bild unten: Wolf Feller vor der Spanischen Treppe in Rom. Feller leitete das Studio Rom, bevor er 1987 Fernsehdirektor wurde

Otto Guggenbichler über die Anfänge des Studios Rom in einer Sendung aus dem Jahr 1994. Otto Guggenbichler war von 1967 bis 1971 dessen Leiter. Vorher hatte er sich schon einen Namen als Pionier des Landschaftsfilms gemacht. Nach seiner Rückkehr aus Rom übernahm Guggenbichler bis 1989 den Programmbereich Kultur und Zeit beim Fernsehen und die Abteilung Land und Leute im Hörfunk.

Hilfe in der Not
Spenden für die Flutopfer

Im November 1966 wurde Südeuropa von einem katastrophalen Hochwasser heimgesucht. Besonders betroffen war Italien. Viele Flüsse traten über die Ufer. Heftige Stürme und lang anhaltender Regen führten zu schwersten Überschwemmungen, fast 1000 Städte und Orte waren betroffen. Venedig stand komplett unter Wasser, ebenso wie Florenz. Man rief den Notstand aus, mehr als 200 Menschen starben, Hunderttausende wurden obdachlos. Diese »Jahrhundertkatastrophe« löste Milliardenschäden aus.

Der Bayerische Rundfunk rief zu einer ersten großen Hilfsaktion auf. Mehr als 1 070 000 DM wurden gespendet, um die ersten Notmaßnahmen zu finanzieren.

oben: Nach der verheerenden Flutkatastrophe in Florenz initiierte der Bayerische Rundfunk, gemeinsam mit dem Roten Kreuz, 1966 eine breit angelegte Spenden- und Hilfsaktion, die Italienhilfe

unten: Für die Italienhilfe im Hörfunkstudio: Gustl Weishappel, Wolf Mittler und Fritz Buschmann (v.li), 1966

Gerhard Bogner, Sendeleiter Hörfunk, übergibt auf dem Flugplatz Villafranca bei Verona die Hilfsgüter an den deutschen Botschafter in Rom, Hans-Heinrich Herwarth von Bittenfeld, Fritz Buschmann und Mario Cerza (re)

Aus der Praxis für die Praxis
Die Hochschule für Fernsehen und Film

Wir haben an der Münchner Hochschule für Fernsehen und Film (HFF, gegründet 1966) die Studentinnen und Studenten selbst ausgesucht und auf diese Weise konnten wir so berühmte und hervorragende Leute wie Wim Wenders hervorbringen, der damals im ersten Kurs war. In jüngster Zeit hatte etwa ein Florian Henckel von Donnersmarck überragenden Erfolg: auch er ein Absolvent der HFF.

arbeitet. Sie sollte mit möglichst wenig fest angestellten Leuten arbeiten und ihre Leiter sollten mitten aus der Praxis der Fernsehanstalten kommen. Und außerdem sollten und sollen immer wieder wichtige Leute aus der Film- und Fernsehproduktion mit eingebunden werden.

Helmut Oeller in einem BR-alpha-Gespräch 2007. Oeller war von Februar 1984 bis zum Januar 1996 Rektor der Hochschule für Fernsehen und Film in München, die jährlich rund 50 Studenten aufnimmt. Der heutige Präsident der HFF ist der Fernsehdirektor des Bayerischen Rundfunks, Gerhard Fuchs.

Daneben gab es noch viele Dutzend andere Absolventen, die ich hier gar nicht alle nennen kann, die aber im Laufe ihrer Karriere überall wichtige Stellen und Funktionen übernommen haben, wie etwa ein Dominik Graf, ein Franz Xaver Bogner oder Caroline Link, die Oscarpreisträgerin. Es gefällt uns sehr, dass die HFF insgesamt so gut dasteht. Bei der Gründung damals haben der Bayerische Rundfunk, die Stadt München, der Freistaat Bayern und das ZDF zusammenge-

links oben:
Franz Xaver Bogner

Mitte:
Florian Henckel von Donnersmarck

rechts oben:
Caroline Link

rechts Mitte:
Dominik Graf

rechts unten:
Wim Wenders

Die Nachmittagsfrau
Schule und Leben: Gertrud Simmerding

Sie wollte nie Lehrerin werden, sie wurde mehr als das: Als Frau der ersten Stunde arbeitete Gertrud Simmerding beim Fernsehen in Bayern mit.

1954, mit 35 Jahren, begann sie bei Fernsehdirektor Clemens Münster, der sie 1956 beauftragte, das Nachmittagsprogramm zu gestalten. Damals bedeutete das Kinder- und Jugendfernsehen. 1964 begann sie mit dem Aufbau des Schulfernsehens, das bald eine wichtige Säule der Erziehungsarbeit wurde. 1971 übernahm sie den Programmbereich Familie und Schule, den sie bis zu ihrem Ruhestand 1984 leitete. Als sie 1991 auf ihr Lebenswerk zurückblickte, meinte sie:

In den 1960er Jahren entstanden im Studienprogramm mehrere Fernsehproduktionen über das *Orffsche Schulwerk*

In Sternstunden konnten wir Kindern oder alten einsamen Menschen Lebenshilfe geben. Ja, rückwirkend glaube ich wirklich, dass unsere Sendungen menschlicher waren als vieles, was ich jetzt sehe.

Gertrud Simmerding (1919 bis 2004) im Studio, 1956

Derblecken
Der Nockherberg und der Bayerische Rundfunk

Schon im 19. Jahrhundert war es üblich, die Starkbierzeit in München bei öffentlichen Veranstaltungen zu feiern. Dabei wurde im satirischen Rahmenprogramm die Obrigkeit »derbleckt«, während ihre Vertreter im Saal die erste Maß tranken.

Der Bayerische Rundfunk merkte, dass das »Derblecken« auch ein zugkräftiges Programm für die Allgemeinheit ist. So begannen 1982 die Fernseh-Übertragungen, die inzwischen mit mehr als zwei Millionen Zuschauerinnen und Zuschauern eines der erfolgreichsten Programme des Jahres sind. Höhepunkt der Veranstaltung ist ein politisches Kabarett vor geladenen Gästen, bestehend aus einer Festrede und einem anschließenden Singspiel. In beiden Beiträgen werden ak-

tuelle Themen der Politik behandelt, mit teils heftigen Seitenhieben auf die zahlreich anwesenden Politiker. Manchmal müssen die Politiker sich große Mühe geben, die Fassung zu wahren, wenn sie derbleckt werden, aber nicht vorzukommen, ist die noch größere Schmach.

Die Tradition des Salvator-Ausschanks begann 1846 und wurde im Verlauf des 19. Jahrhunderts immer mehr zum Volksfest. Anfang der 1880er begründete der Volkssänger Jakob Geis das »Derblecken« auf dem Nockherberg. Bis 1922 fand sieben Jahre kein Anstich statt, dann übernahm der Weiß Ferdl die jährlichen Eröffnungsreden zur Salvator-Saison. 1939 wurde der Salvator-Ausschank eingestellt und erst 1950 in einer neuen Festhalle wieder aufgenommen.

Zu den Festrednern gehörten der Roider Jackl – dessen Gstanzln 1953 erstmals

Max Grießer als Bruder Barnabas, 1993

Andreas Borcherding als Günther Beckstein, Corinna Duhr als Angela Merkel im Singspiel *Tankstelle Nockherberg*, 2008

Michael Lerchenberg als Edmund Stoiber im Singspiel *Dolce Vita*, 2001

vom Hörfunk übertragen wurden – und der Radiomoderator Emil Vierlinger. Ab Ende der 1970er Jahre übernahmen die Begrüßung abwechselnd Franz Schönhuber, Klaus Havenstein und Ernst Maria Lang. Erst 1982 bekam die Paulaner-Brauerei mit dem Schauspieler Walter Sedlmayr wieder einen langjährigen Festredner, Textautor wurde Hannes Burger, der von 1982 bis 2003 die Festreden schrieb.

Nach Sedlmayrs Ermordung im Sommer 1990 fiel der Salvator-Anstich im folgenden Frühjahr aus – wegen des kurz zuvor ausgebrochenen ersten Golfkriegs. 1992 übernahm der Schauspieler Max Grießer die Rolle des Bußpredigers bis 1996. Ihm folgten Erich Hallhuber (1997 bis 1998),

Gerd Fischer (1999 bis 2003), Bruno Jonas (2004 bis 2006) sowie Django Asül (2007) und Michael Lerchenberg (2008). Michael Lerchenberg war jahrelang im Singspiel als Double des bayerischen Ministerpräsidenten Edmund Stoiber aufgetreten.

In dem Singspiel werden Politiker von Schauspielern parodiert. Bis 1985 wurde das Singspiel von Regisseur Olf Fischer inszeniert, von 1986 bis 1988 dann vom früheren Hörfunk-Unterhaltungschef des Bayerischen Rundfunks, Hellmuth Kirchammer, der auch das Autorenteam leitete. Seither wurde das Gesangskabarett unter der Regisseurin Eva Demmelhuber nach und nach zu einem echten Bühnenstück ausgebaut, jährlich mit neuem Thema und Bühnenbild.

Bau des Senders Wendelstein, 1954

Sender Dillberg, 2007

Sender Grünten, 2007

Sender Brotjacklriegel, 2006

Sender Ochsenkopf: Der 163 Meter hohe Stahlbetonturm, 2008. In den 1950r Jahren baute der Bayerische Rundfunk sein Sendernetz aus. Von 1954 bis 1958 entstanden die Sender Wendelstein, Dillberg, Grünten und Ochsenkopf

Konsolidierung und Ausbau

(1966 bis 1983)

Die Kubatruhe »Komet« vereinte Radio, Fernsehen, Platten-
spieler und Lautsprecher in einem Luxusmöbel, 1957/1958

In witzigen Werbekampagnen versuchte die Abteilung Ru
funkgebühren 2008 das unbeliebte Thema zu vermarkter

Der 1. Januar 1970 sollte für den Rundfunk in Deutschland ein einschnei-
dendes Datum werden. Zum ersten Mal seit Einführung der Teilnehmergebühren für Hörfunk und Fernsehen wurden diese erhöht. Bisher
zahlten die Radiohörer zwei Mark im Monat und die Besitzer eines Fern-
sehgerätes ab Mitte der 1950er Jahre fünf Mark im Monat. Diese Preis-
stabilität war höchst ungewöhnlich, denn in den Zeiten des stetig
anhaltenden Wirtschaftswachstums stieg auch die Inflation. Allein im
Jahr 1970 betrug die Teuerungsrate 3,6 Prozent. Die Kaufkraft sank seit
dem Jahr 1952 von 100 Mark auf knapp unter 70 Mark. Das Angebot an
Hörfunk- und Fernsehprogrammen nahm dagegen stetig zu. Doch des
Rätsels Lösung war einfach. Die wachsenden Teilnehmerzahlen ließen
die Einkünfte der Sendeanstalten von Jahr zu Jahr steigen. Das finanzielle Polster war trotz der großen Investitionen in die Technik und in Er-
weiterungen im Programm so solide, dass der Bayerische Rundfunk jedes
Jahr zudem seiner im Rundfunkgesetz festgeschriebenen Pflicht nach-
kam, zahlreiche kulturelle Initiativen mit Zuschüssen zu unterstützen.

Um 1970 erreichte die Versorgung auch im Fernsehbereich mehr als 90
Prozent, so dass bei der Zahl der Teilnehmer nur noch ein geringes Wachs-
tum zu erwarten war. So wurde die Grundgebühr um 50 Pfennig auf 2,50
Mark erhöht, die Fernsehgebühren um eine Mark auf sechs Mark.

Intendant Christian Wallenreiter begründete die Entscheidung so: »Ein
unabhängiger Rundfunk und ein gutes Programm sind diese kleinen Opfer
wert.« Die regelmäßigen Erhöhungen in den folgenden Jahren führten
immer wieder zu Auseinandersetzungen zwischen den Sendern und der
Politik. Alle Parlamente der Bundesländer mussten auf Grund des Staats-
vertrages jeder Gebührenerhöhung zustimmen. Der eine oder andere Lan-
despolitiker wollte sich – insbesondere vor Wahlen – als Verfechter einer

sef Othmar Zöller, Fee von Reichlin, Hans-Heinz Hatkämper,
tti Ohnesorge, Fritz Buschmann (v.li), 1970er Jahre

Blick in den Regieraum von Bayern 3, hinten der Sprecherraum,
vorne die Bandmaschinen der Tontechnik, 1971

niedrigeren Gebühr profilieren. Es bedurfte eines weiteren Urteils des Bundesverfassungsgerichts, um die Gebührenfestsetzung neu zu regeln.

Die Länder beriefen 1975 ein Gremium ein, das unter Zugrundelegung der von ihr geprüften Anmeldungen der Sender den Landesparlamenten die Höhe der Gebühr vorschlagen sollte: die Kommission zur Ermittlung des Finanzbedarfs der Rundfunkanstalten (KEF). Abweichungen waren nur unter strengen Bedingungen für die Landesparlamente möglich. Nachdem die Landesparlamente im Jahr 2005 diese Ausnahmeregelung erstmals in Anspruch genommen hatten, gab das Bundesverfassungsgericht einer Beschwerde von ARD und ZDF statt. Die KEF ging aus diesem Verfahren gestärkt hervor.

Drei Wellen in Bayern

Die Landesrundfunkanstalten der ARD und das ZDF waren in den 1960er Jahren zu großen und wichtigen Medienunternehmen geworden und verfügten über Millionenetats, den sie zum Ausbau des Hörfunks nutzten. Der Bayerische Rundfunk hatte Anfang der 1970er Jahre zwei Hörfunkwellen, die nahezu in ganz Bayern zu empfangen waren. Am 1. April 1971 ging mit »Bayern 3, die Servicewelle von Radio München« das dritte Hörfunkprogramm auf Sendung. Zunächst richtete sich das Programm an die immer größer werdende Zahl von Autoradiohörern, die nicht nur mit Verkehrsmeldungen versorgt wurden. Der Service umfasste auch stündliche Nachrichten und Informationsmagazine. Und auch wenn die Bedürfnisse der Autofahrer im Vordergrund standen – das Autoradio war zu dieser Zeit nicht mehr reiner Luxus, sondern vielen zur Selbstverständlichkeit geworden –, hörten nur rund 30 Prozent der Bayern 3-Hörer das Programm im Auto. Es war ebenso ein Programm zum Hören in der

Josef Othmar Zöller, langjähriger Leiter der HA Bayern, Wirtschaft, Service und Mitbegründer der Hörfunkwelle Bayern 3, 1980

Übertragung einer Jugendfunk-Sendung *Kontakt* live aus d Münchner Olympiapark, Ende der 1970er Jahre

Küche oder auch am Arbeitsplatz, das man kurz oder manchmal auch nebenbei einschalten konnte. Die Hörerinnen und Hörer der Servicewelle fanden aber auch an inhaltlichen Themen sowie speziell an Hilfsaktionen Interesse.

Auf Initiative von Fritz Buschmann – neben Josef Othmar Zöller einer der maßgeblichen Gestalter des Programms – wurde 1971 die Aktion *Rette Dein eigenes Leben* gegründet, eine Hilfsaktion für das Rettungswesen in Bayern. Auslöser war eine Pressekonferenz des Bayerischen Roten Kreuzes, auf der die katastrophale Situation des Rettungswesens in Bayern geschildert wurde. Gerade durch den stark angewachsenen Autoverkehr waren zusätzliche Aufgaben auf die Rettungsvereine zugekommen, so dass dringend Unterstützung nötig war. Buschmann erinnerte sich an die spontane Italienhilfe des Bayerischen Rundfunks 1966 und schlug vor, eine ähnliche Aktion auch über das Programm Bayern 3 zu starten.

Dazu bedurfte es aber einer Institution. In Gesprächen zwischen BR-Intendant Christian Wallenreiter, dem Generaldirektor des Süddeutschen Verlags, Hans Dürrmeier, und Ministerpräsident Alfons Goppel wurden die Grundlagen für das Kuratorium »Rettungsdienst Bayern« gelegt, dem auch noch der ADAC, die Landesverkehrswacht Bayern, der Landesverband der Ortskrankenkassen und die Bayernversicherung beitraten. Den größten Beitrag an Spenden konnte dabei der Bayerische Rundfunk durch zahlreiche Sendungen im Programm Bayern 3 einsammeln. Nach zwölf Jahren löste sich das Kuratorium auf, denn die von ihm übernommenen Aufgaben waren nun in einem vom Landtag verabschiedeten Gesetz zum Rettungswesen in den Haushalt aufgenommen worden. Bis dahin hatte die Aktion *Rette dein eigenes Leben* 22 Millionen Mark gesammelt, mit

...o Schlier, BR-Moderator seit 1966, startete 1972 mit der ...ndung *Gute Nacht, Freunde*

Werbeaufkleber für die Sendung *B 3 Radio-Show* mit Autogramm von Günther Jauch, 1980er Jahre

denen mehr als 140 Rettungsfahrzeuge angeschafft und rund 600 Notrufsäulen an Bundesstraßen errichtet wurden. Unterstützung erhielt auch die Arbeit der Freiwilligen Feuerwehren, der Bergwacht und der Wasserwacht mit notwendigen Ausrüstungen.

Erfolg bei jungen Hörern

Bayern 3, die erste Servicewelle in Deutschland, orientiert am Vorbild von Ö 3, wurde bald zu einem der erfolgreichsten Radiosender in der Bundesrepublik Deutschland. Hörfunkdirektor Walter von Cube zog in seinem letzten Amtsjahr 1972 ein stolze Bilanz: »Wie Umfragen zeigten, haben durch den Erfolg von Bayern 3 die anderen Programme des Bayerischen Rundfunks so gut wie keine Hörer verloren. Die Steigerung der Hörerintensität im Sendegebiet ist fast ausschließlich auf die Rückgewinnung des Publikums des 3. Hörfunkprogramms des Österreichischen Rundfunks und von Radio Luxemburg zurückzuführen.« Als die anderen Landesrundfunkanstalten die Erfolge bemerkten, entstanden immer mehr Wellen dieser Art: hr 3, NDR2, SDR 3 und SWF 3.

»Grüß Gott-Schalk«

Ein junger freier Mitarbeiter landete 1971 nach einem Sprecherseminar als Ansager beim Bayerischen Rundfunk. Er hatte gerade mit 21 Jahren Abitur gemacht und finanzierte sich sein Studium durch die Nebentätigkeit beim Sender. Das Geld reichte zwar, um das Studium abzuschließen, aber als Lehrer wollte er nicht arbeiten: Thomas Gottschalk hieß der Mann, der 1976 als Sprecher festangestellt wurde, ganz in den Dienst von Bayern 3 eintrat und dort mit *Pop nach acht* einen neuen Stil einbrachte – mit Witz und Schlagfertigkeit präsentierte er die Musik für die jüngere

Thomas Gottschalk und Günther Jauch bei der legendären Übergabe der *B 3 Radio-Show*, 1985

Club 16-Team mit Julia Edenhofer, Rüdiger Stolze, Walther v. La Roche, 1970

Generation. Dabei verließ er sich ganz auf seine Intuition: »Ich gehe mit zwanzig Platten ins Studio, und was mir gerade einfällt, das mach ich halt.« Seine Zielgruppe waren »die, die mit den Beatles aufgewachsen sind«, resümierte er 1980 nach dreieinhalb Jahren *Pop nach acht*. Anfang der 1980er Jahre wurde Thomas Gottschalk von Radio Luxemburg abgeworben, kehrte aber 1985 zum Bayerischen Rundfunk zurück, um als B 3-Koordinator bei seiner alten Welle wieder einzusteigen. Er entwickelte die *B 3 Radio-Show*, die er jeden Tag ab 14.00 Uhr auch moderierte.

Legendär wurde der Nachmittag auf Bayern 3 durch die tägliche Übergabe von Thomas Gottschalk an Günther Jauch, der ab 16.00 Uhr 90 Minuten lang im *Radio-Report* über aktuelle Tagesereignisse informierte.

Die junge Welle

Durch einen allgemeinen kulturellen Umbruch Ende der 1960er Jahre hatten sich die Hörfunkinhalte generell geändert: mehr Informations- und politische Sendungen einerseits, englische Unterhaltungsmusik andererseits. Neben den Autofahrern wurde die Jugend als neue Hörerschicht entdeckt. Schon 1967 rief der Jugendfunk gemeinsam mit der Abteilung Leichte Unterhaltungsmusik den *Club 16* auf Bayern 2 ins Leben. Das Motto hieß »Musik und Unterhaltung für Teenager«, »Meet the Beat – die Jukebox mit den neuesten Hits«.

Am Mikrofon saßen in den folgenden Jahren unter anderem: Walther von La Roche, Ado Schlier, Rüdiger Stolze, Raoul Hoffmann, Julia Edenhofer, Ulrich Paasche, Georg Kostya, Jürgen Herrmann, Jürgen Seeger, Christoph Lindenmeyer sowie Dagmar Reim, 2003 die erste Intendantin in der ARD. Georg Kostya moderierte den *Club 16* von 1967 bis 1971, bis er sich mit 36

Der Radiomann Georg Kostya moderierte auch für das Fernsehen u. a. die Sendung *Lieder, Rhythmen, Melodien,* 1982

Der damalige Leiter des Jugendfunks Christoph Lindenmeyer ist heute Kultur-Koordinator Hörfunk, um 1978

Jahren zu alt dafür fühlte. Doch ohne Musik hielt er es nicht lange aus und bat Jugendfunk-Chef Rüdiger Stolze um eine neue Sendung: Am ersten Weihnachtsfeiertag 1972 lief die erste – im Laufe der Jahre wurden es über 1000 – Sendung *Aus meiner Rocktasche.* Kostya war als »Rolling Schorsch« in ganz Bayern bekannt, ein großer Plattensammler mit einem riesigen Privatarchiv und einer großen Fangemeinde.

1974 startete der Jugendfunk – parallel zu den Anstrengungen auf Bayern 3, die Jugendlichen mit ihrer bevorzugten Musik zu unterhalten – auf Bayern 2 eine neue Sendung. *Zündfunk* hieß das Magazin, das sich musikalisch vom Mainstream absetzte und inhaltlich für viele Kontroversen sorgte. Themen wie Wackersdorf, der heiße Herbst 1977, Atomausstieg oder Rechtsextremismus wurden behandelt, begleitet von Musik, die neue Strömungen aufgriff. Der damalige Jugendfunkleiter Christoph Lindenmeyer formulierte das Konzept rückblickend so: »Zwischen den Stühlen sitzen, das war eine gute Devise.« Aber auch den technischen und gesellschaftlichen Entwicklungen spürte man nach. So sendete der *Zündfunk* bereits von 1984 an ein Computermagazin für junge Menschen. Lange Zeit lief der *Zündfunk* am Nachmittag oder am frühen Abend. Inzwischen ist er ab 19.00 Uhr zu hören. Die Sendung *Nachtmix* um 23.00 Uhr legt ihr Schwergewicht auf die unterschiedlichen Musikstile.

Der Morgen gehört dem Rundfunk

Bewährtes blieb lange in den Programmen. Auf 45 Jahre brachte es etwa das *Musikjournal* in Bayern 1, das ab 1962 wochentags jeden Morgen von 6.00 bis 8.00 Uhr ausgestrahlt wurde, ein moderiertes Magazin mit vielen Alltagsthemen und noch mehr Musik. Die Idee zur Sendung stammte

Das *Musikjournal*-Team: Rudi Küffner, Brigitte März, Gabi Schnelle, Gustl Weishappel, Barbara Jelen, Wolfgang Küpper (v.li)

Artisten, Clowns und Gaukler mit dem *Feuerroten Spielmo* im Studio, 1970er Jahre

von Rudolf Mühlfenzl, der auf einer Programmplanungskonferenz forderte: »Raus aus der Abendzeit in den Morgen. Der Morgen, der gehört dem Hörfunk.«

Die Moderatorinnen und Moderatoren verstanden es, die Hörerinnen und Hörer in einem sehr persönlichen Ton anzusprechen. Einer der beliebtesten von ihnen war Gustl Weishappel, dessen sanfte einprägsame Stimme aus vielen anderen Hörfunk- und Fernsehsendungen bekannt war – auch aus manchen Fernsehspielen, in denen er als Schauspieler mitwirkte. Sein »Markenzeichen« im *Musikjournal* war das »Fensterbankl«, auf dem ein Thermometer stand und von dem man vom Studio aus bis zum Alpenvorland blicken konnte, so dass er seinen Hörerinnen und Hörern jeden Morgen eine ganz eigene und sehr persönlich geprägte Wettervorhersage präsentierte. Die Sendung gibt es in leicht veränderter Form heute noch, sie läuft aber seit Januar 2007 unter dem Titel *Bayern 1 am Morgen*.

Spiel mit dem *Spielmobil*

Auch im Fernsehen versuchte man Lebenshilfe zu geben. Aus der Erkenntnis, dass gerade ältere Menschen das Fernsehen häufig als einzige Abwechslung haben, wurden Reihen wie *Rendezvous der Erinnerungen* oder *Der Schaukelstuhl* geschaffen. Ebenso war das Bayerische Fernsehen früher als andere ARD-Sender auf die Idee gekommen, Kinder mit spielerisch-pädagogischen Programmen zu fördern. Von 1971 an gab es *Das Di-Do-Domino* und ein Jahr später *Das Feuerrote Spielmobil*, eine Sendung, die viele ihr Leben lang in Erinnerung behalten werden. Sie war die Antwort des Bayerischen Fernsehens auf die in den USA entstandene sehr erfolgreiche Kinderreihe *Sesamstraße*, die in einer bearbeiteten Form auch von den Dritten Programmen der ARD übernommen worden war.

Das Olympische Feuer während der Sommerspiele 1972 in München

Eröffnungsfeier der Olympischen Sommerspiele am 26. August 1972

Fernsehdirektor Helmut Oeller war jedoch der Meinung, dass eine pädagogische Sendung für Kinder im eigenen Land entstehen und gestaltet werden müsse.

Olympische Sommerspiele in München

Die bis dahin größte Herausforderung – technisch und personell – musste der Bayerische Rundfunk 1972 bewältigen. Dem Münchner Oberbürgermeister Hans-Jochen Vogel – im Übrigen Mitglied im Rundfunkrat des Bayerischen Rundfunks – war es mit seiner Delegation 1966 überraschend gelungen, die Olympischen Sommerspiele nach München zu holen. Um die immensen Aufgaben, die mit der Übertragung eines solchen Ereignisses in alle Welt verbunden sein würden, zu bewältigen, gründeten die ARD und das ZDF im Mai 1968 eine eigene Gesellschaft, das Deutsche Olympia-Zentrum Radio und Television (DOZ). Die Federführung übertrug man dem für München zuständigen Bayerischen Rundfunk. Geschäftsführer des DOZ wurde der überaus populäre Fernsehmoderator Robert Lembke, der bereits bei früheren Olympischen Spielen Erfahrung gesammelt hatte. Das DOZ entwickelte zusammen mit Vertretern des Organisationskomitees und der Stadt München einen Zeitplan, um optimale Übertragungsmöglichkeiten für die Zuschauer in aller Welt zu schaffen. Die ARD listete 1972 zu Beginn der Spiele in einer Presseerklärung den ungewöhnlichen Umfang der Arbeiten auf: »Zum ersten Mal nach 1936 werden die Spiele wieder in Deutschland ausgetragen. Die ARD unternimmt große Anstrengungen, Deutschlands neues Bild darzustellen – und muss dafür tief in die Tasche greifen: Rund 105 Millionen Mark kosten ARD und ZDF die Spiele. Insgesamt 900 Millionen Zuschauer vor den Fernsehschirmen danken es den Sendern – Rekord. Ihnen wird von 8.40 Uhr bis Mitternacht ein umfassendes Olympia-Programm geboten.«

Übertragungswagen des Bayerischen Rundfunks im Olympischen Dorf, 1972

Blick vom Fernsehturm auf das Olympiastadion, 1972

Im Bereich der Technik setzte die ARD neue Maßstäbe: 210 Kameras, darunter 135 Farbkameras, waren im Einsatz. Selbst in den Vorbereitungsräumen der Athleten und auf Begleitfahrzeugen beim Radsport waren sie montiert. Die neue Superzeitlupe ermöglichte nie gesehene Eindrücke. Dank eines ausgeklügelten Zeitplans konnten alle Entscheidungen in den 195 Wettbewerben live übertragen werden.

Auch in den Hörfunk-Programmen dominierte der Sport. Die ARD Olympia-Welle, vom Bayerischen Rundfunk betreut, sendete von 6.00 Uhr morgens bis Mitternacht. Die Gesamtleitung des ARD-Teams lag bei Rudi Michel vom Südwestfunk, für das Fernsehen war Heinz Maegerlein vom Bayerischen Rundfunk als Programmchef zuständig. Um das Olympia-Programm im Ersten sorgten sich 67 Reporter und Redakteure. Der Beginn der Eröffnungsfeier wurde damals auf 15.00 Uhr festgelegt, damit sie rund um den Erdball zu einer empfangsgünstigen Zeit live ausgestrahlt werden konnte. In Deutschland übertrug die ARD-Olympiawelle die Eröffnung. Im Fernsehen sendeten ARD und ZDF während der Wettkämpfe in täglichem Wechsel insgesamt 230 Stunden.

Die Tragödie des 5. September

Doch die wahre Bewährungsprobe für sämtliche Medien kam am 5. September. »Schwarzer September« nannte sich das palästinensische Terror-Kommando, das in den frühen Morgenstunden in das Olympische Dorf eindrang – in das Quartier der israelischen Mannschaft. Moshe Weinberg, der Trainer der Ringermannschaft, wurde durch die geschlossene Tür erschossen, weitere Israelis wurden gefangen genommen. Die Terroristen forderten die Freilassung von 200 in Israel inhaftierten Palästinensern und drohten, die Geiseln sofort zu erschießen.

...tz Hausmann (li) und Oskar Klose (rechts daneben) bei der ...ßballweltmeisterschaft 1974 in München

Eberhard Stanjek, bis 1999 Programmbereichsleiter Sport und Freizeit beim Bayerischen Fernsehen, 1980er Jahre

Für die Journalisten aus aller Welt änderte sich schlagartig die Situation. Zu Hunderten harrten sie den ganzen Tag vor dem abgesperrten Gelände des Olympiadorfes aus. Ein Bild ging um die Welt: Einer der Terroristen zeigte sich auf dem Balkon der Wohnung und verhandelte unter anderem mit Innenminister Hans-Dietrich Genscher und Münchens Polizeipräsidenten Manfred Schreiber. Am Abend sah es so aus, als ob man den Palästinensern den Abzug zu einem Flughafen gestatten wollte. Am Militärflugplatz in Fürstenfeldbruck kam es dann in der Nacht zu einem Desaster: Bei einem Feuergefecht starben fünf der acht Terroristen und ein Beamter. Keiner der Israelis überlebte den Anschlag. In den nächsten Tagen standen München und das Attentat im Mittelpunkt der internationalen Berichterstattung. Der Bayerische Rundfunk trug seinen Teil dazu bei, dass die Welt die Einzelheiten der Katastrophe erfuhr, die das Zeitalter des internationalen Terrorismus einleitete. Und er setzte die Berichterstattung über die Olympischen Sommerspiele fort. Trotz zahlreicher Proteste hatte das Olympische Komitee beschlossen, die Spiele nur für einen Tag zu unterbrechen.

Eine Initiative der CSU

Seit seiner Gründung war der Bayerische Rundfunk immer mal wieder unter politischen Druck geraten. Schon das erste Rundfunkgesetz 1948 und auch die Novellierung des Gesetzes 1959 hatten unterschiedliche Standpunkte vor allem bei der Zusammensetzung der Aufsichtsgremien und im Hinblick auf deren Befugnisse gezeigt. 1959 war die Zahl der Rundfunkräte von 33 auf 43 Mitglieder, die Zahl der Landtagsdeligierten von fünf auf elf erhöht worden. Die bereits 1948 festgelegte Frauenquote von drei Vertreterinnen stieg auf vier Rundfunkrätinnen. 1970 errang die CSU bei der Landtagswahl einen großen Wahlsieg. Davon wollte sie profitieren

Walter Kröpelin (1920 bis 1993), seit 1946 im Hörfunk, von 1971 bis 1982 Leiter der HA Politik und Wirtschaft

Im Fokus aller Karikaturen stand Franz Josef Strauß, gezeich▮ von Horst Haitzinger in der *tz* vom 24. Januar 1973

und plante eine weitere Novellierung des Rundfunkgesetzes. Zum einen sollte der Einfluss auf den Bayerischen Rundfunk verstärkt werden und zum anderen wollte man – vor allem auf Wunsch der Verleger – den Weg frei machen, dass Rundfunk in Zukunft auch von privaten Anbietern gestaltet werden konnte.

Für die CSU ging es auch darum, Einfluss auf das Programm und die Personalpolitik zu nehmen, um gewisse Tendenzen im Programm zu ändern, vor allem in Sendungen wie *Das Notizbuch* vom Familienfunk oder in der Jugendfunksendung *Zündfunk*. Mit ihrer absoluten Mehrheit setzte die CSU die Änderung des Rundfunkgesetzes im Februar 1972 im Landtag durch – trotz Tausender von Protesten, die dagegen laut geworden waren. Franz Josef Strauß beschimpfte die Gegner – ausgerechnet in einer vom Bayerischen Rundfunk ausgestrahlten Sendung – und behauptete, dass es den Linken nur um ihren »Einfluss« gehe.

Doch gerade diese Art der Diskussion heizte die Protestwelle an. Es gründete sich ein Landesbürgerkomitee Rundfunkfreiheit. Den Vorsitz übernahm der Münchner Professor Paul Noack, der keineswegs als Vertreter der Linken galt. Der damalige Vorsitzende des Bayerischen Journalistenverbands, Ernst Müller-Meiningen jr., der für seinen Berufsstand auch dem Bayerischen Senat und dem Rundfunkrat angehörte, engagierte sich ebenfalls. Die Opposition im Landtag und die Gewerkschaften waren – wie erwartet – von vornherein gegen diese Pläne. Aber auch die parteiunabhängigen Rundfunkräte, die sonst mehrheitlich häufig mit den CSU-Vertretern stimmten, legten Protest ein. Künstler- und Journalistenorganisationen veröffentlichten flammende Erklärungen. Die Initiative startete ein Volksbegehren, um damit eine Volksabstimmung durchzusetzen. Statt der benötigten 720 000 Unterschriften kamen mehr als eine Million

egen die Änderung des Rundfunkgesetzes durch die CSU
rmierte sich massiver Widerstand, 1972

Mit Aufklebern, Flugblättern und Broschüren warb das Landesbürgerkomitee Rundfunkfreiheit für den Volksentscheid 1973

Unterschriften zusammen. Nun spielte die CSU auf Verzögerung und erklärte in einem Parlamentsbeschluß das Volksbegehren für verfassungs-
widrig. Der Gang zum Verfassungsgericht erschien unvermeidlich. Doch
Strauß erkannte, dass die CSU-Pläne nicht durchzusetzen waren. In einem
Kompromiss mit der Bürgerinitiative Rundfunkfreiheit stimmte er zu, dass
1973 ein zusätzlicher Artikel 111a in die Bayerische Verfassung aufgenommen wurde, der die Staatsferne festschrieb und gleichzeitig gebot, dass
Rundfunk in Bayern nur unter öffentlich-rechtlicher Aufsicht stattfinden
dürfte. Für die CSU war es eine der größten Niederlagen in ihrer Geschichte. Der Artikel 111a führte 1984 dazu, dass im Medienentwicklungs-
und Erprobungsgesetz als Aufsichtsgremium für private Anbieter ebenfalls eine öffentlich-rechtliche Institution eingerichtet wurde. So ist Bayern das einzige Bundesland, dessen Zulassungs- und Aufsichtsanstalt für
die privaten Medien, die Bayerische Landeszentrale für neue Medien, einen
öffentlich-rechtlichen Charakter hat.

Ein neuer Intendant

Profitiert von dieser Entwicklung hat 1972 vor allem ein Mann, der kurz
zuvor noch Staatssekretär der Bayerischen Staatsregierung war. Reinhold Vöth machte ab dem Zeitpunkt seiner Wahl im November 1971 klar,
dass er von der strengen Gesetzesnovelle seiner Fraktion im Maximilia-
neum, der er vor Antritt seines Amtes als Intendant noch angehörte,
nicht viel hielt. Vöth setzte damit fort, was seine Vorgänger bereits vor-
gelebt hatten. Die meisten waren mit Zustimmung der CSU in ihr Amt
gekommen, bewiesen aber anschließend ihre Unabhängigkeit. Immer
wieder waren sie mit Vorwürfen seitens der CSU konfrontiert, sie würden zu viel Liberalität im Sender zulassen. Die Kritik richtete sich dabei
meist gegen Programme im Fernsehen, weil die Politiker erkannt hatten,

Dagobert Lindlau kam 1954 zum Fernsehen, moderierte den *Weltspiegel* und war von 1969 bis 1992 Chefreporter Fernsehen

Daniela Philippi, von 1991 bis 2009, Leiterin der Hörfunkabteilung Landespolitik, im neuen Plenarsaal, Dezember 2005

dass dieses Medium für sie besonders wichtig geworden war. Das Verhältnis zwischen Politik und Rundfunk hat einmal der langjährige Chefreporter des Bayerischen Fernsehens, Dagobert Lindlau, auf den Punkt gebracht: Es sei die Aufgabe der Politiker, Druck auf den Rundfunk auszuüben, sonst seien sie keine guten Politiker. Die Aufgabe der Intendanten und Programmdirektoren sei es aber, diesem Druck nicht nachzugeben, sonst seien sie keine guten Intendanten und Programmdirektoren.

Vöth sah das ähnlich realistisch. Er wusste aus seiner aktiven Zeit in der Politik, dass vor allem die CSU-Parteizentrale die Arbeit des Bayerischen Rundfunks genau beobachtete. Er wusste auch, dass der größte Einfluss über die Personalpolitik genommen wurde. Das betraf nicht nur die Wahl des Intendanten und der Direktoren, sondern ging hierarchisch weiter herunter. Wie in anderen Landesrundfunkanstalten oder beim ZDF tarierte man die Ämter aus. In Bayern sah es so aus, dass die meisten wichtigen Positionen zumindest mit CSU-Sympathisanten besetzt wurden, da die Partei im Landtag die absolute Mehrheit hatte. Einige wenige Posten überließ man Anhängern der Opposition. Das funktionierte aber nur bedingt, da die Mitglieder des Rundfunkrates sich nicht immer dem Parteiwillen der CSU beugten, auch wenn sie ihr nahe standen.

So wurde einst Christian Wallenreiter Intendant, ein leitender Beamter aus dem Kultusministerium, obwohl die CSU auf einen anderen Kandidaten gesetzt hatte. Und auch 2001 konnte sich der Kandidat, der von der CSU-Parteizentrale favorisiert war, nicht durchsetzen, weil die Mehrheit der so genannten »grauen« – also nicht parteipolitisch gebundenen – Rundfunkräte nicht mit den Vertretern der CSU stimmte. Stattdessen wurde der Hörfunkdirektor Thomas Gruber Intendant.

anz Schönhuber moderierte bis 1982 *Jetzt red i* und war stell-
rtretender Chefredakteur im Bayerischen Fernsehen

Reinhold Vöth war in den Jahren 1972 bis 1990 Intendant des
Bayerischen Rundfunks

Der »Fall Schönhuber«

Wie abhängig der Rundfunk in seinen Personalentscheidungen sein
konnte, zeigte der »Fall Schönhuber«. Franz Schönhuber, einer der schil-
lerndsten Journalisten Münchens in den 1960er und 1970er Jahren, war
innerhalb kürzester Zeit von einem weit links agierenden Polemiker zu
einem der engsten politischen Vertrauten von Franz Josef Strauß geworden. Zum Erstaunen vieler Mitarbeiter des Bayerischen Rundfunks
wurde Schönhuber im Jahr 1975 Programmbereichsleiter Bayern Information im Fernsehen und gab schnell zu erkennen, dass damit seine Am-
bitionen noch nicht erfüllt waren.

Einige Zeit erschien er unantastbar, nicht zuletzt auf Grund seiner Popularität, die er durch seine Bürgersendung *Jetzt red i* im Fernsehen erlangt
hatte. Doch dann erhielt er 1982 vom Bayerischen Rundfunk die fristlose
Kündigung. Anlass dazu gab die öffentliche kontroverse Diskussion um
sein gerade erschienenes Buch *Ich war dabei*, in dem er unter anderem
über seine freiwillige Mitgliedschaft in der Waffen-SS geschrieben hatte.
Sie hatte auch den Bayerischen Rundfunk in einer Weise miteinbezogen,
dass dieser die Einhaltung des Neutralitätsgebots für sich als öffentlich-
rechtliche Anstalt nicht mehr gewährleistet sah. Die Entlassung sollte
die Trennung der privaten Meinung des Autors von der unterschiedlichen
Grundposition des Bayerischen Rundfunks ausreichend deutlich machen.
Das Münchner Arbeitsgericht entschied, dass dies keiner juristischen Begründung standhalte. Der Rundfunk zahlte jedoch lieber die vom Gericht
festgelegte hohe Entschädigungssumme, als ihn wieder einzustellen.
Schönhuber gründete dann 1983 mit ehemaligen CSU-Bundestagsabge-
ordneten die rechtsradikale Partei »Die Republikaner«, die vor allem
gegen die CSU agierte.

Hermann Magerer moderierte von 1975 bis 1998 *Bergauf-Bergab* und leitete von 1996 bis 1998 die Redaktion Freizeit

Die Ärztin Antje-Katrin Kühnemann moderierte von 1973 2007 *Die Sprechstunde* im Bayerischen Fernsehen

Die Vielfalt des Programms

Bei allen Versuchen von Parteien und Interessengruppen, Einfluss auf den Bayerischen Rundfunk und sein Programm zu nehmen, ist Letzteres in seiner Vielfalt erhalten geblieben. So hatte etwa der Filmemacher Dieter Wieland über Jahre die Möglichkeit, die Verschandelung und Zerstörung der bayerischen Landschaft mit seinen Filmen nicht nur zu dokumentieren, sondern auch die Verantwortlichen zu benennen, lange bevor die Umweltschützer ein politisches Mandat hatten.

Spezielle Themensendungen entwickelten ihr Profil und bedienten die Interessen einzelner Gruppen. Für Wanderer und Alpenfreunde wurde die beliebte Sendung *Bergauf-Bergab* geschaffen, Filmfans konnten sich in *Kino Kino* über die neuesten Filme informieren, ohne dass sie befürchten mussten, mit dem Werbematerial der Filmverleihe bedient zu werden. In der *Sprechstunde* wurden die Zuschauer von Antje-Katrin Kühnemann über medizinische Fragen unterrichtet, eine Sendung, die sich über 30 Jahre im Programm hielt.

Regionalisierung im Fernsehen

Mit der *Frankenchronik,* der späteren *Frankenschau,* bekamen die Nordbayern 1978 eine eigene Regionalsendung. Verbunden damit war ein Ausbau des Studios Nürnberg, in dem, neben dem Fernsehstudio in Würzburg, die Fernsehredaktion vergößert wurde. Für öffentliches Aufsehen sorgte ein Schritt, der eigentlich nur konsequent war. Fernsehdirektor Helmut Oeller hatte in den Jahren zuvor zielstrebig das Angebot des Bayerischen Fernsehens, das ja immer noch unter dem Titel Studienprogramm lief und viele Elemente des Schul- und Bildungsfernsehens

s Team des Nachrichtenmagazins *Rundschau:* Susanne
nke, Stefan Scheider und Karin Kekulé (v.li), 2006

Die *Frankenschau* auf der Consumenta: Manfred Boos (re), bis
2000 Leiter der Fernsehredaktion im Studio Franken

beinhaltete, ausgebaut. Nun bescherte Oeller dem Bayerischen Rundfunk und seinen Zuschauern als erster Fernsehdirektor der ARD ein Vollprogramm. Es startete am 1. Januar 1978 unter dem Sendernamen
Bayerisches Fernsehen. Dazu wurden mehr Filme und Unterhaltungssendungen ins Programm aufgenommen, die Sportberichterstattung
intensiviert, aber auch die Zahl weiterer Informationssendungen ausgebaut. So verzichtete man auf die sonst in der ARD praktizierte Übernahme der *Tagesschau* in den Dritten Programmen und etablierte 1979
unter dem Titel *Rundschau* eine eigene Nachrichtensendung, die bereits
um 18.45 Uhr ausgestrahlt wurde. In ihr zeigte man zwar auch Berichte
von überregionaler Bedeutung aus der *Tagesschau*, aber der Schwerpunkt war anders gesetzt: Die Welt, Deutschland und Bayern sollten
gleichberechtigt nebeneinander stehen. Es hatte – vor allem von bayerischen Politikern – immer wieder Klagen gegeben, dass die in Hamburg
beim NDR angesiedelte *Tagesschau* zu wenig Verständnis für süddeutsche Belange habe. Nun stellte man dem eine ganz eigene Nachrichtensendung gegenüber.

Die anderen ARD-Anstalten sahen die Entwicklung mit Besorgnis. Denn
schon bevor Fernsehdirektor Helmut Oeller sein Drittes Programm um-
baute, waren aus der Bayerischen Staatsregierung Drohungen gekommen, dass man den ARD-Staatsvertrag kündigen wolle und so den
Bayerischen Rundfunk aus diesem Verbund herauslösen würde.

Mit einer eigenen Nachrichtensendung, die man dann auch in einem
bayerischen Ersten Programm platzieren könnte, wäre dies sicher einfacher gewesen. Aber auch in den Kreisen der CSU-Politiker sah man die
Gefahr, dass in allen anderen Bundesländern ein Erstes Programm ausgestrahlt würde, das keine bayerischen Elemente mehr enthielt. Das

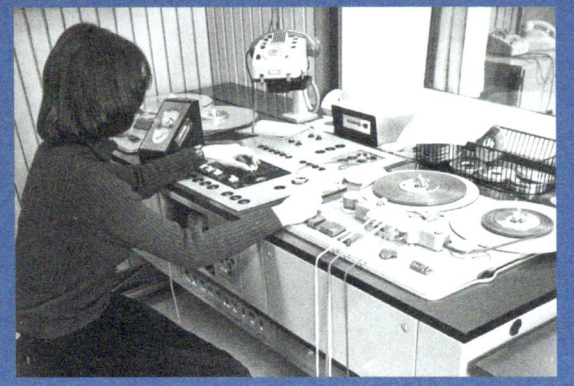

Tontechnikerin im Studio an der Bandmaschine, 1980er Jahre

Heinz Maegerlein, von 1958 bis 1976 Leiter der Sportredakt~~ Fernsehen, beim Neujahrsspringen in Garmisch-Partenkirch~~

konnte dem nach wie vor bundespolitisch ambitionierten Ministerpräsidenten Franz Josef Strauß nicht gefallen. Die Pläne wurden wieder eingepackt, der Bayerische Rundfunk blieb einer der wichtigsten Partner im ARD-Verbund und ist heute am Programm Das Erste mit immerhin rund 16 Prozent beteiligt. Die anderen Dritten Programme wandelten sich nach und nach ebenfalls in Vollprogramme um. Im Jahr 2008 erreichten diese – nach der Wiedervereinigung – neun Dritten Programme täglich gemeinsam genauso viele Zuschauerinnen und Zuschauer wie das Erste. Das lag auch daran, dass fast die gesamte regionale Berichterstattung, die für die Zuschauer immer wichtig blieb, inzwischen in die Dritten Programme verlagert worden ist.

»Alles ist möglich, alles ist erlaubt«

So lautete das Credo von Helmut Heißenbüttel, Schriftsteller und Leiter des Radio-Essays beim Süddeutschen Rundfunk, auf der Internationalen Hörspieltagung 1968 in Frankfurt. Dort skizzierte er die neue ästhetische Richtung der Gattung: »Das Hörspiel ist eine offene Form. Die Hörsensation, die allein die Hörer vom Fernsehapparat weglocken kann … wird realisiert von Autoren, Dramaturgen und Regisseuren. Sie sollen sich stets bewusst sein, dass sie machen können, was sie wollen, dass es für das, was sie ausprobieren wollen, keine Grenzen gibt.« Frei nach dem Motto von Heißenbüttel ging auch die Hörspielabteilung des Bayerischen Rundfunks in den 1970er Jahren neue Wege, nicht zuletzt auch, weil die Zahl der Radiohörer durch die Konkurrenz des Fernsehens in den Abendstunden, wo das Hörspiel meistens gesendet wurde, geschrumpft war. Zudem hatte die Stereotechnik solche Fortschritte möglich gemacht, dass man viele Effekte verwirklichen konnte, die man bis dahin nicht gekannt hatte, wie zum Beispiel den Einsatz der Kunstkopf-

rspiel *Per Anhalter ins All* mit Markus Boysen, Barbara Freier, ix von Manteuffel und Klaus Löwitsch (v.li), 1981

Münchner Geschichten: Towje Kleiner, Günther Maria Halmer, Frithjof Vierock (v.li) in der Folge *Der lange Weg nach Sacramento*

Technik. Und es gab eine Wiederentdeckung der Originaltöne. Walter Ruttmann, der bereits in den 1920er Jahren mit seinem Hörspiel und Film *Berlin – Symphonie einer Großstadt* Aufsehen erregt hatte, wurde hier zum Vorbild. Jetzt gingen junge Autoren auf die Straße, um Originaltöne einzufangen und zu mischen: Tonmaterial aus dem Alltag, Interviewaufnahmen oder Straßengeräusche. Besonders wichtig war für den Bayerischen Rundfunk, neben den gewohnten Literarischen, Kriminal- und Unterhaltungshörspielen, auch das Science-Fiction-Hörspiel. Mit Dieter Hasselblatt war 1974 ein ausgewiesener Kenner dieser Sparte Hörspielchef geworden. Zu den wichtigsten Autoren gehörten Stanislaw Lem, Herbert W. Franke oder Douglas Adams, der 1981 das Kulthörspiel *Per Anhalter ins All* produzierte.

Von der Vorabendserie zur Kultserie

Im Fernsehen war eine Entwicklung besonders erfolgreich: Die unterhaltende Serie, zunächst ins Werberahmenprogramm integriert und jeweils von 18.00 Uhr bis 20.00 Uhr im Ersten Programm gesendet, wurde zu einem wichtigen Bestandteil im Bayerischen Fernsehen. Die großen bayerischen Volksschauspielerinnen und Volksschauspieler waren in diesen Produktionen von Anfang an dabei. Kult bis heute – und daher regelmäßig wiederholt – sind die *Münchner Geschichten,* eine neunteilige Serie, die im Jahr 1974 zum ersten Mal ausgestrahlt wurde. Der Autor und Regisseur Helmut Dietl war gerade 30 Jahre alt, und es war seine erste größere Fernseharbeit. Die Redaktion Vorabendserien des Bayerischen Fernsehens hatte ihn mit einer Reihe beauftragt, die das Lebensgefühl eines jungen Münchners widerspiegeln sollte. Karl Häusler, der sich selber lieber »Tscharlie« nennt, lebt bei seiner Großmutter (die letzte Fernsehrolle der großartigen Schauspielerin Therese Giehse), die ihren Enkel

Günther Maria Halmer als Tscharlie und Therese Giehse als Oma Häusler in der Serie *Münchner Geschichten*, 1974

Monaco Franze (Helmut Fischer) mit seiner Gattin Annette (R Maria Kubitschek) und Haushälterin Irmgard (Erni Singerl)

zutiefst liebt, auch wenn er gerade immer das nicht macht, was sie sich von ihm erhofft. Dietl wollte mit der Serie dem Münchner Stadtviertel Lehel ein Denkmal setzen, in dem gerade die kleinbürgerlichen Anwohner von Firmen und Versicherungen vertrieben wurden, die dort so nahe an der Isar gerne ihre Büros bauten.

Der Erfolg des »Tscharlie«

Die Serie war von der ersten Folge an ein »Straßenfeger«. Nicht zuletzt dank der Besetzung der Rolle des »Tscharlie« mit dem Schauspieler Günther Maria Halmer. Dietl selber erzählte später, dass er Halmer, der gerade an den Münchner Kammerspielen seine Theaterlaufbahn begonnen hatte, für diese Rolle aussuchte, indem er ihm heimlich in der Stadt folgte, um zu sehen, wie er mit der Stadt und deren Tempo verbunden sei. Die verantwortlichen Redakteure beim Bayerischen Rundfunk wollten allerdings die Hauptrolle mit einem prominenten jungen Schauspieler besetzen. Unbekannter Regisseur und unbekannter Schauspieler, das erschien ihnen zu gewagt. Doch Dietl beharrte auf Günther Maria Halmer.

In den 1970er Jahren war es üblich, dass die Serien-Vorabendprogramme der ARD von den einzelnen Landesrundfunkanstalten getrennt ausgestrahlt wurden. Serien, die für das Werberahmenprogramm produziert waren, wurden in der Regel aber untereinander ausgetauscht, schon um Kosten zu sparen. Aber auch nach der überaus positiven Resonanz auf die *Münchner Geschichten* weigerte sich der NDR, das Programm zu übernehmen: Es war ihm zu stark im Dialekt geschrieben und die zuständige Redaktion konnte sich auch nicht vorstellen, dass der »Münchner Strizi«-Charakter im Norden besonders gut ankommen würde.

Helmut Dietl, Regisseur und Drehbuchautor zahlreicher Fernsehserien für den Bayerischen Rundfunk

Monika Schwarz als Gloria Schimpf und Towje Kleiner als Maximilian Glanz in der Serie *Der ganz normale Wahnsinn*

Ein bisserl was geht immer

Den Bayerischen Rundfunk veranlasste der Erfolg der Serie, dem bayerischen Dialekt noch mehr Raum zu geben. Dazu wurde die Programmform der heiteren Alltagsserie weiter ausgebaut. Dietl wurde mit der nächsten beauftragt, die 1979 unter dem Titel *Der ganz normale Wahnsinn* auf dem Programm stand, mit Towje Kleiner in der Hauptrolle, der darin die Sinnfrage stellte: »Warum geht es dem Einzelnen so schlecht, wenn es uns allen doch so gut geht?«

Dietls nächste Serie *Monaco Franze*, 1983 erstmals gesendet, war im Erfolg ebenso nachhaltig wie in der Schaffung geflügelter Worte, die er seinem Protagonisten in den Mund legte. Sie reichten von »Ein bisserl was geht immer« über »Immer des G'schiss mit der Elli!« bis zum nur hingehauchten »Schau, Spatzl« gegenüber seiner erheblich vornehmeren Ehefrau, dargestellt von Ruth Maria Kubitscheck. Den Monaco Franze spielte der Schauspieler Helmut Fischer, der mit dieser Rolle eine bis zu seinem Tod im Jahr 1997 anhaltende späte große Karriere begann. Dietl führte Regie bei noch einer großen und äußerst erfolgreichen Serie über die Münchner Gesellschaft, *Kir Royal*, die allerdings vom WDR produziert wurde. Es waren die Erlebnisse des Klatschreporters einer Münchner Boulevardzeitung mit Franz Xaver Kroetz, Senta Berger und Dieter Hildebrandt in den Hauptrollen.

Veronika Fitz ist *Die Hausmeisterin*

In der Tradition von Helmut Dietls *Münchner Geschichten* gab es in den darauf folgenden Jahren auch andere Serien zu sehen. Dazu gehörte die vielfach preisgekrönte und oft wiederholte Serie *Die Hausmeisterin* von

Die Hausmeisterin mit Helmut Fischer, Veronika Fitz und Janis Kyriakidis als Costa (re), 1988

Elmar Wepper als Helmut Heinl (li) und Walter Sedlmayr Franz Schöninger in der Reihe *Polizeiinspektion 1*, 1977 bis 19[...]

der Autorin Cornelia Zaglmann-Willinger. Helmut Fischer spielte den Josef Haslbeck, der sich zwischen seiner aktuellen Ehefrau »Ilse-Hasi« (dargestellt von Ilse Neubauer) und seiner Geschiedenen, der Hausmeisterin Martha (dargestellt von Veronika Fitz), aufteilen muss. 1987 erstmals ausgestrahlt, wurde die Serie 1990 mit dem Adolf-Grimme-Preis in Bronze ausgezeichnet. Legendär sind nicht nur die Sprüche des Josef Haslbeck: »Heimat, das war für mich immer da, wo die Martha ist«, sondern ganze Dialoge wie dieser aus der letzten Folge:

Martha: *Ich kann malen, mauern, tapezieren, Leitungen verlegen,*
fliesen, Gemüse pflanzen, ernten und kochen.
Und wennst Du mir jetzt noch eine Sense gibst und einen
Wetzstein, dann mäh ich Dir die Wiesn auch noch.
So Costa, und Du kannst doch bestimmt auch a bisserl was
Costa: *Ich kann Dich nur bewundern Pundikaki.*
Martha: *Hab ich mir's doch gedacht.*
Mitnand sind wir eine Weltmacht.

Eine Persönlichkeit sollte die Art der humorvollen und dennoch hintergründigen Serien des Bayerischen Rundfunks besonders prägen: Franz Xaver Bogner. Seine erste Serie *Zeit genug* handelt von einem Jungen, der aus dem Landkreis Ebersberg nach München kommt und dort bei einem Onkel wohnt, von dem ihn Welten trennen. Nach der *Familie Meier*, die zu einem alten Format von nur 15 Minuten pro Folge zurückgekehrt war, kam für Bogner der Durchbruch. Die erste Serie, die nicht in München spielte, sondern im östlich gelegenen Landkreis Ebersberg (wo Franz Xaver Bogner aufgewachsen ist), *Irgendwie und Sowieso* – 1986 ausgestrahlt –, spielt im Jahr 1968. Sie spiegelt eine Zeit wider, in der außer dem Abiturienten Effendi (Robert Giggenbach) sich niemand um die

e Polizeiserie *München 7* mit Luise Kinseher, Julia Koschitz, ̌rian Karlheim und Andreas Giebel (v.li), 2004

Der Kaiser von Schexing mit Gerd Anthoff, Dieter Fischer, Dorothee Hartinger und Regisseur Franz Xaver Bogner (v.li), 2008

»g'spinnerten« Studenten in München einen Gedanken macht. Für Ottfried Fischer war es nach seiner frühen Kabarettzeit der Beginn seiner Karriere im Fernsehen. Er spielte den »Sir Quickly«, der vier Leidenschaften hatte: Sein Mofa (daher sein Name), seinen Ochsen »Ringo«, mit diesem gemeinsam die Beatles und die »Christl« (Olivia Pascal). Noch dabei: Elmar Wepper und Toni Berger. Mit dieser Serie hatte Bogner das Fundament dafür gelegt, der »Serien-Hausautor« des Bayerischen Fernsehens zu werden. Es folgten *Zur Freiheit* mit Ruth Drexel, die Justizserie *Café Meineid* mit Erich Hallhuber, beides Dauerbrenner im Programm. Nach einigen Spielfilmen kehrte Bogner zur Serie zurück und lieferte mit den Sendereihen *München 7* und *Der Kaiser von Schexing* Geschichten rund um einen Kleinstadtbürgermeister, wieder die so gefragte pointierte bayerische Unterhaltung.

Aber auch schon vor Dietl und Bogner wurden in Bayern hervorragende Serien gemacht, die vor allem der Sprache und den Menschen gerecht werden sollten. Gustl Bayrhammer und Walter Sedlmayr zählten zu den wichtigsten Protagonisten in diesem Bereich. Vor allem die Serie *Polizeiinspektion 1* mit Sedlmayr war mit ihren 130 Folgen beim Publikum äußerst beliebt.

Der erste *Tatort*-Kommissar

Auf Gustl Bayrhammer setzte der Münchner Sender auch, als 1971 der erste *Tatort* für die ARD produziert wurde. Die Idee zum *Tatort* hatte der Redakteur Gunther Witte vom Westdeutschen Rundfunk. Einmal im Monat sollte ein *Tatort* immer aus einer anderen deutschen Stadt unter dem gleichen Etikett (gleicher Vorspann und gleiche Titelmelodie von Klaus Doldinger) ausgestrahlt werden. Der Bayerische Rundfunk sen-

Gustl Bayrhammer als Kriminaloberinspektor Veigl mit seinem Dackel Oswald im *Tatort Münchner Kindl*, 1972

Die beiden Kriminalhauptkommissare Ivo Batic (Miros▌ Nemec, li) und Franz Leitmayr (Udo Wachtveitl), 1991

dete seinen ersten *Tatort* am 9. Januar 1972 unter dem programmatischen Titel *Münchner Kindl*. Bayrhammer spielte den gemütlichen, leicht grantelnden Kommissar Veigl, der jeden Morgen in seinem Büro mit einer Aktentasche auftauchte, in der weder Akten noch eine Brotzeit waren, sondern sein Dackel, der ihn bei der kriminalistischen Arbeit begleitete. Insgesamt 15 Fälle löste der Kommissar bis zum Jahr 1981, als er nach dem Fall *Usambaraveilchen* seine Karriere im Münchner Polizeipräsidium beendete. Allerdings kehrte er noch einmal als Kommissar Veigl in den Dienst zurück, als er 1992 in Leipzig dem dortigen Kommissar Ehrlicher in zwei Folgen kriminalistische Hilfestellung leistete. Auf je nur einen Fall brachten es als Kommissare: Günther Maria Halmer, der reifer gewordene »Tscharlie« aus den *Münchner Geschichten* als Kommissar Riedmüller und der großartige Schauspieler Hans Brenner als Karl Scherrer.

Für insgesamt sieben Folgen übernahm die Ermittleraufgabe der ehemalige Assistent von Kommissar Veigl, Ludwig Lenz, dargestellt von Helmut Fischer, der im November 1981 zum ersten Mal als Chef ermittelte. Im März 1983 kam es zu einer bemerkenswerten Koinzidenz: Helmut Fischer spielte in der zehnteiligen Serie den Monaco Franze, der sich als 50-jähriger Kriminalkommissar Franz Münchinger vorzeitig pensionieren ließ, um sein Leben als Münchner Stenz genießen zu können.

Als Kommissar Lenz ermittelte Fischer im *Tatort* trotzdem weiter bis zum Jahr 1987. Als er nach der Folge *Gegenspieler* im September 1987 als Ermittler ausschied, wurde sein Nachfolger aus Berlin geholt. Der Schauspieler Horst Bollmann mit dem bezeichnenden Film-Namen Brandenburg blieb aber nur für zwei Folgen im Jahr 1988 und 1989, bis die Kommissare Batic und Leitmayr (Miroslav Nemec und Udo Wachtveitl)

e Kriminalhauptkommissare Jürgen Tauber (Edgar Selge)
d Jo Obermaier (Michaela May) im *Polizeiruf 110*, 2009

Stefanie Stappenbeck und Jörg Hube, das neue Ermittler-Duo
Uli Steiger und Friedl Papen im *Polizeiruf 110*, 2009

ihren Dienst antraten. Die beiden Nachfolger sollten sehr viel häufiger auf dem Bildschirm erscheinen als alle ihre Vorgänger zusammen: Vom 1. Januar 1991 bis zum Ende des Jahres 2008 hatten sie genau 51 Fälle gelöst und führten damit die Liste der am häufigsten eingesetzten Ermittler in der Geschichte aller *Tatorte* an. Dabei kam ihnen aber auch zu Gute, dass seit Anfang der 1990er Jahre die Zahl der produzierten *Tatorte* stark angewachsen war. Waren es am Anfang für alle ARD-Sender zusammen zwischen neun und 14 pro Jahr, wurden im Jahr 2007 schon 35 Neuproduktionen jeweils am Sonntagabend gesendet.

Ein bayerischer *Polizeiruf 110*

Auch an den übrigen Sonntagabenden setzte die ARD inzwischen auf einen spannenden Krimi mit wechselnden Einsatzorten: der vom DDR-Fernsehen übernommene *Polizeiruf 110* wurde von einigen der alten ARD-Sender als Format fortgeführt. Auch hier nahm der Bayerische Rundfunk mit dem Ermittler-Duo Michaela May und Edgar Selge einen Spitzenplatz ein. Sie spielten von 2001 bis 2009 in 16 Produktionen das Ermittlerpaar Obermaier und Tauber. Ihre Nachfolger als Ermittler sind vom Jahr 2009 an die Schauspieler Jörg Hube und Stefanie Stappenbeck. Während früher im *Tatort* und im *Polizeiruf 110* meist einfache »Who's-done-it«-Geschichten erzählt wurden, thematisieren die neueren Folgen gesellschaftliche Probleme wie Sterbehilfe, Kindesmisshandlung, Internetpornographie oder Altersarmut.

Auch wenn der einzelne *Tatort* heute nur noch ganz selten über die früher übliche Marke von zehn Millionen Zuschauerinnen und Zuschauern kommt, bleibt dieses Format das erfolgreichste in der ARD. Keinem anderen Programm ist es gelungen, am Sonntagabend hier ein zugkräftiges

Die Bernauerin von Carl Orff, mit Margot Trooger als Agnes Bernauer und Maximilian Schell als Herzog Albrecht, 1958

Das Alpendrama *Tauerngold* mit Sebastian Koch als Jakob K▌bacher und Gregor Hofmann als dessen Sohn Andris, 2003▌

Gegengewicht zu setzen. Dazu kommt, dass die *Tatorte* die höchste Wiederholungsrate haben. Sie sind aus dem Fernsehen nicht mehr wegzudenken.

Fernsehspiel und Fernsehfilm

Im übrigen Fernsehspielbereich war der Bayerische Rundfunk ebenfalls bestimmend. Zu verdanken war dies dem ersten Leiter Franz Josef Wild, der von 1956 bis 1987 als Chef dieser Abteilung mit über 200 Produktionen – viele von ihm selbst inszeniert oder von seinem »Hausregisseur« Franz Peter Wirth umgesetzt – Maßstäbe setzte. Zunehmend entwickelte sich das Fernsehspiel zu einer eigenen Gattung, das vor allem auch von den nachfolgenden Programmverantwortlichen Dietrich von Watzdorf, Gabriela Sperl und Bettina Reitz so umgesetzt wurde, dass die Balance zwischen Anspruch und Popularität als Markenzeichen des Senders gewahrt blieb.

Zunächst war das Fernsehspiel im Bayerischen Rundfunk stark literarisch geprägt. Buch- und vor allem auch Theatervorlagen setzte Wild für das Fernsehen um. Werke von Ludwig Thoma, Oskar Maria Graf, Ödön von Horvath und Theatervorlagen von Jean Anouilh, Jean Giraudoux, George B. Shaw, Bertolt Brecht oder auch Klassiker wie Goethe und Schiller wurden den Zuschauern mit Erfolg nahe gebracht. In den 1980er löste der Fernsehfilm zunehmend das Fernsehspiel ab. Nicht mehr literarische Vorlagen, sondern explizit für das Medium Fernsehen geschriebene Geschichten wurden verfilmt. Der Fernsehfilm näherte sich dem Kinofilm an und zahlreiche Koproduktionen entstanden. Spezifisch für das Fernsehen blieben Mehrteiler, die sowohl im Vorabendprogramm als auch nach 20.00 Uhr zu sehen sind (siehe auch Seite 264 ff.).

ene aus dem Fernsehfilm *Jennerwein* mit Felix Kraidl, Fritz
rl als Georg Jennerwein und Lara Fraisl (v.li), 2004

Die Hauptdarsteller aus *Sachrang*: Gerhart Lippert als Müllner Peter und Silvia Janisch als Marei, 1978

»Eine Chronik aus den Bergen«

Ein frühes Beispiel für die Verbindung von Anspruch und Unterhaltung
war 1978 das dreiteilige Fernsehspiel *Sachrang. Eine Chronik aus den Ber-
gen* lautete der Untertitel der von Oliver Storz nach Motiven des Romans
Der Müllner Peter von Sachrang von Carl Oskar Renner geschriebenen Produktion. Regie führte Wolf Dietrich. Der junge Gerhart Lippert spielte
darin als Müllner Peter seine erste große Hauptrolle. Der Film erzählt die
Geschichte des bayerisch-tirolerischen Grenzdorfes Sachrang und seiner
Bewohner vom Ende des 18. Jahrhunderts bis zum Anfang des 19. Jahrhunderts, als sowohl in Bayern als auch in Tirol die Freiheitsbestrebungen
für neue politische Verhältnisse sorgten.

Sachrang war damals mit 3,5 Millionen DM die aufwändigste Eigenproduktion des Bayerischen Rundfunks – mit über 100 Drehtagen an Origi-
nal-Schauplätzen – und die bis dahin populärste: Bei der Erstausstrahlung
der drei jeweils 90 Minuten langen Teile saßen bis zu 16,3 Millionen
Zuschauer vor den Bildschirmen. Auch wenn später noch viele populäre
Mehrteiler vom Bayerischen Fernsehen produziert wurden, diese Zu-
schauerzahlen konnte man im aufkommenden Wettbewerb mit immer
zahlreicher werdenden Programmen nie mehr erreichen.

Plakat zur Bogner-Serie *Irgendwie und Sowieso*, die 1986 erstmals zu sehen war

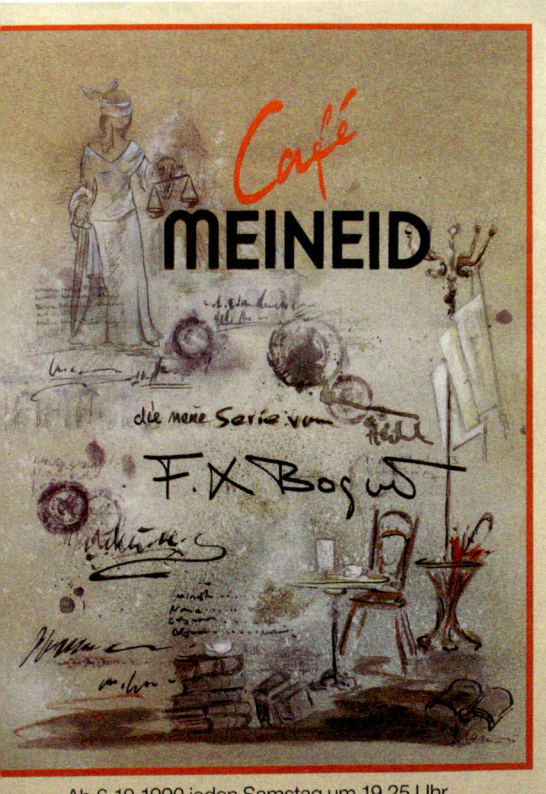

Ab 6.10.1990 jeden Samstag um 19.25 Uhr im Bayernstudio im Ersten

Plakat zur Serie *Café Meineid*

Erich Hallhuber spielte in der Justizserie *Café Meineid* den Richter Wunder

Meister Eder und sein Pumuckl: In der Fernsehfassung spielte Gustl Bayrhammer den Meister Eder, 1980er Jahre

Ruth Drexel und Toni Berger, 1987

Musik nicht nur fürs Radio
Die Klangkörper auf Tournee

Das Symphonieorchester des Bayerischen Rundfunks sollte kein in den Sendesälen und in den Aufnahmestudios der Öffentlichkeit abgewandtes Leben führen, sondern auch außerhalb des Rundfunks Konzerte geben. Das regelmäßige Auftreten vor Publikum in München war Eugen Jochum ebenso wichtig, wie auf Tourneen zu gehen, die zuerst ins europäische Ausland führten. Hier sollte sich das junge Orchester bewähren, und tatsächlich erhielt es von Anfang an große Beachtung, die sich dann weltweit fortsetzte – spätestens als Rafael Kubelík mit dem Orchester die erste Japan-Tournee unternahm und auch in den USA für Aufsehen sorgte. Eine weitere Steigerung der Reisetätigkeit erfuhr das Orchester unter Lorin Maazel, der neben internationalen Zielen in Übersee auch eine quer durch Europa führende Tournee mit Hilary Hahn und Beethovens Violinkonzert initiierte. Unter der Leitung von Mariss Jansons zählt das Symphonie-

Kein Orchester und kein Dirigent von Ruf kann auf den Kontakt mit dem sichtbaren Publikum verzichten. Deshalb wird Eugen Jochum auf auswärtige Gastspielreisen gehen, darum auch werden von den etwa 150 jährlich vorgesehenen symphonischen Konzerten des Rundfunks zehn öffentlich sein.

Aus der Pressekonferenz zur Gründung des Symphonieorchesters des Bayerischen Rundfunks im August 1949

orchester inzwischen auch aufgrund seiner erfolgreichen, international hochgelobten Konzertreisen zu den Top Ten der Orchester.

In seiner Anfangszeit machte sich das 1952 gegründete Münchner Rundfunkorchester besonders durch seine Sonntagskonzerte einen Namen. Schon bald präsentierte man diese Programme auch bei Gastspielen in bayerischen Städten; das Orchester begleitete dabei bekannte Sänger wie Ingrid Bjoner oder Hans Günther Nöcker. Edle Sängernamen wie Edita Gruberova oder Neil Shicoff schmückten später dann z.B. bei Gastspielen im Rahmen des Kissinger Sommers die Plakate. 1990 begleitete das Münchner Rundfunkorchester Luciano Pavarotti bei einer Tournee, und ein Jahr später ging es zusammen mit Konstantin Wecker auf Reisen. Auch diverse Auslandsreisen sind in den Annalen des Münchner Rundfunkorchesters verzeichnet; so flogen die Musiker 1997 nach Südamerika, und 1999 reiste das Salonorchester des Münchner Rundfunkorchesters nach Japan. Der

Der Backstage-Ausweis von Chefdirigent Mariss Jansons bei der Asien-Tournee 2007

Freude, schöner Götterfunken: Chor und Symphonie-orchester des Bayerischen Rundfunks unter der Leitung von Mariss Jansons mit Beethovens 9. Symphonie zu Ehren von Papst Benedik XVI. in der Audienzhalle Paolo VI. im Vatikan, 2007

Schwerpunkt der Gastspieltätigkeit liegt aber auf dem deutschsprachigen Raum und dem Sendegebiet des Bayerischen Rundfunks. Häufige Einladungen erhielt und erhält der Klangkörper etwa von den Europäischen Wochen Passau, dem Richard-Strauss-Festival in Garmisch, der Internationalen Orgelwoche Nürnberg und vom Schleswig-Holstein Musik Festival. Mit dem Dirigenten und Vokalkünstler Bobby McFerrin absolviert das Rundfunkorchester regelmäßig Gastspielreisen – zuletzt 2009.

Von den drei Klangkörpern des Bayerischen Rundfunks kann der Chor auf die längste Geschichte zurückblicken. Seit der Spielzeit 2003/2004 zeichnet Mariss Jansons als Chefdirigent des Chores verantwortlich. Die Mitwirkung bei einigen der bedeutendsten Festivals bringt die weltweite Anerkennung dieses Klang-körpers zum Ausdruck: Mit Konzerten beim Singapore Arts Festival gaben die Sänger unter der künstlerischen Leitung von Peter Dijkstra ihr Asien-Debüt, mit Beethovens 9. Symphonie eröffneten sie im August 2007 das Lucerne Festival unter Leitung von Claudio Abbado und reisten dann weiter zu den Festspielen in Baden-Baden und Salzburg sowie zu den BBC Proms in London mit Mariss Jansons am Pult. Den krönenden Abschluss dieser Spielzeit bildete das Konzert im Vatikan zu Ehren von Papst Benedikt XVI. im Oktober 2007. Neben zahlreichen Konzerten in München wird der Chor des Bayerischen Rundfunks auch 2009 wieder Gastauftritte im In- und Ausland haben.

Bayern 3
Klingt dreimal gut!

Unter dem Motto »Gut aufgelegt und besser informiert« startete am 1. April 1971 die erste bundesweite Servicewelle Bayern 3. Täglich von 5.30 bis 17.30 Uhr standen auf dem Programm: stündlich Nachrichten, Verkehrsfunk, Wetterberichte für Bayern, Deutschland und Europa und aktuelle Informationen, wie Segelflugwetter, Lawinenlage, Badewetter, Wasserstandsmeldungen oder die Auflasszeiten für Brieftauben. Der Hauptteil der Servicewelle bestand aus Musiksendungen, wie *Disco 3* mit Julia Edenhofer, *Treffpunkt Junge Welle*, eine Wunschsendung mit Ado Schlier, oder *Musik-Report*, serviert von Werner Götze. Wer sich für Popmusik interessierte, der saß in den 1980er und 1990er Jahren freitagabends vor dem Radio und verfolgte *Die Schlager der Woche*, immer mit der Hand an der Aufnahmetaste seines Kas-

Fritz Egner, bekannt durch *Fritz & Hits* im Hörfunk und ab 1985 auch durch das Kinder-Quiz *Dingsda*

settenrekorders. Während Thomas Brennicke die meistverkauften Pophits im Freistaat spielte, achtete er penibel darauf, dass er nicht in die einzelnen Titel »reinquatschte«: Er wusste, dass seine Fans die Songs in voller Länge mitschneiden wollten. Sein Nachfolger als »Chartman« wurde 1993 Chris Baumann. Ein ehemaliger AFN-Techniker kam 1979

B 3 Radio-Show mit Hannelore Fischer, Günther Jauch und Thomas Gottschalk

Schauspieler Til Schweiger zu Gast bei Thorsten Otto (re) in der Sendung *Stars & Hits*, Januar 2009

Ulli Wenger, Chef vom Dienst bei Bayern 3 und »Mr. One Hit Wonder«, 2008

zu Bayern 3 und sorgte mit seiner Sendung *Fritz & Hits* für Furore: Fritz Egner. Alle Stars der Musikszene schauten bei ihm vorbei und stellten ihre neuen Hits vor.

Bereits 1993 entdeckte Bayern 3 den Würzburger Kabarettisten Frank-Markus Barwasser, der seit damals immer frei-

Auf Autobahnen wiesen ab 1971 neue Schilder auf die Servicewelle Bayern 3 hin

tags als Erwin Pelzig (mit seinen Freunden Hartmann und Dr. Göbel) das aktuelle Weltgeschehen im Radio kommentiert. Seit 1998 empfängt er auch im Bayerischen Fernsehen Gäste aus ganz Deutschland in seiner preisgekrönten Talkshow *Pelzig unterhält sich*. Seit knapp 40 Jahren ist Bayern 3 ein vertrauter Wegbegleiter im Freistaat. Täglich schätzen rund zwei Millionen Hörerinnen und Hörer den einzigartigen Mix aus seriöser Information, nützlichem Service und abwechslungsreicher Musik. Zu den herausragenden Persönlichkeiten am Mikrofon zählen Susanne Rohrer, Matthias Matuschik und seit neuestem *Die Frühaufdreher* Claudia Conrath, Marcus Fahn und Bernhard Fleischmann. Der gebürtige Weidener Thorsten Otto hat sich in den zurückliegenden zehn Jahren einen Namen als einfühlsamer Interviewer gemacht. Neben seinem Promi-Talk *Stars & Hits* am Sonntagvormittag führt Otto seit Oktober 2008 täglich Gespräche mit »ganz normalen« Menschen, die aber etwas Außergewöhnliches erlebt haben.

Die Grandauers in der *Löwengrube*

»Das Beste, was je in einer zeitgeschichtlichen Serie im Deutschen Fernsehen gezeigt wurde«, schrieb ein Kritiker der *Süddeutschen Zeitung*. Die *Löwengrube* ist eine Familien- und Kriminalserie, die in 32 einstündigen Folgen das Schicksal einer Münchner Familie über Generationen hinweg in der ersten Hälfte des 20. Jahrhunderts bis in die 1950er Jahre verfolgt.

Den Machern, Autor Willy Purucker und Regisseur Rainer Wolffhardt, ist es dabei gelungen, die großen Ereignisse der Weltpolitik durch die Brille der »ganz normalen, kleinen Leute« zu zeigen. Kriminalistische Fälle, die der Kommissar Grandauer zu lösen hat, vermischen sich mit zeitgeschichtlichen Daten, wie dem Hitlerputsch, der Machtergreifung, dem Röhm-Putsch, dem Pogrom an Juden vom 9. November 1938, der Kapitulation bis hin zum Wiederaufbau nach 1945. Gerade auch die Umstände, wie mit der neuen Freiheit umgegangen wurde, erzählt die Serie.

Zugleich ist es auch eine Geschichte des eigenen Mediums. Von den ersten Sendungen, die der junge Kurt Soleder schon Anfang der 1930er Jahre betreute, bis ihn die Nazis rauswarfen und in das KZ Dachau steckten, über die Übertragungen von den Olympischen Spielen 1936 in Garmisch bis hin zum hoffnungsvollen, aber auch schwierigen Aufbau des

Bäckermeister Max Kreitmeier (Werner Rom) steht den neuen Machthabern skeptisch gegenüber

Senders nach dem Krieg reicht die Palette der Rundfunkthemen in der Serie.

Die Geschichte der Familie Grandauer war sowohl im Hörfunk als auch im Fernsehen ein großer Erfolg. Viele Zuhörer und Zuschauer konnten sich zumindest teilweise aus eigener Erfahrung oder aus Erzählungen der Eltern an das Leben erinnern, von dem Willy Purucker erzählte. Das lag auch daran, dass der Autor genau wusste, wovon er schrieb, als er die Drehbücher verfasste: Schließlich war er genau in dem Haidhausen aufgewachsen, in dem auch seine Grandauers lebten. Und er selbst war entscheidend am Wiederaufbau des Rundfunks in Bayern nach 1945 beteiligt. Außerdem gelang es ihm darzustellen, wie die Menschen die »große« Politik gesehen und wie sie deren Auswirkungen gespürt haben. Die Geschichten werden durch das Spiel von Schauspielerinnen und Schauspielern, wie Jörg Hube, Christine Neubauer, Franziska Stömmer, Gerd Anthoff, Gerd Fitz, Werner Rom, Michael Lerchenberg und vielen anderen so glaubhaft zum Leben erweckt, dass viele Zuschauerinnen und Zuschauer keine Folge verpassen wollten.

Ursprünglich eine Hörfunkserie unter dem Titel *Die Grandauers und ihre Zeit*, gesendet von 1980 bis 1985, lief die erste Staffel der Reihe mit den Folgen eins bis 13 unter dem Titel *Löwengrube* von 1989 bis 1990 im bayerischen Regionalprogramm im Ersten.

Nachdem Willy Purucker die Bücher für das Fernsehen umgearbeitet hatte, übernahm Rainer Wolffhardt die Regie für die Serie. Wolffhardt hatte sich bereits davor in einer Reihe von Fernsehspielen intensiv mit der Zeitgeschichte und der Geschichte des Dritten Reichs auseinandergesetzt. Die *Löwengrube* wurde nicht nur mit dem Adolf-Grimme-Preis in Gold ausgezeichnet, sondern auch ein echter Publikumsrenner, der vor allem im Bayerischen Fernsehen regelmäßig wiederholt wird.

> Trotz des ungewöhnlichen Erfolges blieb es bei der letzten Folge, die im Jahr 1954 spielte. Autor und Regisseur hätten gerne weitergemacht. Vor allem fehlende Geldmittel verhinderten das. Willy Purucker bedauerte dies sehr:
>
> *Für mich endet die Geschichte eigentlich in den siebziger Jahren. Da hat sich noch einmal vieles verändert – im Guten wie im Schlechten.*

Maxi Grandauer (Thomas Darchinger), Karl Grandauer (Jörg Hube), Traudl Grandauer (Christine Neubauer), Kurti (Ulrich Derse), Hildegard Grandauer (Patrizia Schwöbel), Adolf Grandauer (Alexander Duda), und Hermann (Florian Boos) (v.li), in den 1950er Jahren

Eine eigene Welle für die Klassische Musik

Einen neuen Weg in der Präsentation von klassischer Musik im Hörfunk beschritt der Bayerische Rundfunk 1980. Nach langen Überlegungen öffnete sich das Haus für ein Begehren, das auch vom Rundfunkrat unterstützt wurde: die Einrichtung einer eigenen Welle für klassische Musik, wie sie bis heute im Rahmen der ARD und auch darüber hinaus einzigartig ist.

Anfänglich war das Programm von 8.00 bis 19.00 Uhr zu hören und setzte sich aus den bisherigen Klassiksendungen von Bayern 2 und einem eigenen Zusatzprogramm von vier bis fünf Stunden zusammen. Hörfunkdirektor Gunthar Lehner formulierte die Situation 1980 so, »dass Bayern 4 noch nicht als viertes Vollprogramm des Bayerischen Rundfunks vorgestellt werden kann. Bitte betrachten Sie es als Zusatzprogramm, als ein Programm im Aufbau«. Die Richtung war jedoch bereits vorgezeichnet, Bayern 4 Klassik sollte ein Vollprogramm werden, »das jederzeit und überall in Bayern empfangen werden kann: ein Musik- und Kulturprogramm für das Publikum mit besonderen Ansprüchen an das Medium Radio«. Ein Problem stellten zunächst die fehlenden Frequenzen dar. Bayern 4 Klassik strahlte anfangs über zehn UKW-Senderstationen aus, die vorwiegend in Mittel- und Nordbayern lagen. Damit konnten in den ersten Jahren nur etwa 65 Prozent der Bayern das vierte Programm hören. Der stetige Ausbau des UKW-Sendernetzes ermöglichte dann bis 1985 einen fast lückenlosen Empfang. Mit der Programmreform im gleichen Jahr wurden die Sendungen klassischer Musik aus dem Programm Bayern 2 in das Programm Bayern 4 Klassik verlagert. Zwei Ziele hatte man im

> *Meine Damen und Herren, liebe Hörer, in wenigen Minuten, um 8.10 Uhr, werden Sie auf dieser Welle des Bayerischen Rundfunks die Erste Symphonie von Johannes Brahms hören – in einer Aufnahme mit unserem Symphonieorchester unter der Leitung von Karl Böhm …*
>
> Mit diesen Worten eröffnete Hörfunkdirektor Gunthar Lehner am 4. Oktober 1980 das neue Programm Bayern 4 Klassik

15. Juli 1995: Carl Orffs *Carmina Burana* auf dem Königsplatz.
Mit dem Chor des Bayerischen Rundfunks und dem Münchner Rundfunkorchester unter Roberto Abbado, Konzeption und Regie Walter Haupt, Choreinstudierung Michael Gläser, Bühnenbild Mihael Tchernaev

Auge: Mit der neuen Welle schuf man ein erweitertes Forum für Chor und Symphonieorchester des Bayerischen Rundfunks sowie für das Münchner Rundfunkorchester, und außerdem war im Rahmen einer reinen Klassikwelle eine verstärkte Zusammenarbeit mit Opernhäusern und Festivals möglich: Nach wie vor ist die *Festspielzeit* auf Bayern 4 Klassik mit ihren alljährlich etwa 100 Live-Übertragungen und Mitschnitten von internationalen, nationalen und bayerischen Festivals z.B. aus Bad Kissingen, Salzburg und London ein absolutes Programm-Highlight. Großer Wert wird bei Bayern 4 Klassik auf eine kompetente und natürliche Vermittlung gelegt, und hier hat sich die Form der Moderation und Präsentation im Laufe der Jahre von einem eher musikologisch akzentuierten Stil hin zu einer Präsentation »auf Augenhöhe mit dem Rezipienten« bewegt. Für die Welle ist es wichtig, »Klassik-Einsteiger« ebenso einzubeziehen wie den erfahrenen Spezialisten.

Bild oben: Der Chor des Bayerischen Rundfunks, 2008

Bild rechts: Peter Dijkstra, seit der Saison 2005/2006 Künstlerischer Leiter des Chores

Dabei spielt auch das Internet eine wichtige Rolle: Bayern 4 Klassik ist dank Livestream im Netz weltweit zu empfangen. Ein reichhaltiges Angebot an Podcasts lädt zum »Nach-Hören« ein.

Seit 2003 widmet sich Bayern 4 Klassik verstärkt der Kinder- und Jugendarbeit. Sendungen wie *Do Re Mikro*, der Bayern-4-Klassik-Radiotag für Kinder oder der Jugendradiotag bieten spezielle Angebote für das jüngere Publikum. In der Sendung *U21 – Wir auf Vier,* die 2008 aus dem Vorgängerformat *19.4 – das junge Magazin* hervorging, werden junge Talente und ganz unterschiedliche Musikstile präsentiert. Und bei *KlassiXmiX,* der großen Sommerparty, darf gefeiert werden.

Rafael Kubelík
Ein Vogel singt nicht im Käfig

Die vielen Jahre unseres gemeinsamen Musizierens – insgesamt doch fast 25 – waren ein einzigartiger Beweis dafür, wie Musik Menschen verbrüdern kann. Nur im Geiste des gegenseitigen Respekts, der Freundschaft und der Liebe können wir Menschen frei leben – ohne die Lebensaufgabe, die jeder von uns trägt, zu vernachlässigen. Unser großes Glück ist, dass wir Musiker sind – Musik hat die Kraft, das Beste im Menschen zu erwecken und deshalb können wir die Erfüllung unserer Mission immer noch steigern. Musiziert ehrlich weiter, zu unserer aller Freude!

Rafael Kubelík, ehemaliger Chefdirigent des Symphonieorchesters des Bayerischen Rundfunks, zum 40-jährigen Bestehen des Orchesters 1989

Rafael Kubelík wurde 1914 in der Nähe von Prag geboren. Sein Vater Jan war ein berühmter Geiger, seine Mutter eine ungarische Adelige. Sie förderte sein Interesse für Kunst, Literatur und Geisteswissenschaften. 1929 – im Alter von nur 15 Jahren – studierte Kubelík bereits am Prager Konservatorium Komposition und Dirigieren und ließ sich neben dem Violinunterricht auch zum Pianisten ausbilden. Seine künstlerische Laufbahn begann Rafael Kubelík zunächst als Pianist, doch bereits 1936 wurde er an die Tschechische Philharmonie als Dirigent berufen. Da Kubelík nie eine Kollaboration mit den deutschen Besatzern eingegangen war, konnte er auch nach dem Zwei-

ten Weltkrieg seine Position behalten. 1946 begründete Kubelík das Festival *Prager Frühling* und eröffnete es mit Smetanas *Mein Vaterland*. Seither beginnt das Festival alljährlich am 12. Mai, dem Todestag des Komponisten Smetana, der in Tschechien wie ein Nationalheiliger verehrt wird, mit dem Zyklus *Mein Vaterland*, zu dem auch die berühmte symphonische Dichtung *Die Moldau* gehört. Den Abschluss bildet im Allgemeinen die 9. Symphonie von Ludwig van Beethoven.

Als dann zwei Jahre später, 1948, die Kommunisten in der Tschechoslowakei, unterstützt von der sowjetischen Armee, die Macht ergriffen, entschloss sich Kubelík, in England zu bleiben, wo er gerade ein Gastspiel gab.

Rafael Kubelík bei der Probe für die Aufführung der *Caecilienmesse* von Joseph Haydn in der Klosterkirche Ottobeuren, 1982

»Es war Liebe auf den ersten Blick«, bekannten die Musiker vom Symphonieorchester des Bayerischen Rundfunks, als Kubelík das Orchester 1961 übernahm, das er bis 1979 leitete. Denn der penible Proben-Fanatiker war zugleich ein großherziger Orchester-Chef, der jeden Einzelnen durch sein böhmisches Temperament zu außergewöhnlicher Leistung bringen konnte. Doch der begeisterungsfähige Mann war alles andere als bequem: 1972 protestierte er gegen ein neues Rundfunkgesetz für Bayern – er fürchtete, der Münchner Sender werde zur »Servicewelle der CSU«.

Den Dirigentenstab, den niederzulegen ihn eine schwere Arthrose 1986 gezwungen hatte, nahm er 1990 noch ein einziges Mal in die Hand und dirigierte zur Eröffnung des *Prager Frühlings* im endlich wieder freien Prag noch einmal Smetanas *Mein Vaterland*.

Reise nach Tokio im April 1965: Intendant Christian Wallenreiter (li) verabschiedet Rafael Kubelík und das Symphonieorchester am Münchner Flughafen

Ein Vogel singt im Käfig nicht, ich habe meine Heimat verlassen, um nicht mein Volk verlassen zu müssen, sagt er später über seine Emigration.

Am 11. August 1996 starb Rafael Kubelík in seinem Haus bei Luzern, 82 Jahre alt.

Auf Tourneen und als Chefdirigent in Chicago (1950 bis 1953) und London (1955 bis 1958) kämpfte er für die Meister seiner Heimat – Antonín Dvořák, Bedřich Smetana, Leoš Janáček, Bohuslav Martinů – und immer wieder für den damals kaum bekannten, selten gespielten Gustav Mahler und die Komponisten der Moderne zwischen Arnold Schönberg, Béla Bartók und Karl Amadeus Hartmann.

Plattencover von der Japantournee 1965

Der Vermittler
Intendant Reinhold Vöth

Reinhold Vöth wurde am 23. März 1930 in Würzburg geboren. Er studierte ab 1949 Rechts- und Staatswissenschaften in Würzburg. Im Alter von 28 Jahren wurde er 1958 erstmals für die CSU in den Bayerischen Landtag gewählt, dem er bis 1972 angehörte. Von 1964 bis 1970 übte Vöth dort das Amt des Vorsitzenden des Kulturpolitischen Ausschusses aus, zwischen 1966 und 1970 war er stellvertretender Vorsitzender der CSU-Landtagsfraktion. 1970 wurde er Staatssekretär im Staatsministerium für Arbeit und Sozialordnung. Von 1960 an war Vöth für die CSU Mitglied im Rundfunkrat des Bayerischen Rundfunks, dessen Vorsitz er ab 1965 bekleidete. 1971 wählte ihn der Rundfunkrat zum Intendanten des Bayerischen Rundfunks. Er blieb von 1972 an bis 1990 an der Spitze des Senders und prägte diesen vor allem in der Stärkung der bayerischen Elemente. Gegenüber seiner eigenen Partei, der CSU, verteidigte er häufig die Bandbreite des Programms im politischen und kulturellen Bereich. Auch seine Kollegen in der ARD vertrauten auf seine Vermittlungsfähigkeiten. Von 1980 bis 1983 war Vöth – entgegen der üblichen Regel – für vier Jahre ARD-Vorsitzender, gerade in der schwierigen Zeit, bevor das duale System eingeführt wurde. Nach seiner Amtszeit als Intendant engagierte er sich beim Bayerischen Roten Kreuz. Reinhold Vöth starb am 30. März 1997 in München.

Sitzung des Rundfunkrates im Funkhaus mit dem Intendanten Christian Wallenreiter (vorne li) und Reinhold Vöth, dem Vorsitzenden des Rundfunkrates und späteren Intendanten (vorne Mitte), 1970

They have landed on the Moon

Leichte Vorwärtsgeschwindigkeit, leichte Sinkgeschwindigkeit. Sie manövrieren sich also wie ein Hubschrauber auf ihr Ziel zu … Four forward … ein Meter zwanzig Vorwärtsgeschwindigkeit … Wenn diese Angabe »thirteen seconds« die Landezeit bedeutet, dann sind wir kurz vor der Landung … Off, off, off, es wird alles abgeschaltet … They have landed on the Moon! … Begeisterungsrufe aus dem Kontrollzentrum in Houston und nach meiner Uhr um 21 Uhr und 18 Minuten hat Apollo 11 die Mondfähre auf dem Mond aufgesetzt.

Die Apollo 11-Mission der amerikanischen Raumfahrtbehörde NASA war die erste bemannte Mission zum Mond. Rund 500 Millionen Menschen verfolgten die Landung der drei amerikanischen Astronauten Neil Armstrong, Michael Collins und Edwin Aldrin auf dem Mond. Legendär ist der Satz von Neil Armstrong: »That's one small step for man, one giant leap for mankind« – »Das ist ein kleiner Schritt für einen Menschen, aber ein großer Sprung für die Menschheit«

Reportage über die erste Landung auf dem Mond am 20. Juli 1969 (21. Juli MEZ). Wolf Mittler, Starreporter des Bayerischen Rundfunks, aus dem NASA-Kontrollzentrum in Houston mit Direktübertragung nach München.

Der am 1. Januar 1918 geborene Wolf Mittler arbeitete während des Zweiten Weltkriegs als Sprecher für Germany Calling, den zu Propagandazwecken eingerichteten und in 30 Sprachen über Kurzwelle ausgestrahlten Auslandsrundfunkdienst aus Deutschland. In dem Buch *Verstummt und abgetaucht* erzählte er 1998 seine Geschichte während der NS-Herrrschaft.

1943 musste er nach Italien und in die Schweiz flüchten und wurde von der Gestapo verhaftet. Nach Kriegsende kehrte Mittler nach Italien zurück, arbeitete für den britischen Soldatensender, bei einer amerikanischen Zeitung und in der Nachrichtenabteilung des UNO-Flüchtlingshilfswerks. Mitte der 1950er Jahre wurde er freier Mitarbeiter des Bayerischen Rundfunks, unter anderem als Ansager der Bayreuther Festspiele, und einer der bekanntesten deutschen Hörfunk- und Fernsehreporter. Besonders spektakulär waren seine Reportagen über Flieger-Themen und insbesondere die über die Raumfahrt. Bekannt wurde er auch durch seine zahlreichen Interviews für die *Abendschau* mit Prominenten, wie Romy Schneider, Maria Callas oder Richard Nixon, durch seine Moderation des *Tick-Tack-Quiz* sowie durch seine Simultanübersetzung der Kubarede von John F. Kennedy im Jahr 1962. Wolf Mittler starb am 11. November 2002 in München.

Eugen Jochum

Rafael Kubelík

Das Symphonieorchester des Bayerischen Rundfunks, 2008

Sir Colin Davis

Lorin Maazel

Mariss Jansons

Werner Schmidt-Boelcke

Kurt Eichhorn

Heinz Wallberg

Das Münchner Rundfunkorchester, 2008

Lamberto Gardelli

Giuseppe Patané

Ulf Schirmer

Marcello Viotti

Roberto Abbado

Der Bayerische Rundfunk im Wettbewerb

(1984 bis 1999)

Luftaufnahme der Gebäude am Rundfunkplatz, 1990er Jahre

Innenhof und Studiobau am Rundfunkplatz, der Studiobau wurde in den Jahren 1958 bis 1963 errichtet

Ein »Urknall« war angekündigt für den 1. April 1984 in München: Zum ersten Mal sollten neben dem öffentlich-rechtlichen Programm des Bayerischen Rundfunks in Bayern auch private Rundfunkveranstalter die Möglichkeit bekommen zu senden. Doch der Knall verhallte ziemlich unbemerkt. Das tatsächlich unerwartete Ereignis an diesem Tag war, dass Georg Kronawitter wieder Münchner Oberbürgermeister wurde. Erich Kiesl von der CSU, der sechs Jahre zuvor den von seiner Partei, der SPD, fallen gelassenen Kronawitter abgelöst hatte, musste mit ansehen, wie sein Kontrahent ein strahlendes Comeback feierte. Kiesl erreichte nur 42 Prozent der Stimmen, während Kronawitter mit 58 Prozent triumphierte.

An diesem 1. April hatten sich einige Dutzend Menschen aus der Medienbranche im Europäischen Patentamt am Isarufer eingefunden, um den Beginn von kommerziellem Fernsehen und Hörfunk in Deutschland zu feiern. Jahrelang waren Parteien und Parlamente, Verleger und Wirtschaftsführer, Journalisten und Wissenschaftler im Streit gelegen, wie auch in Deutschland privates Fernsehen und privater Hörfunk möglich sein könnten.

So herrschte an diesem ersten Apriltag 1984 eine Art Aufbruchstimmung. An vier Orten in Deutschland sollten, eines mühsamen Kompromisses zufolge, Pilotprojekte durchgeführt werden. Man wollte sehen, ob die Nutzer überhaupt Interesse an privaten Programmen hätten und ob die Anbieter auch in der Lage wären, die Bedürfnisse zu erfüllen. Die Orte waren Berlin, Dortmund, Ludwigshafen und eben München. Auf Grund des 1973 eingeführten Artikels 111a in die Bayerische Verfassung (»Rundfunk findet nur in öffentlich-rechtlicher Verantwortung statt«) benötigte man in der Landeshauptstadt Bayerns eine besondere juristische Voraussetzung, um private Anbieter zuzulassen.

belübertragung *Münchner Nachmittag* auf dem Pariser tz in München, 27. April 1984

Michael Stiegler, Ernst Emrich und Gustava Mösler auf dem Pariser Platz in München (v.li), 27. April 1984

Aber die Staatsregierung legte größten Wert darauf, dass das neue Medienzeitalter auch in Bayern beginnen sollte. Die juristische Abteilung der Staatskanzlei hatte ein Medienentwicklungs- und Erprobungsgesetz gezimmert, das private Anbieter zuließ, die von der öffentlich-rechtlich organisierten Bayerischen Landeszentrale für neue Medien beaufsichtigt werden sollten. Für die Pilotprojekte versprach die Politik ausdrücklich, dass sie auch wieder eingestellt werden könnten, wenn sich herausstellte, dass der Bedarf nicht vorhanden war. Obwohl jeder wusste, dass dieses Versprechen kaum eingehalten werden würde, gab es zu Beginn nur wenige Anbieter, die sich auf das Abenteuer einlassen wollten, da Technik und Programmrechte erhebliche finanzielle Aufwendungen erforderten.

City-Welle Radio München

Damit aber die Zuschauer von Anfang an eine deutliche Ausweitung der Programme spüren konnten, wurde auch der Bayerische Rundfunk angehalten, sich an diesem Pilotprojekt zu beteiligen. Für die Stadt München sollte über Kabel ein lokales Programm angeboten werden, die *City-Welle Radio München*. Täglich wollte man sechs Stunden über alles, was in der Landeshauptstadt passierte, informieren.

Ebenso beteiligte sich der Bayerische Rundfunk an zwei Fernsehkanälen. Kanal 8 war konzipiert für die Themen »Jugend, Spiel und Sport«. Ein Schwerpunkt lag dabei auf der lokalen Sportberichterstattung aus München, der Abend war reserviert für ein Spielfilmprogramm. Vom Bayerischen Fernsehen übernommen wurden beispielsweise die Sendung *Live aus dem Alabama* für die Zielgruppe Jugend oder Serien wie *Polizeiinspektion 1*.

Werner Rabe (li), Programmbereichsleiter Sport und Freizeit/
Fernsehen und Leiter des Sportfunks, mit Markus Wasmeier

Die beliebte Sendung *Blickpunkt Sport* startete 1978 im Ba
rischen Fernsehen

Die Vorstellung des Bayerischen Rundfunks für den zweiten Kanal – Kanal
13 – war ein Programm, das sich an Bildungs- und Kulturinteressierte
wenden sollte. Hier fanden unter anderem das *Telekolleg*, Sprachkurse
oder Spielfilme im Originalton ihren Platz.

Ernst Emrich, der Koordinator für das Hörfunk-Programm, erzählte später
die Geschichte, dass der populäre Reporter Michael Stiegler an einem der
ersten Sendetage dem Hörer, der zuerst anrufe, einen Hundertmark-
schein versprach. Als niemand sich meldete, habe Stiegler das Angebot
einige Tage wiederholt, doch es hielt sich nachdrücklich das Gerücht, dass
der Sender die 100 Mark nie bezahlen musste.

Skepsis bei den Kosten

Der damalige Intendant Reinhold Vöth formulierte in seiner Ansprache
an diesem 1. April 1984 die Position des Bayerischen Rundfunks als »auf-
geschlossen-zurückhaltend« und »kooperativ-skeptisch«. Mit der Skepsis waren vor allem die Kosten gemeint, die das Pilotprojekt verursachen
würde. Für den Grundvertrag bestand der Rundfunkrat auf der Formu-
lierung »im Rahmen der wirtschaftlichen Möglichkeiten«. Skepsis gab es
nicht nur bei den Rundfunkanstalten, vor allem die Gewerkschaften lehn-
ten das Projekt ab. Bereits 1983, ein Jahr vor dem Start in Bayern, war in
den Informationen der Rundfunk-Fernseh-Film-Union (RFFU) zu lesen:
»Die Befürworter der privaten Konkurrenz propagieren eine größere
Programmvielfalt und merken nicht, wie schnell die Vielfalt zur Einfalt
wird.« Wo die eine Seite die Freiheiten als zu groß erachtete, sah das
Lager der privaten Anbieter die Möglichkeiten als nicht ausreichend. Der
Vertreter der Bayern-Tele-GmbH, der Verleger Erhardt D. Stiebner,
formulierte es im Juli 1982 so: »Wir Zeitschriftenverleger und Drucker

nnelore Fischer, Moderatorin des *Mittagsmagazins,* das seit 89 im Ersten zu sehen ist

In *Wir in Bayern*, dem Magazin am Nachmittag im Bayerischen Fernsehen, kochen Spitzenköche nach Rezepten der Zuschauer

sehen die Entwicklung hin zum Kabelfernsehen in der Bundesrepublik als weitere Ergänzung einer notwendigen und vielseitigen Presselandschaft. Noch mehr hätten wir ein freies und nicht öffentlich-rechtliches Projekt begrüßt.«

Stiebners Wunsch sollte schneller als gedacht in Erfüllung gehen. Vom 31. Dezember 1985 an wurde das Angebot des Bayerischen Fernsehens nicht mehr in das Kabelnetz eingespeist. Das Kabelhörfunkprogramm *City Welle Radio München* war bereits während des Jahres eingestellt worden. Die Berichterstattung aus der Landeshauptstadt wurde wieder auf das *Münchner Mittagsmagazin* in Bayern 2, später in Bayern 1, konzentriert. Das Magazin existierte mit wachsendem Erfolg bereits seit 1979. Doch auch später sollte der Bayerische Rundfunk noch einen Beitrag zum Aufbau der kommerziellen Programme leisten. Er war per Gesetz verpflichtet worden, zwei Prozent der ihm zustehenden Rundfunkgebühren an die Bayerische Landeszentrale für neue Medien abzuführen.

Wettbewerb im dualen System

In den ersten Jahren des so genannten dualen Systems blieben die Programme der öffentlich-rechtlichen Sender bestimmend. Die neuen Sender RTL und Sat.1 fuhren in diesen Jahren Milliardenverluste ein, so dass kaum ein weiterer Verlag oder eine weitere Gruppe es wagte, in dieses Geschäft einzusteigen. Die Krise kam umso heftiger Anfang der 1990er Jahre. RTL und Sat.1 hatten nicht zuletzt mit Programmen wie *Tutti Frutti* oder mit der Ausstrahlung der deutschen Sex- und Erotikfilm-Produktionen der 1960er und 1970er Jahre den dringend erwarteten Durchbruch erreicht und steckten ihre Gewinne zum ersten Mal auch in die Produktion deutscher fiktionaler Programme. Mit mehr als fünf Jahren Verzö-

Kanal fatal startete 1986: Veronika von Quast als Fräulein Vroni und Markus Eberhard

Blick in die moderne Bildregie im Fernsehstudio Freima 2008

gerung begann nun das wirkliche Rennen zwischen den beiden Systemen. Nach dem Motto »Wir senken das Niveau so lange wie die Quote steigt«, eroberten sich die Privaten neue Zuschauerschichten. So konnte etwa der frühere Nachrichten-Moderator Hans Meiser mit seiner nach ihm benannten Talkshow um 16.00 Uhr bei RTL regelmäßig bis zu vier Millionen Zuschauer anlocken. Die Marktanteile um diese Tageszeit verschoben sich deutlich zu Gunsten der kommerziellen Konkurrenz und stellten für die Intendanten und Programmdirektoren neue Herausforderungen dar, auch wenn sie beim Abendprogramm noch die Mehrheiten bei sich hatten.

»Die Preise werden steigen«

Bei seiner Antrittsrede vor dem Rundfunkrat im März 1990 skizzierte der neue Intendant des Bayerischen Rundfunks, Albert Scharf, die Situation des öffentlich-rechtlichen Rundfunks so: »Die vor uns liegenden Monate und Jahre werden nicht einfacher, sondern schwieriger. Der programmliche und wirtschaftliche Wettbewerb in Deutschland wird noch herausfordernder und härter werden. Unsere kommerziellen Konkurrenten werden finanziell erstarken und voll auf Massenattraktion setzen. Die Preise für Programm, für Rechte und Stars werden noch weiter steigen.«

Die Verantwortlichen – auch beim Bayerischen Rundfunk – wussten, dass sie in einen schwer zu lösenden Zwiespalt kamen. Die öffentlich-rechtlichen Sender wurden zum überwiegenden Teil aus den Teilnehmergebühren finanziert. Das verpflichtete sie aber auch, anspruchsvolle Programme zu senden, die von den Privaten gar nicht zu finanzieren wären. Wenn sie aber nur noch solche Programme ausstrahlten und eines Tages bei den Einschaltquoten weit hinter den Privaten lägen, gäbe es

di Carrell, Moderator von *Herzblatt* in den Jahren 1987 bis
93

Werner Schmidbauer war von 1994 bis 2000, als Nachfolger
von Fritz Egner, Moderator von *Dingsda*

sicher auch bald in der Politik und in der Bevölkerung Stimmen, die die
Rundfunkgebühren in Frage stellen würden. So wurde auch schon 1991
ein Prozess geführt, mit dem eine Zuschauergemeinschaft durchsetzen
wollte, dass Radiohörer und Fernsehzuschauer, die ihre Geräte für öffentlich-rechtliche Programme sperren ließen, keine Gebühr mehr zahlen
müssten. Die Klage wurde abgewiesen.

Aufgrund der veränderten Marktsituation nahmen die Programmdirektoren der öffentlich-rechtlichen Sender strukturelle Veränderungen
vor, um der Konkurrenz der Privaten zu begegnen. Täglich gab es – von
1994 bis 2005 – nun auch mit *Fliege* im Ersten Programm um 16.00 Uhr
einen Nachmittags-Talk. Die regionalen Informationsprogramme, bisher
in den so genannten regionalen Fenstern im Ersten Programm ausgestrahlt, wurden in die Dritten Programme verschoben, während in dieser
Zeit im Ersten nahezu nur noch Unterhaltungssendungen liefen. Darunter waren zwar nach wie vor Qualitätsserien wie *Die Löwengrube*, *Die
Hausmeisterin* oder *Aus heiterem Himmel*. Doch ähnlich wie bei den
Privaten wurden nun auch so genannte »Dailys« geschaffen, Serien wie
Marienhof, die täglich die Schicksale von einem überschaubar gehaltenen
Kreis von Mitwirkenden weitererzählten. Und nach dem unerwartet großen Erfolg der Quizshow von Günther Jauch bei RTL besannen sich auch
die ARD und das ZDF auf ihre Tradition in diesem Genre, das längst als
überholt gegolten hatte.

Aber auch die kleine Form der Unterhaltungssendung, für die Robert
Lembke einst mit *Was bin ich?* Maßstäbe gesetzt hatte, wurde verstärkt
wieder belebt. Das begann 1985 mit dem Kinderquiz *Dingsda*, gefolgt
1987 von *Herzblatt*, und im späteren Abendprogramm des Bayerischen
Fernsehens von *Kanal fatal* als Mischung zwischen Sketch und Satire.

Werner Schmidbauer mit dem Münchner Oberbürgermeister Christian Ude, in der Reihe *Gipfeltreffen*, 2006

Carolin Reiber präsentiert die *Bayerntour* aus Reit im Win 2006

Auch im Informationsbereich gab es entscheidende Neuerungen. Von 1989 an war der Bayerische Rundfunk für das neu geschaffene *ARD-Mittagsmagazin* verantwortlich, das seitdem von der Moderatorin Hannelore Fischer präsentiert wird. 1998 wagte man im Bayerischen Fernsehen etwas Ungewöhnliches. Der Moderator und Kabarettist Christoph Süß bekam mit *quer* eine Sendung, die ihrem Namen sehr gerecht wurde. Die von ihm präsentierte Mischung aus Information und Satire kam mit ihrer Respektlosigkeit nicht nur bei den Jüngeren so gut an, dass sie zum festen Bestandteil des Programms wurde (siehe auch Seite 266).

Forum für die Bürger

Beim Dritten Programm, dem Bayerischen Fernsehen, sorgte Fernsehdirektor Gerhard Fuchs 1996 dafür, dass mit einem konsequenten Programmschema die Zuschauer »ihre« Sendungen leichter fanden. Dazu gehörte die Einführung von Magazin-Sendungen nach dem *Rundschau-Magazin* um 21.15 Uhr, ebenso wie ein täglicher Termin um 21.45 Uhr mit anspruchsvollen Fernsehfilmen, Spielfilmen und Qualitätsserien. Für die Zuschauer des Bayerischen Fernsehens wurde ein Ort geschaffen, an dem sie selbst zu Wort kommen: jeweils am Mittwoch um 20.15 Uhr zur besten Sendezeit geht es um die Belange der Menschen im Freistaat. Zu diesen Bürgersendungen gehören *BürgerForum live, Bayerntour, Jetzt red i, Jetzt red i, Europa* und *BR unterwegs*.

BürgerForum live ist eine Sendung, die an verschiedenen Orten im Sendegebiet stattfindet und bei der immer ein eng begrenztes Thema – häufig aus dem Sozialbereich – diskutiert wird. Bei der *Bayerntour* fährt die Moderatorin Carolin Reiber durch das Land und stellt einen bestimmten Ort oder eine Region vor, spricht mit den Repräsentanten und den Bür-

R unterwegs mit Susanne Zimmer, Rainer Tief und Wolfgang
hramm am linken Tisch, 2007

BR unterwegs in Feuchtwangen mit Petra Mentner und
Intendant Thomas Gruber, 2007

gerinnen und Bürgern, bei *BR unterwegs* übernimmt der Intendant selbst
die Rolle des Moderators. Ebenfalls in wechselnden Orten stellt er sich
mit seiner Führungsmannschaft den Hörern und Zuschauern.

Die bekannteste Sendung in dieser Palette ist nach wie vor *Jetzt red i*, ein
Format, das von Beginn an für Furore gesorgt hat. Zum ersten Mal gab es
eine Sendung, in der Einwohner eines Ortes unverblümt ihre Beschwerden und Kritiken über die Behörden vortragen konnten. In einer anschließenden Studioaufnahme mussten dann verantwortliche Politiker
dazu Stellung nehmen.

Der Sendung verdankte der Journalist Franz Schönhuber einst seine Be-
kanntheit. Er hatte sie von 1971 an mehr als zehn Jahre lang moderiert.
Nach seinem Ausscheiden übernahm der Hörfunkjournalist Michael
Stiegler die Moderation, gefolgt von Dietmar Gaiser. Seit 2005 führt
Tilmann Schöberl durch die Sendung.

Auswirkungen im Hörfunk

Auch im Hörfunk bekam der Bayerische Rundfunk den Wettbewerb zu
spüren. Da Hörfunktechnik erheblich preiswerter war, bemühten sich
auch kleine und kleinste Bewerber um Lizenzen. Gerade in den bayerischen Ballungsgebieten wie München und Nürnberg kamen zahlreiche
Verlage, Unternehmen und Einzelpersonen auf die Idee, lokale Sender zu
gründen.

Nur eine landesweite Welle (mit einer Gruppe von Gesellschaftern)
wurde 1988 unter dem Namen Antenne Bayern ins Leben gerufen, die
sehr erfolgreich war und ist. Lokale Sender wie Radio Gong (eine Grün-

Tilmann Schöberl moderiert *Jetzt red i* seit 2005, hier aus Obererding am 1. März 2007

Das Tagesgespräch, seit 1995 auf Bayern 2, wird unter ander⬦ von Achim Bogdahn und Stephanie Heinzeller moderiert

dung der gleichnamigen Programmzeitschrift) oder Radio Charivari konnten erfolgreich Hörer gewinnen. Aber auch in kleineren Orten setzten sich private Sender durch, wie etwa Radio Trausnitz in Landshut, Radio Plassenburg in Kulmbach oder Hitwelle in Erding.

Durch eine deutlichere Ausrichtung seiner Programme gelang es dem Bayerischen Rundfunk, knapp die Hälfte aller Hörerinnen und Hörer zu halten. Das war vor allem durch eine weitere klare Abgrenzung der Programme möglich sowie durch Zugeständnisse an die Hörgewohnheiten. So wurden etwa in den Wellen Bayern 1 und Bayern 3 die Mischungen zwischen Wort und Musik neu bestimmt und kürzere, aber gleichmäßig verteilte Wortbeiträge angeboten. Neben den mehrheitsfähigen Programmen Bayern 1 und Bayern 3, die sich immer mehr zum Formatradio entwickelten, wurden Bayern 2 und Bayern 4 Klassik weiter zu anspruchsvollen Spartenprogrammen ausgebaut.

Programmreformen

In drei Schritten hat der Bayerische Rundfunk seit Beginn des dualen Systems 1984 seine Hörfunkwellen den Veränderungen der Medienlandschaft angepasst. Nach der ersten Reform 1985 wurde Bayern 4 Klassik zum Vollprogramm ausgebaut und damit die Parallelausstrahlung von Ernster Musik auf Bayern 2 eingestellt. Weiterhin verstand sich Bayern 2 als Kultur- und Zielgruppenprogramm, nun mit mehr Sendezeit für Wortprogramme, wie zum Beispiel einem erweiterten Kulturangebot am Abend.

Bei der nächsten Reform 1989 wurde das auch noch stärker nach außen betont, indem man die Welle in Bayern 2 Wort umbenannte. Bayern 2

gitales Mischpult im Herkulessaal für Konzertübertragun-
n des Bayerischen Rundfunks, 2006

Im Orff-Zentrum: Thomas Rösch, Udo Zimmermann, Leiter *musica viva*, und Axel Linstädt, Leiter Bayern 4 Klassik (v.li), 2005

übernahm zu diesem Zeitpunkt die Sendungen *Das Notizbuch* und die Sendereihe *Diese unsere Welt* von Bayern 1. Bayern 1 blieb das klassische Radioprogramm mit einer bunten Mischung aus populärer Musik sowie Informationen aus Politik, Gesellschaft und Zeitgeschehen.

Konsequent setzte Hörfunkdirektor Thomas Gruber bei der nächsten Programmreform 1996 diesen Weg fort. Bayern 1 erhielt ein neues flotteres Musikprogramm mit einer Mischung aus Schlagern und beliebten Melodien sowie regelmäßigen, aber kürzeren Wortbeiträgen. Als Zielgruppenprogramme blieben Sport und die Sportübertragungen auf dieser Welle.

Bayern 3 wurde bei jeder der Reformen noch etwas stärker als der Popsender für jüngere Leute ausgerichtet und konnte so seine Vorrangstellung bei den Zuhörern gut halten.

Bayern 2 konzentrierte sich dagegen noch mehr auf die Inhalte. Mit der Radio-Revue, die erstmals 1975 ins Programm kam, beweist der Hörfunk alljährlich in konzentrierter Form seine Kompetenz bei anspruchsvollen Programmen. Mit Wiederholungen und Neuproduktionen wird zwischen Weihnachten und Heilig Drei König jeden Tag ein herausragendes Programm von großen Hörspielen bis zu Essay-Reihen zusammengestellt.

Die klassische Musik blieb der Inhalt auf Bayern 4 Klassik, auch wenn hier ebenfalls leichte Modifikationen vorgenommen wurden, so dass auch der nicht vorgebildete Klassik-Liebhaber seine Sendungen finden kann. Hier bieten die Programmmacher im Sommer ein besonderes Angebot: *Festspielzeit in Bayern 4* bringt jeden Abend die Übertragung einer außergewöhnlichen Aufführung von den zahlreichen Festspielen.

Wolfgang Aigner, heute Leiter des Programmbereichs Bayern 2, verantwortete von 1991 bis 2004 B5 aktuell, 1990er Jahre

Sendestudio von B5 aktuell im Bayerischen Rundfunk ▶ digitalem Arbeitsplatz

In 15 Minuten kann sich die Welt verändern

Eine weitere Programmidee setzte der Bayerische Rundfunk am 6. Mai 1991 als erster Sender um. Mit B5 aktuell startete die erste öffentlich-rechtliche Informationswelle. Im Viertelstundentakt werden die wichtigsten Nachrichten aus aller Welt aktualisiert und im Stundenrhythmus durch Berichte aus Bayern, Kultur, Wirtschaft und Sport ergänzt. Die Vorteile des Hörfunks als schnellstes Medium werden auf diese Weise optimal genutzt. Am Sonntag liefern die Fachredaktionen jeweils halbstündige Wochenrückblicke zu ihren Spezialgebieten. Das Konzept war, ein komplementäres Informationsangebot zu den anderen Wellen zu bieten. Die Hörerinnen und Hörer sollten für die schnelle, aktuelle Information mehrmals am Tag B5 aktuell einschalten.

Damit unterschied sich B5 aktuell gravierend von den anderen vier Programmen, die auf eine lange Verweildauer angelegt sind. Als oberste Maxime der neuen Welle wurde die Aktualität definiert. Die im Nachrichtenblock angesprochenen Themen werden durch vertiefende Hintergrundberichte und weiterführende Informationen aus den unterschiedlichen Fachredaktionen ergänzt. Außerdem steht das weltweite Netz der ARD-Hörfunkkorrespondenten zur Verfügung, ebenso wie in Berlin die seit dem Regierungsumzug unter dem Dach des ARD-Hauptstadtstudios vereinten Korrespondentinnen und Korrespondenten der Landesrundfunkanstalten. Für die Berichterstattung aus Bayern kam dem Programm sehr zu Gute, dass die Technik ständig verbessert wurde. Die neue ISDN-Technik ermöglichte, die immer zahlreicher werdenden Korrespondentenbüros so an die Zentrale anzuschließen, dass schnell und unkompliziert Beiträge direkt ins Studio überspielt werden konnten. Von 1992 bis 2003 wurden solche Korrespondentenbüros in Kempten, Augs-

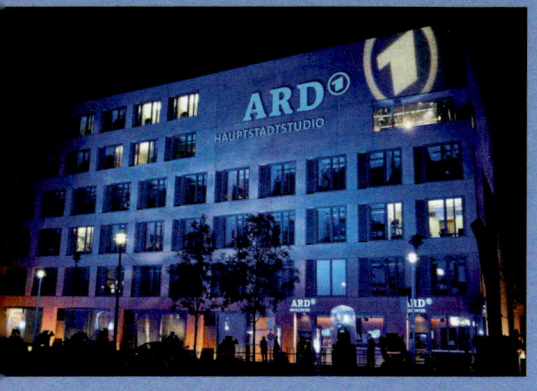

RD-Hauptstadtstudio in Berlin, seit 1999 berichten die
orrespondenten aus dem voll digitalisierten Studio

Richard C. Schneider, seit 2006 ARD-Studioleiter in Tel Aviv
und ARD-Fernsehkorrespondent

burg, Hof, Murnau, Bodenmais/Bayerischer Wald, Landshut, Ansbach,
Aschaffenburg, Ingolstadt, Amberg, Traunstein, Donauwörth, Schweinfurt, Rosenheim, Lindau, Untermain, Bamberg sowie in Bayreuth eingerichtet. Mit dem Start von B5 aktuell setzte der Bayerische Rundfunk
Maßstäbe auch für die anderen ARD-Anstalten. Beim MDR, RBB, NDR und
HR gibt es inzwischen ähnliche Informationswellen. Kein Sender hat aber
das Konzept so konsequent durchgesetzt wie der Bayerische Rundfunk.
Die Zuhörerschaft stieg kontinuierlich, und so ist B5 aktuell bis heute die
meistgehörte Infowelle der ARD.

BR-online

Auf das spürbare Interesse der Menschen, sich stärker über das Internet
zu informieren, reagierte auch der Bayerische Rundfunk schnell. Eines
der ersten Internetangebote von Rundfunkanstalten waren Zusatzinfor-
mationen des Bayerischen Rundfunks zu seinen Hörfunk- und Fernsehsendungen. Schon im November 1995 wurde das komplette Programm
einer Hörfunkwelle im Internet angeboten: Der Nachrichtensender B5
aktuell wurde »gestreamt«, das heißt, mit entsprechend ausgestatteten
Computern konnte man B5 aktuell über das Internet empfangen. Frei-
lich war das am Anfang recht mühsam, da einerseits die Übertragungs-
rate noch gering war und andererseits die Leistung der empfangenden
Computer erheblich kleiner. Mit der heutigen Technik ist es möglich,
B5 aktuell und inzwischen auch alle anderen Hörfunkprogramme in der
ganzen Welt zu empfangen. Kein Medium verbreitet sich schneller als
das Internet. Wie aktuelle Studien zeigen, wird es überwiegend zu
Informationszwecken genutzt. Mit BR-online kommt der Bayerische
Rundfunk, ergänzend zu seinen Hörfunk- und Fernsehangeboten, diesem Informationsbedürfnis nach.

Intendant Albert Scharf und Ministerpräsident Edmund Stoiber eröffnen 1998 den Sendebetrieb von BR-alpha

Fernsehdirektor Gerhard Fuchs beim Festakt zum 10-jährig Jubiläum von BR-alpha, 2008

Der Bildungskanal BR-alpha

1998 verstärkte der Bayerische Rundfunk seine Bemühungen, im Fernsehen zur Bildung der Bevölkerung beizutragen, und rief – in der Tradition des Studienprogramms – den ersten und bislang einzigen Bildungskanal im deutschen Fernsehen ins Leben. Mit einem Ausschnitt aus der Verfilmung der *Feuerzangenbowle* ging BR-alpha am 7. Januar 1998 auf Sendung. »Ausbildung zum Fachmann – Bildung zum Menschen« lautet das an Friedrich Schiller angelehnte Motto. Gemäß der Programmphilosophie seines Leiters Werner Reuß war und ist BR-alpha ein Sparten-, aber kein Zielgruppenprogramm.

In Zusammenarbeit mit dem Bundesbildungsministerium und den Kultusministerien der Bundesländer, mit Lehrer- und Elternverbänden, mit Schulbuchverlagen und Erwachsenenbildungsträgern, Pädagogen, Fachhochschulen und Universitäten hat sich das Programm an 365 Tagen im Jahr auf über 15 000 Sendeplätzen zur Aufgabe gemacht, einen eigenständigen wesentlichen Beitrag zum Abbau der Bildungsdefizite zu leisten. Ein Blick in das Programmschema zeigt Sendungen in den Kategorien Lernprogramme (*Telekolleg*, Schulfernsehen, IT-Kompaktkurs, Sprachen), Wissensprogramme (*Planet Wissen, nano, Meilensteine*, Reihen zur Philosophie oder Astronomie) sowie Dokumentationen, Gespräche und Themensendungen zur Geschichte, Literatur oder Religion. In aufwändigen Eigenproduktionen wie *Deutsch Klasse* oder *Das Kreuz mit der Schrift* widmet sich der Sender gesellschaftspolitischen Themen, etwa Integration oder Analphabetismus. Mit der Sendereihe *alpha-Campus* ist ein Bildungsforum geschaffen, in dem wissenschaftliche Themen, Vorlesungen und Informationen aus den bayerischen Hochschulen sowie Vorträge präsentiert werden. Insgesamt knapp 30 Prozent sind Neu- und Eigen-

...nt für Anfänger, eine Reihe von BR-alpha aus dem Jahr 2004, ...t Titus Horst als Immanuel Kant

Tom Dirsch und Lena Heiß in *Anschi, Karl-Heinz & Co.*, dem Glaubensmagazin für Kinder auf BR-alpha, 2008

produktionen, der Rest besteht aus Übernahmen vom Bayerischen Fernsehen und von den Dritten Programmen der ARD sowie aus Gemeinschaftsproduktionen mit dem ORF, WDR, SWR, MDR, NDR oder der Deutschen Welle.

Bi-medial und multimedial

Um die Nachhaltigkeit des Bildungsangebots zu sichern, ist die Bi-Medialität von BR-alpha und Online besonders wichtig. So wurde aus dem *Telekolleg*, der seit 1967 bestehenden Lernreihe, die in den letzten 40 Jahren über 60 000 Absolventinnen und Absolventen zur Fachhochschulreife oder Mittleren Reife verholfen hat, die Reihe *Telekolleg Multi-Medial*. In dieses Angebot werden die Möglichkeit des Internets mit einbezogen – bis hin zur schnellen Interaktivität zwischen Lehrer und Schüler. Neben zwei Sprachkursen für Kinder gibt es über 680 Minuten Kurse in sechs verschiedenen Sprachen: Englisch, Französisch, Italienisch, Spanisch, Russisch, Deutsch, darunter Kultsendungen aus der Anfangszeit des Studienprogramms wie *Avanti! Avanti!* und *Les Gammas*. Der Anspruch, den BR-alpha an sich selbst hat, wurde auch öffentlich festgestellt. In einem Bericht der KEF, der Kommission, die im Auftrag der Bundesländer den Finanzbedarf des öffentlich-rechtlichen Rundfunks prüft, wurde verbreitet, dass BR-alpha innerhalb des ARD-Angebotes das Programm sei, dass den öffentlich-rechtlichen Anspruch am stärksten erfülle.

Ein tägliches Forum

Ein (fast) täglicher Bestandteil des Programms von BR-alpha ist das Gespräch im *alpha-Forum*. Jeweils 45 Minuten zur besten Sendezeit um 20.15 Uhr unterhalten sich von Montag bis Freitag eine Mitarbeiterin oder

Werner Reuß, seit 1998 Leiter von BR-alpha

Walter Flemmer, langjähriger Leiter des Programmbereic
Kultur und Familie und stellvertretender Fernsehdirektor, 19

ein Mitarbeiter des Bayerischen Rundfunks mit einem besonderen Gast über dessen Leben und dessen Arbeit, gelegentlich erweitert zu Diskussionsrunden über spezielle Themen. Die Palette der Gäste reicht von herausragenden Künstlern über Wissenschaftler, Politiker bis hin zu Verantwortlichen aus dem Wirtschaftsleben oder den Sozialbereichen.

Damit hat BR-alpha eine Art lebendige Chronik unserer Zeit geschaffen. Gleichzeitig hat man einen Progammvorrat angelegt, aus dem man bei Jubiläen, Geburtstagen oder auch bei Todesfällen aktuell schöpfen kann. Eine öffentliche Bestätigung für das Programm von BR-alpha war die Verleihung der »Besonderen Ehrung« durch Rita Süssmuth, der Präsidentin des Deutschen Volkshochschulverbandes, im Rahmen der Adolf-Grimme-Preisverleihung an den verantwortlichen Leiter des Kanals, Werner Reuß, im Jahr 2004. Er war mit damals 41 Jahren der bis heute jüngste Preisträger dieser begehrten Auszeichnung für besondere Verdienste um die Bildung und deren dauerhafte Präsenz in den deutschen Fernsehprogrammen.

Als Mitglied der ARD hatte sich der Bayerische Rundfunk 1997 mit Programmen auch an zwei Neugründungen beteiligt: an dem Ereignis- und Politikkanal Phoenix und am Kinderkanal. Es hatte zwar deutliche Proteste – vor allem von privaten Anbietern – gegen diese beiden Programme gegeben, weil sie kommerzielle Kanäle wie Nickelodeon oder auch RTL 2 und Nachrichtenprogramme wie n-tv behindern hätte können. Doch beide Programme sind heute ein fester Bestandteil des Gesamtangebots. Der Kinderkanal mit seiner Mischung aus Unterhaltung und spielerisch-pädagogischen Sendungen ist für viele Eltern eine willkommene Ergänzung zu ihrer eigenen Erziehungsarbeit. Der Kanal Phoenix mit seinem vielschichtigen Informationsangebot von Liveübertragun-

olfgang Buhl leitete ab 1963 die Wortabteilung und von 1978 bis 1990 das Studio Nürnberg

Klaus Häffner, seit 1995 Leiter des Studios Franken, vor der Kulisse von Kloster Banz, 2003

gen, Berichten und Reportagen zieht von Jahr zu Jahr mehr Zuschauer an. Pläne von Bundestagspräsident Norbert Lammert im Jahr 2008, ein eigenes Parlamentsfernsehen zu schaffen, wurden schnell wieder ad acta gelegt, da man auf die umfangreiche Live- und Hintergrundberichterstattung von Phoenix verweisen konnte.

Vom Studio Nürnberg zum Studio Franken

Eine Signalwirkung innerhalb des Bayerischen Rundfunks, aber auch nach außen, hatte die Umbenennung des Studios Nürnberg in Studio Franken. Lange Jahre standen zwar mit dem Intendanten Reinhold Vöth und dem Fernseh-Programmdirektor Helmut Oeller zwei Franken an der Spitze des Senders. Trotzdem fühlten sich ihre Landsleute im Gesamtprogramm von Hörfunk und Fernsehen nicht immer ausreichend repräsentiert. Mit einem Studioneubau und erheblich verbesserter Technik wurde hier 1990 ein Wandel vollzogen. Mit dem Wechsel der Studioleitung von Wolfgang Buhl, der zwölf Jahre an der Spitze der Nürnberger Dependance stand und die Regionalisierung in Franken stark geprägt hat, zu Thomas Gruber wurde das Studio auch organisatorisch aufgewertet als eigenständige Einheit, die direkt dem Intendanten untersteht. Grubers Durchsetzungskraft kann auch an seinem weiteren Aufstieg zum Hörfunkdirektor und anschließend zum Intendanten des Bayerischen Rundfunks abgelesen werden.

Begegnungen mit dem Publikum

In den 1970er Jahren konnte ein erfahrener Rundfunkmann wie der langjährige Leiter der Pressestelle, Arthur Bader, einen Satz mit gutem Gewissen sagen: »Die beste Werbung für unser Programm ist das Programm.«

235

Lorin Maazel und Ha-Nan Chang bei den seit 1990 stattfindenden *Sommerkonzerten zwischen Donau und Altmühl*

Ruth Geiersberger, Gabriele Förg (Land und Leute) und Ulr
Zöller (v.li) bei *Radiokultur in der Monacensia*, 2009

Die Formel gilt heute noch. Allerdings ist es auch für die öffentlich-recht-
lichen Sender im Wettbewerb des dualen Systems seit langem unerläss-
lich, eine systematische und umfangreiche Öffentlichkeitsarbeit und ein
entsprechendes Marketing zu betreiben. Besonders wichtig sind dabei die
Begegnungen des Bayerischen Rundfunks mit dem Publikum, sei es bei
Tagen der offenen Tür, bei öffentlichen Veranstaltungen und Events, wie
Konzerten, Thementagen, Schiffsreisen, Radltouren, Sommerreisen,
Wintertouren, Lyriknächten oder bei den Erlanger Radiotagen. Auch der
Bayern 1-Radioclub oder der Schlawiner Club, beide 1997 ins Leben gerufen, versuchen durch Clubmagazine und Veranstaltungen den Kontakt zur
jeweiligen Hörer- und Zuschauerzielgruppe zu verbessern. Beispiel für ein
beliebtes Freizeit-Event ist die BR-Radltour, die seit 1990 jährlich stattfindet. Mehr als 1200 sportliche Hörerinnen und Hörer genießen das
Gemeinschaftserlebnis, bis zu sechs Tagesetappen von durchschnittlich
80 Kilometern quer durch Bayern zurückzulegen. Mit großem organisa-
torischen Aufwand und zahlreichen Unterstützern wird die Logistik für
dieses Unternehmen gemeistert. Am Ziel jeder Tagesetappe präsentiert
der Bayerische Rundfunk ein Fest mit Livemusik, das – wie die ganze Tour
– auch im Programm übertragen wird.

Tage der offenen Tür

Jährlicher Höhepunkt der Aktionen des Studios Franken waren und sind
die Sommerfeste. Die Idee von »Sommer im Park« geht auf den damaligen Studioleiter Wolfgang Buhl zurück, der bereits 1966 die öffentlichen
Gespräche im Studio Nürnberg, heute unter dem Titel *Studio Franken im
Gespräch*, initiiert hatte. »Sommer im Park« findet im ganzen Monat Juli
statt, beinhaltet mehrere Musik- und Unterhaltungsveranstaltungen
sowie ein Wochenende mit dem Tag der offenen Tür am Samstag und

biläumstour der Bayern 1-Sommerreise, Start am 10. August
07 in Ruhpolding

Die BR-Radltour 2003 unterwegs von Traunstein nach Schwandorf

einer Fränkischen Kärwa (Kirchweih) am Sonntag, zu der mehr als 20 000 Besucherinnen und Besucher kommen. Legendär beim »Sommer im Park« waren unter anderem die *Lieder im Zelt – Viva Italia im Studio Franken* bis Mitte der 1990er Jahre. Paolo Conte und Angelo Branduardi hatten hier ihre ersten Auftritte in Deutschland.

Auch das Funkhaus in München öffnete von 1988 bis 1997 einmal jährlich im Oktober seine Türen und präsentierte für ein breites Publikum die »Medientage München im Bayerischen Rundfunk«.

Intendant Albert Scharf schrieb dazu im Programmheft 1997: »Wir wollen Ihnen bei einem Blick hinter die Kulissen einen Einblick in unsere Arbeit geben und zeigen, wie und warum wir im immer aggressiveren Konkurrenzkampf wettbewerbsfähig sein können – nach dem Motto unserer Tage der offenen Tür – B@yrisch inter.nett!« Ein Motto, das auf die neuen Internetaktivitäten des Bayerischen Rundfunks hinwies.

Schuhbecks, die Kochsendung im Bayerischen Fernsehen, mit Alfons Schuhbeck und Elmar Wepper, 2004

Der erste Fernsehkoch, Franz Ruhm, 1958

Frank-Markus Barwasser als Erwin Pelzig in der Reihe *Aufgemerkt! Pelzig unterhält sich*, 2008

Urban Priol beim Kabarett-Fest mit *Urban Priol & Freunden*, 2008

Songs an einem Sommerabend auf der Klosterwiese von Kloster Banz in Bad Staffelstein

Chiemsee Reggae Summer 2002 mit den Brothers Keepers

Rock im Park 2003 im Frankenstation

Korrespondenten in Bayern

Josef Reithmeier, der erste Chefkorrespondent des Bayerischen Rundfunks, schrieb 1954: »Ein Korrespondent, so sage ich, müsse in erster Linie zuverlässig sein und dazu müsse sich die Schnelligkeit gesellen, das Vermögen, auch in Zeitnot nur begrenzt nervös zu sein. Noch besser gar nicht.« Seit Kriegsende berichten Korrespondenten aus dem Großraum München und Bayern. In den Anfangsjahren baute der Bayerische Rundfunk ein Netz auf, das zunächst aus nebenberuflichen Korrespondentinnen und Korrespondenten – vor allem Journalisten kleinerer Lokalzeitungen – bestand. Sie lieferten Nachrichtenmeldungen aus ganz Bayern, die im Funkhaus von Sprecherinnen und Sprechern verlesen wurden. Ende der 1980er Jahre begann der Bayerische Rundfunk, nicht zuletzt aufgrund der zunehmenden Regionalisierung, mit dem Ausbau seines Korrespondentennetzes. Möglich wurde dies auch durch neue technische Mög-

Intendant Albert Scharf eröffnete 1992 das Korrespondentenbüro Allgäu, rechts Ernest Lang, Leiter der Abteilung Korrespondenten in Bayern

lichkeiten. Die Aufgabe, Berichte aus ganz Bayern zu übermitteln, übernahmen nun ausgebildete Radioleute. In den 1990er Jahren entstanden weitere Büros, die mit der modernsten ISDN-Technik ausgestattet wurden.

Inzwischen gibt es 19 Korrespondentenstandorte in Bayern, in denen 35 000 Nachrichtenmeldungen und 7000 Beiträge produziert werden. Elf Büros verfügen über TV-Kameras und liefern auch Reportagen und Berichte für das Bayerische Fernsehen.

Die Korrespondentinnen und Korrespondenten aus Bayern trafen sich 2009 im Funkhaus zu einer Tagung. In der Mitte oben Erna Raps, seit 2000 Leiterin der Abteilung Korrespondenten in Bayern

Der Diplomat
Intendant Albert Scharf

Albert Scharf wurde am 28. Dezember 1934 in München geboren. Er studierte Jura, Geschichte und Philosophie an der Ludwig-Maximilians-Universität in München. Seine berufliche Karriere begann im Bayerischen Staatsministerium der Finanzen. 1966 berief ihn Intendant Christian Wallenreiter zum Justiziar des Bayerischen Rundfunks. 1973 wählte ihn der Rundfunkrat zudem in Personalunion zum Stellvertreter des Intendanten Reinhold Vöth. Im April 1990 wurde er selbst Intendant des Bayerischen Rundfunks und blieb es, mit zweimaliger Wiederwahl, bis zum 1. Januar 2002.

Ab 1966 war Scharf unmittelbar in die Unternehmensleitung eingebunden und an vielen rundfunkpolitischen und programmbezogenen Entscheidungen beteiligt, etwa bei der Einführung von Bayern 4 Klassik, B5 aktuell, Bayerntext, BR-online, BR-alpha.

Unsere Aufgabe muss es sein, Heimat zu vermitteln und die Heimat mit der Welt zu verbinden. Heimat nicht im Sinne vordergründiger, dümmlicher, klischeehafter, läppischer Bayerntümelei, Heimat vielmehr im Sinne eines geistigen, kulturellen, geschichtlich gewordenen Lebensraums, als geistige Behausung in der Sprache der Philosophen.

Albert Scharf in seiner Antrittsrede 1990

In seiner Zeit als Justiziar war Scharf federführend für die Rundfunkpolitik der ARD. Der Bayerische Rundfunk gewann damals nicht nur die wichtigsten Prozesse zum Thema Rundfunkgebühren beim Bundesverfassungsgericht und Bundesverwaltungsgericht, sondern auch einen Rechtsstreit mit der Bayerischen Staatsregierung wegen eines neuen Satellitenprogramms der ARD. Eine herausragende Rolle hatte Scharf bei den Verhandlungen zum Erwerb der Sportübertragungsrechte für die ARD, ebenso sicherte er fast 20 Jahre lang als Verhandlungsführer der EBU/ UER die europäischen Fernsehrechte an Großsportereignissen.

Als Intendant war er von 1995 bis 1996 auch Vorsitzender der ARD. Als Präsident der Europäischen Rundfunkunion wurde Scharf alle zwei Jahre mit großer Mehrheit wiedergewählt und übte den Vorsitz 18 Jahre lang aus. Unter Scharfs Präsidentschaft wurden die nationalen Rundfunkorganisationen in ganz Europa aus West und Ost, einschließlich Russlands, in einer Union zusammengeführt. 2006 ernannte ihn Papst Benedikt XVI. zum Berater des vatikanischen Medienrates.

Live aus dem Alabama . . .

. . . hieß ein wöchentliches Jugendmagazin des Bayerischen Rundfunks, das 1984 zu Beginn des dualen Systems zum ersten Mal im Fernsehen zu sehen war. Den Namen verdankt die Sendung der Alabama-Halle in München, die damals vorwiegend für Rockkonzerte genutzt wurde. Das Prinzip dieser neuen Jugendsendung bestand darin, live zu senden. Das Magazin sollte mit seiner Mischung aus Diskussionen und Rockmusik vor allem die jungen Zuschauer gewinnen. Es wurde über aktuelle Themen wie AIDS, Rechtsradikalismus, Drogen, Okkultismus oder Musik diskutiert, wobei man sich bemühte, die Sprache der Jugendlichen zu treffen. Nach den Gesprächsrunden, die für die damalige Zeit auch recht chaotisch verlaufen konnten, gab es ein Musikkonzert von Bands oder Interpreten wie Die Ärzte, Eros Ramazzotti, Smashing Pumpkins und vielen anderen.

Nach dem Abriss der ersten Alabama-Halle musste die Sendung umbenannt werden. *Live aus dem Schlachthof* hieß sie von 1988 an. Drei Jahre später zog sie in das »Nachtwerk« und änderte den Namen dementsprechend. Ab 1994/95 wurde sie wieder aus der (neuen) Alabama-Halle übertragen, danach kehrte die Sendung zurück in den Schlachthof.

Die Macher versuchten von Anfang an, den Wünschen der jungen Zuschauer zu entsprechen und eckten daher öfter beim älteren Publikum und bei den

Giovanni di Lorenzo (re), ab 1984 Moderator von *Live aus dem Alabama,* mit Gästen in der Alabama-Halle

Sandra Maischberger moderierte ab 1989 *Live aus dem Schlachthof*

Rundfunkräten an. 1997 wurde die Sendereihe eingestellt.

In *Live aus dem Alabama* starteten eine Reihe von heute sehr bekannten Moderatorinnen und Moderatoren ihre Karrieren. Zu ihnen zählen Amelie Fried, Eisi Gulp, Sabine Noethen, Werner Schmidbauer, Giovanni di Lorenzo, Günther Jauch und Sandra Maischberger.

Die Redaktion der Sendereihe lag in den ersten Jahren in den Händen von Ernst Geyer, gemeinsam mit der »musikalischen Spürnase« Jürgen Barto, dann

übernahmen Sonja Kochendörfer und Wolfgang Mezger die redaktionelle Zuständigkeit. In den 1980er Jahren verantwortete die Sendereihe zwei Jahre lang der heutige Intendant des Bayerischen Rundfunks, Thomas Gruber.

Jürgen Barto bei seiner Verabschiedung 2006 im Lustspielhaus

Blick ins Weltall
Das Nachtprogramm
Space Night

Ältere Zuschauer erinnern sich an die Testbilder, die immer dann auf dem Bildschirm erschienen, wenn kein Programm gesendet wurde. Inzwischen bieten fast

alle Sender rund um die Uhr Programme an. So auch das Bayerische Fernsehen, das auf die Idee kam, seit dem 1. Juni 1994 Bilder auszustrahlen, die der deutsche Satellit ASTRO-SPAS im Weltraum gemacht hat. Der Bayerische Rundfunk erwarb die Aufnahmen und schnitt sie zusammen. Da aber nicht immer dieselben Bilder gesendet werden sollten, suchte der Bayerische Rundfunk nach weiterem Material. Fündig wurde er bei der NASA, der ESA und dem Deutschen Zentrum für Luft- und Raumfahrt, DLR.

Sie alle hatten oft überlange Aufnahmen aus dem Weltraum oder rund um die Raumfahrt, die so das Programm gut ergänzten.

Space Night wurde schnell Kult, nicht zuletzt aufgrund der sphärischen Musik, mit der die Bilder unterlegt waren. An jedem Jahrestag der ersten bemannten Mondlandung, 21. Juli 1969 (MEZ), wird in der *Space Night* die Originalfassung der ersten Fernsehübertragung zur exakten Uhrzeit des damaligen Geschehens ausgestrahlt.

Aber auch sonst lässt sich die Redaktion immer wieder Neues einfallen.

Zum 40-jährigen Bestehen der Perry-Rhodan-Serie lief 2001 die *Perry Rhodan-Space Night*. Die wöchentlich erscheinenden Hefte galten als die größte Science-Fiction-Serie der Welt. Im Rahmen der *Space-Night* wurden Titelbilder des Künstlers Johnny Bruck in Bewegung versetzt, so dass die Zuschauer und Zuschauerinnen eine visuelle Reise durch das Perry-Rhodan-Universum antreten konnten.

Auch die Wiederholungen von Wissenschaftssendungen haben inzwischen ihren Platz in der *Space Night* gefunden.

Närrische Zeiten
Fastnacht in Franken

Die Landeshauptstadt München wird häufig mit dem Bayerischen Rundfunk gleichgesetzt. Das schmerzt jeden Franken. Doch einmal im Jahr »rächen« sich

zu sein. Seit 1987 überträgt das Bayerische Fernsehen diese Veranstaltung, und von Jahr zu Jahr gewann diese recht eigene landsmannschaftliche Interpretation der Fastnacht an Zuschauern. In der Sendung traten schon früh Kabarettisten auf, die nun bundesweit bekannt sind, so Urban Priol oder Frank-Markus Barwasser. Barwasser, der einst

die Franken für die vermeintliche Benachteiligung. Seit Jahren strahlen sie die erfolgreichste Sendung des ganzen Jahres aus: *Fastnacht in Franken* erreichte am 13. Februar 2009 in Bayern einen Marktanteil von 45,7 Prozent, das heißt beinahe jedes zweite Fernsehgerät war an diesem Tag auf dem Kanal des Bayerischen Fernsehens eingeschaltet, um bei der Fränkischen Fastnacht und ihren zahlreichen Büttenrednern dabei

Fastnacht in Franken 2008 mit Mitgliedern des Elferrats: Werner Kilian, Bernd Händel und Bernhard Schlereth (v.li)

als Radioreporter im Studio Mainfranken seinen ersten Kontakt mit dem Bayerischen Rundfunk hatte, ist inzwischen mit seiner Sendung *Pelzig unterhält sich*, einer Talkshow ganz anderer Art, im Programm des Bayerischen Fernsehens und in der ARD fest etabliert.

Sternstunden im Bayerischen Rundfunk

Seit 1993 setzt sich die Aktion Sternstunden weltweit für Kinder und Jugendliche ein, die krank, behindert oder in Not geraten sind. Gemeinsam mit dem Bayerischen Rundfunk engagieren sich die Sponsoren – die Bayerische Landesbank, Bayerische Sparkassen und die Versicherungskammer Bayern – das ganze Jahr über für Kinderhilfsprojekte in Bayern, in Deutschland und auf der ganzen Welt. Das Besondere dabei ist: Jede Spende kommt zu 100 Prozent bedürftigen Kindern zu Gute, da die Sponsoren von Sternstunden – gemeinsam mit dem Bayerischen Rundfunk – alle Verwal-

Bild oben: Sternstunden-Gala 2007 mit Stars aus der Sendung *Dahoam is Dahoam*

Bild unten: Petra Schürmann moderierte beim Bayerischen Rundfunk u.a. *Samstagsclub*, *Lieder - Rhythmen – Melodien* sowie *Schlüsselloch* und engagierte sich als Patin für Sternstunden-Projekte, 1999

tungskosten der Benefizaktion tragen. Durch die direkte und unbürokratische Hilfe können Not leidende, behinderte und kranke Kinder auf der ganzen Welt betreut werden. Auch im Programm finden die Sternstunden ihren Niederschlag, nicht zuletzt, um den Spendenfluss aufrecht zu erhalten. Jedes Jahr sendet das Bayerische Fernsehen eine mehrstündige Sternstunden-Gala mit Sabine

Bild oben: Thomas Jansing (li), Leiter des Programmbereichs Bayern und Unterhaltung, mit den Moderatoren Sabine Sauer und Gerd Rubenbauer, Dezember 2008

Bild links: Christoph Deumling in der Spendenzentrale bei der Sternstunden-Gala 2007

Sauer, Gerd Rubenbauer und Christoph Deumling. Dazu gibt es den Sternstunden-Adventskalender im Bayerischen Fernsehen, bei dem prominente Paten vom 1. bis 24. Dezember ausgewählte Projekte vorstellen. Im Hörfunk widmen sich ebenfalls im ganzen Monat Dezember die Programme von Bayern 1 und Bayern 3 den Sternstunden. Von 1993 bis 2007 konnte die Hilfsaktion rund 82,5 Millionen Euro an Spenden sammeln. Zu Gute kam das Geld mehr als 1500 Projekten im In- und Ausland. Die Sternstunden des Bayerischen Rundfunks basieren auf einer Idee des damaligen Leiters der

Unterhaltungsabteilung, Thomas Jansing. Er setzte den Plan um, eine einmalige soziale Unterstützungsaktion für Kinder durchzuführen. Schon im ersten Jahr 1993 war die Aktion aber so erfolgreich, dass man sie fortführte. Heute sind die Sternstunden immer noch in der Verantwortung von Thomas Jansing, der inzwischen der Leiter des Programmbereichs Bayern und Unterhaltung geworden ist. Sie ist die größte Benefizaktion, die jemals von einem Sender ins Leben gerufen wurde.

Amsi Kern, Maxl Graf und Eva Hatzelmann (v.li) in der Folge
Liebe und Blechschaden vom *Chiemgauer Volkstheater*, 1997

Tiere vor der Kamera wird seit 1977 im Ersten ausgestrahlt. Hans Schweiger (Kamera)
und Ernst Arendt (Ton) bei den Dreharbeiten zu *Landung frei für Albatrosse*, 1992

Fonsi (Christian Springer) auf der Wiesn mit Waltraud und Mariechen, den
fränkischen Kabarettisten Volker Heißmann (li) und Martin Rassau, 2008

Herbert und Schnipsi, mit Claudia Schlenger und Hanns Meilhamer, die Kultsendung im Bayerischen Fernsehen, 2000

Freitagsabend-Comedy im Bayerischen Fernsehen: *Die Komiker* mit Christian Springer, Monika Gruber, Michael Altinger und Eva Mähl (v.li), 2009

Die Talkshow *Heut' Abend* mit Joachim Fuchsberger (li) startete 1980. Erster Gast war am 2. Dezember Harry Belafonte, der sich über Fuchsbergers Spitznamen amüsierte: They call you Blacky?

Ausblicke

Das neue Jahrtausend (ab 2000)

Papst Benedikt XVI. wird am 9. September 2006 von Bundespräsident Horst Köhler am Münchner Flughafen begrüßt

Stefan Scheider kommentiert die Ankunft des Papstes
Münchner Flughafen von der Übertragungstribühne aus

Am Nachmittag des 19. April 2005 machte sich Nervosität beim
Bayerischen Rundfunk breit. Insider aus dem Vatikan hatten Tipps gegeben, dass das am Tag zuvor begonnene Konklave ein schnelles Ergebnis
bringen könnte. Einer der Favoriten sei nach wie vor Joseph Kardinal Rat-
zinger, der in München nicht unbekannt war. Geboren in Marktl am Inn,
hatte er einen großen Teil seines Lebens in München verbracht, von 1977
bis 1981 war er der Erzbischof von München und Freising. Als am frühen
Nachmittag der weiße Rauch aufstieg und das Ergebnis des vierten Wahl-
gangs auch offiziell bekannt gemacht wurde, begannen hektische Stunden für den Bayerischen Rundfunk, um diese Sensation auch sofort mit
all ihren Hintergründen im Programm von Hörfunk und Fernsehen zu
verbreiten.

Wenn der Papst kommt

Ein besonderer Programm-Höhepunkt sollte im Herbst 2006 noch folgen:
der einwöchige Besuch des Papstes in seiner bayerischen Heimat. Der
Bayerische Rundfunk als federführende Rundfunkanstalt lieferte allein
für Das Erste und das Bayerische Fernsehen rund 100 Programmstunden,
darunter Live-Übertragungen der großen Papst-Messen in München-
Riem, Altötting und Regensburg. Auch in den BR-Hörfunkwellen waren
die Gottesdienste live zu hören, dazu kamen Berichte, Reportagen und
Kommentare für die anderen ARD-Hörfunkprogramme. Unter papst. ard.
de gab es ein umfassendes multimediales Webangebot mit aktuellen
Berichten, Bildergalerien und Live-Streaming. Auch im Videotextange-
bot spiegelte der Bayerische Rundfunk aktuell und umfassend den Papst-
besuch wider. Aus dem für die Europäische Rundfunkunion (EBU/UER)
bereitgestellten Fernseh- und Hörfunkmaterial bedienten sich 74 Rundfunkanstalten aus 54 Ländern. Vorausgegangen war bereits am 15. Au-

...ter Mezger, Pater Eberhard von Gemmingen, Radio Vatikan, ...d ARD-Korrespondent Michael Mandlik (v.li), 2006

Freimann: Schaltraum als Kontroll- und Überwachungszentrum für alle ein- und ausgehenden Video- und Audiosignale, 2007

gust 2006 das erste deutsche TV-Interview des Papstes mit ARD, ZDF, Deutscher Welle und Radio Vatikan, das in Castelgandolfo aufgezeichnet wurde. Diese umfangreiche Live- und Hintergrundberichterstattung wäre nicht möglich gewesen, wenn die Technik nicht in den letzten Jahren so rasante Fortschritte gemacht hätte. Die Technik revolutionierte nicht nur Produktionsbetrieb und Sendeabwicklung in Hörfunk und Fernsehen, sondern die digital gesteuerte Welt sorgte auch für ganz neue Verbreitungsmöglichkeiten der Hörfunk- und Fernsehprogramme.

Mit dem Computer schneiden

Noch in den 1990er Jahren konnte man im Studio beobachten, wie die Technikerinnen und Techniker die Tonbänder für Hörfunkbeiträge schnitten und wieder aneinander klebten, wenn es galt, einen Text dem Zeitrahmen anzupassen oder einen Versprecher zu eliminieren. Von großen Bandmaschinen wurden die Magnetbänder dann für die Sendung abgespielt. Doch die Zeiten von Klebeband und Schere sind unwiderruflich vorbei. Diese Arbeit hat mittlerweile der Computer übernommen, der es erlaubt, sie mit ein paar Klicks auf der Tastatur sehr viel schneller und effektiver zu gestalten. Selbst an einem Laptop lässt sich inzwischen ein Beitrag sendefertig bearbeiten. Bei den Dreharbeiten zu einem Fernsehspiel kann beispielsweise der Regisseur sofort am Monitor eine Aufnahme prüfen und gegebenenfalls neu drehen lassen, wenn sie ihm nicht gelungen erscheint. Früher mussten dafür die Filme über Nacht entwickelt werden. Lag ein wesentlicher Fehler vor, musste die Szene mit allem notwendigen Aufwand wieder aufgebaut und nachgedreht werden.

Der Übergang von der analogen Technik in die digitale Welt ermöglichte zahlreiche neue Dienste, die das gesamte Informationsverhalten radikal

Norbert Steiche im Korrespondentenbüro Main-Rhön in Schweinfurt, 2006

Ernst Vogt, seit 2006 Leiter der Redaktion Bayern Freizeit, u Stefan Frühbeis, seit 2008 Leiter der Redaktion Volksmusi█

veränderten. Der permanente Zugang zum Internet mit seinen laufend aktualisierten Inhalten hat die Menschen bei wichtigen Informationen von festen Zeiten unabhängig gemacht. Das hat auch die Erwartungshaltung der Konsumentinnen und Konsumenten verändert. Niemand will im Fall einer Katastrophe ein oder zwei Stunden auf die nächste Nachrichtensendung warten. So hat sich auch das Informationsprogramm B5 aktuell einen Platz in der schnellen Nachrichtenwelt erobert. B5 aktuell war der erste Nachrichtenkanal, der seine Produktion und Sendeabwicklung voll auf die digitale Technik umstellte. Alle Beiträge werden digital aufgenommen und bearbeitet, so dass in kürzester Zeit ein sendefertiges Audiofile geschaffen werden kann. Jeder Korrespondent, jede Korrespondentin kann über Filetransfer von der DigAS-Station (PC für professionelles Audio) oder per »Web-Taxi« von jedem gewöhnlichen PC Beiträge ins Funkhaus übertragen, ohne aufwändige Geräte benutzen oder die Beiträge über Zwischenstationen übermitteln zu müssen.

Radio-Utopie

Die zahlreichen Satelliten, die heute zur Verfügung stehen, machen auch Internet-Anbindungen in den entlegendsten Regionen möglich. So sind die Sender – und damit auch ihre Hörerinnen und Hörer – im wahrsten Sinne ununterbrochen mit der Welt verbunden. Damit ist die Radio-Utopie von Bertolt Brecht aus dem Jahr 1932 der Wirklichkeit sehr nahe gekommen: »Der Rundfunk ist aus einem Distributionsapparat in einen Kommunikationsapparat zu verwandeln. Der Rundfunk wäre der denkbar großartigste Kommunikationsapparat des öffentlichen Lebens ... wenn er es verstünde, nicht nur auszusenden, sondern auch zu empfangen, also den Zuhörer nicht nur hören, sondern auch sprechen zu machen ...«

...dregie im Sendezentrum Freimann, 2008

Der Bayerische Rundfunk bietet Ausbildungen zur Kamerafrau oder zum Kameramann an

Online-Beschränkungen

Das Internet ist nicht länger Begleitmedium, das Beiträge ergänzt und mit Texten erläutert, sondern die Hörerinnen und Hörer können mit seiner Hilfe ganze Programme des Hörfunks und des Fernsehens empfangen. Und über das Internet kann der Nutzer eine sehr große Anzahl von gespeicherten Programmen abrufen und sie anschließend hören oder sehen.

Was aber technisch möglich ist, kann manchmal nicht ohne weiteres umgesetzt werden. Vor der Verabschiedung eines neuen Medienstaatsvertrages im Jahr 2008, dem alle Landesparlamente zustimmen mussten, zeigten sich bei einzelnen Vorschriften und Auflagen sehr weit auseinandergehende Ansprüche und Rechtsauffassungen, welche Technik wie und von wem genutzt werden darf. Gerade über diesen Punkt gab es im Sommer 2008 erbitterte Auseinandersetzungen zwischen Politik, privater Medienwirtschaft und den öffentlich-rechtlichen Sendern. Nachdem zunächst Kabel- und Satellitentechnik und die Umstellung von der analogen zur digitalen Technik für vielfältigste Verbreitungswege sorgten, verlangten nun die Verleger, dass die öffentlich-rechtlichen Rundfunkanstalten in der Verbreitung ihrer Inhalte beschränkt werden, da sie durch die Gebühren besonders privilegiert seien. Vor allem die Möglichkeiten des Internets sollten daher weitgehend den privatwirtschaftlichen Unternehmen vorbehalten sein. Konkret: Die Landesrundfunkanstalten der ARD und das ZDF dürften keine journalistischen Inhalte in das Netz stellen, sofern sie sich nicht unmittelbar auf das ausgestrahlte Programm beziehen. Auch die Speicherung und die Verfügbarkeit von Sendungen sollte zeitlich stark beschränkt werden.

Das neue BR-Logo wird auf dem Hochhaus an der Arnulfstraße montiert, 21. August 2007

Das neue Corporate Design löste 2007 das alte Logo aus dem Jahr 1962 ab

Ein neues Gesicht

Die Entwicklung hat dafür gesorgt, dass beim Bayerischen Rundfunk auch mit internen Strukturmaßnahmen auf die neuen Techniken reagiert wurde. Im Jahr 2000 wurde die Hauptabteilung Multimedia des Bayerischen Rundfunks für das gesamte Onlineangebot verantwortlich. Seit 2008 ist sie als Programmbereich Multimedia und Jugend in der Intendanz angesiedelt. Im Mai 2001 erhielt BR-online ein überarbeitetes Gesicht. Im Jahr 2002 wurde auch der Bayerntext, das Teletextangebot des Bayerischen Rundfunks, in die Onlinewelt miteinbezogen, so dass auch die Teletextseiten im Netz rund um die Uhr angeschaut werden können. BR-online bietet immer wieder aktuelle Features wie Papstwahl, Sportereignisse oder politische Wahlen an. Außerdem können die Hörerinnen und Hörer live streamen oder podcasten. Das bedeutet, über das Internet Radioprogramme empfangen oder zeitversetzt Sendungen nachzuhören. Seit März 2008 findet der Nutzer alle relevanten und sendebegleitenden Informationen zu den Fernsehprogrammen und Hörfunkwellen des Bayerischen Rundfunks in neuem Design. Dazu wurde das so genannte »Corporate Design«, also das äußere Erscheinungsbild des Bayerischen Rundfunks, geändert, ebenso wie die BR-Programmlogos. Sämtliche Veröffentlichungen wurden dem neuen BR-Design angepasst, die Inhalte systematisch besser gegliedert und die Multimedia-Angebote ausgebaut.

Radio über DAB

Nicht immer verändert der technische Fortschritt alles. Dass es einen langen Atem brauchen kann, um eine neue Technologie im Rundfunkbereich zu etablieren, zeigt Digital Audio Broadcasting, kurz DAB: Schon

it 1974 ist der *Zündfunk* die Jugendsendung im Hörfunk

Herbert Tilmann, Direktor Produktion und Technik, beim Start von DVB-T in Nordbayern, 2008

1995 beteiligte sich der Bayerische Rundfunk am DAB-Pilotprojekt zur Einführung des digitalen terrestrischen Radios in Bayern, das 1999 unter dem Markennamen DIGITAL RADIO in den Regelbetrieb überging. Obwohl sich auch zahlreiche Firmen, Institutionen und Programmanbieter dafür einsetzten, ist die Markteinführung bis zum Jahr 2008 nicht zufriedenstellend gelungen.

Hauptursache für die mangelnde Akzeptanz war zum einen, dass die Industrie anfangs keine preiswerten DAB-Radios auf den Markt brachte. Hinzu kam, dass das DAB-Sendernetz in seinen Sendeleistungen bisher nur für den Mobilempfang mit Autoradios ausgelegt werden konnte, dagegen Radios im Heimbereich, die nicht an eine Außenantenne angeschlossen wurden, meist unversorgt blieben. Schließlich war ein Mehrwert in Form neuer, bisher nicht empfangbarer Programme und Dienste erforderlich, um die Hörerinnen und Hörer zum Kauf eines DAB-Gerätes zu motivieren. Während solche neuen Programme in Bayern sowohl vom Bayerischen Rundfunk wie auch von den kommerziellen Stationen von Anfang an angeboten wurden, war dies in anderen Bundesländern nicht immer der Fall.

Im Unterschied zum digitalen terrestrischen Fernsehen (DVB-T) – dort wurde das analoge Antennenfernsehen außer Betrieb genommen – existieren DAB und das analoge UKW bis heute nebeneinander, so dass es für das Publikum keinen Zwang zum Wechsel gibt. Doch während in anderen Ländern, wie Großbritannien, DAB schnell erfolgreich eingeführt werden konnte, wurde DAB in Deutschland auch durch seine föderalen Rundfunkstrukturen ausgebremst: So existierten unterschiedliche Meinungen der Protagonisten darüber, welches digitale System in Zukunft das Beste für das Radio sei. In Bayern sah man in den diskutierten

Sehen statt hören, das Fernsehmagazin für Gehörlose und Schwerhörige, mit Moderator Jürgen Stachlewitz, 2007

Experten für religiöse Volkskunst: Wolfgang Brückner ⌐ Gabriela Löwe-Hampp in der Sendung *Kunst & Krempel*, 19

Varianten allerdings keine Alternative und machte sich für die DAB-Systemfamilie stark, die jetzt auch DMB (für Videoinhalte) und DAB+ (effizienteres abwärtskompatibles Nachfolgesystem) umfasst. Im DAB-Angebot des Bayerischen Rundfunks wird ein Teil der Programme parallel (Bayern 4 Klassik) oder als Varianten bestehender Stammwellen (Bayern 5 Plus, Bayern 2 Plus) über die beiden terrestrischen Systeme ausgestrahlt (Simulcast). Drei Programme sind dagegen ausschließlich digital als neue Angebote empfangbar: BR-Verkehr für ständige Verkehrsmeldungen auf Knopfdruck, die BR-Jugendwelle on3radio und Bayern Plus für die ältere Generation ab 60.

Inzwischen sind auch die frequenztechnischen Voraussetzungen durch die Genfer Wellenkonferenz 2006 gegeben, um künftig das gesamte BR-Hörfunkangebot, das heißt zehn Programme, digital abbilden zu können. Weitere Leistungserhöhungen für eine verbesserte Innenraum-Versorgung sind in Planung, und DAB+ steht für neue Programmangebote in den Startlöchern. Auch die Empfangsgeräte werden immer billiger und sind derzeit schon für unter 100 Euro im Handel.

Die neue Jugendwelle

Der Bayerische Rundfunk bietet über DAB eine eigene Jugendwelle an. Dabei berücksichtigte man, dass die Jugendlichen neuen Techniken gegenüber aufgeschlossener sind, da sie täglich mit Handy, Internet und MP3-Player umgehen. Schon seit einiger Zeit gibt es verschiedene Angebote des Bayerischen Rundfunks über DAB. Dazu gehörte *Das Modul*, ein Nonstop-Musikprogramm vor allem für Jugendliche, das seit Oktober 2007 unter dem Titel *Bavarian Open Radio* 24 Stunden täglich unter anderem die Musik der Bands, die auf dem *Bavarian Open Festival* auf-

onntags-Stammtisch mit Dieter Hanitzsch, Helmut Markwort nd Wolfgang M. Heckl (v.li), 2008

Annette Betz, Peter Althammer und Renate Herzberg (v.li) bei *50 Jahre Abendschau* im Münchner Hofbräuhaus, 2004

getreten sind, sendete. Im Mai 2008 erfolgte dann die Umbenennung in on3radio (siehe auch Seite 274).

Entwicklung beim Fernsehen

Im Unterschied zum Radio, das als »Überall-Medium« vorwiegend über Antenne empfangen wird, haben sich beim Fernsehen andere Übertragungswege etabliert: In den 1980er Jahren wurde der Aufbau des Kabelnetzes aus Steuergeldern massiv durch das Bundespostministerium betrieben. Das Kabelfernsehen hat das Programmangebot gegenüber den terrestrisch empfangbaren Programmen – im Zuge der Einführung des Privatfernsehens – schlagartig vergrößert und entsprechend viele Zuschauer gewinnen können. Bald darauf begann auch das Satellitenfernsehen eine zunehmend bedeutendere Rolle zu spielen. Vor allem das luxemburgische Unternehmen Astra SES hatte den Typ eines Satelliten entwickelt, dessen Sendestärke bei einer Empfangsanlage mit einer Schüssel von etwa 90 Zentimeter Durchmesser ein gutes Fernsehbild lieferte, wenn es nicht gerade schrecklich stürmte, regnete oder schneite.

Später konnte man auch mit noch kleineren empfangsstarken Schüsseln die Programme empfangen. An vielen Wohnblocks war die rasante Entwicklung dieser Übertragungstechnik zu beobachten, als plötzlich auf vielen Balkonen die relativ kleinen Schüsseln installiert wurden. Durch die Digitaltechnik war es möglich, auf einem der Satellitenkanäle nicht mehr nur ein einziges Programm zu senden, sondern fünf oder mehr. Das machte es auch für kleinere Anbieter finanziell interessant, ihre Programme über den Satelliten auszustrahlen. Die großen Anstalten konnten entsprechend mehr Programme anbieten, wie die jeweiligen Digital-Pakete von ARD und ZDF beweisen.

Andreas Bönte (re) interviewt seine Gäste in der Sendung *Nacht-linie* in der Münchner Trambahn, hier mit Wladimir Klitschko

Nina Ruge und Sabine Sauer moderieren seit August 20… abwechselnd die Fernsehsendung *Unter 4 Augen*

Während über Satellit und im Kabel die Digital-Pakete seit 1997 zusätzlich zu den analogen Programmen übertragen wurden (Simulcast), musste beim Antennenfernsehen wegen der knappen Frequenzressourcen ein harter Analog-/Digital Umstieg vollzogen werden: Dort, wo digitale Sendeanlagen zwischen 2002 (erster Start von DVB-T in Berlin) und 2008 (Abschluss der DVB-T Umstellung in Bayern) in Betrieb gingen, wurden zeitgleich analoge Sender abgeschaltet.

Das digitale Antennenfernsehen (DVB-T) bietet drei- bis viermal so viele öffentlich-rechtliche Programme wie bisher. Nur dort, wo sich auch kommerzielle TV-Anbieter verbreiten lassen, zum Beispiel in größeren Ballungsräumen wie in München oder Nürnberg, sind es mehr als 20 Programme. Der Empfang von DVB-T ist weiterhin über die Hausantenne und den herkömmlichen Fernseher möglich, so dass nur eine einfache und preiswerte Set-Top-Box angeschafft werden muss, die zwischen Antenne und Empfangsgerät geschaltet wird. Daneben gibt es Digitalreceiver für den Computer oder den Laptop.

Aber es geht noch kleiner: Für die DVB-T-Technik gibt es inzwischen auch eine Reihe kleiner und kleinster Empfangsgeräte bis zur Handygröße mit eingebauter Antenne, so dass in weiten Teilen des Versorgungsgebiets ein mobiler Empfang möglich ist. Das geht bereits mit DVB-T-Handys, die in Deutschland seit der Fußball-EM 2008 auf dem Markt sind. Speziell auf den Mobil-Empfang mit solch kleinen Endgeräten wurde eigentlich der Standard DVB-H optimiert, doch bislang gibt es weder DVB-H-Geräte noch DVB-H-Dienste in Deutschland. Mit der Verfügbarkeit der neuen DVB-T-Handys sind die über DVB-T gesendeten Fernsehprogramme jedenfalls bereits mobil empfangbar. Auch auf der Studio- und Produktionsseite macht sich der technische Fortschritt be-

Für den Samstag beantworten Werner Buchberger und Marianne Koch im *Gesundheitsgespräch* auf Bayern 2 Hörerfragen

Stefan Parrisius interviewte in der im Januar 2008 gestarteten Sendung *Eins zu Eins. Der Talk* auf Bayern 2 Sandra Maischberger

merkbar. 2007 nahm der Bayerische Rundfunk auf dem Fernsehgelände in Freimann ein neues Sendezentrum in Betrieb. Die umfassenden Investitionen in einer Gesamthöhe von rund 50 Millionen Euro wurden notwendig, weil die Technik der alten Betriebszentrale aus dem Jahr 1985 überholt war und neuen programmlichen Anforderungen nicht mehr gerecht wurde. Technisches Herzstück des viergeschossigen Neubaus ist ein Sende- und Produktionsserver, der Aufzeichnung, Bearbeitung, Sendeabwicklung und Archivierung vernetzt. Insgesamt steht Speicherkapazität für rund 2000 Stunden Bild- und Tonmaterial zur Verfügung. Der Komplex umfasst vier Sendeabwicklungen mit weitgehend automatisierten Senderegien, einen zentralen Schaltraum, Studioabwicklungen für Live- und Vorproduktionen, Schnittplätze sowie ein digitales Archiv.

Radio und Podcast

Für die Hörerinnen und Hörer haben Podcast und die Entwicklung der MP3-Datenkompressionstechnik ebenfalls ein gänzlich neues Angebot geschaffen. MP3 ist die Abkürzung für das Datenformat MPEG1 Layer-3, eine Erfindung, an der maßgeblich der deutsche Ingenieur Karlheinz Brandenburg beteiligt war. Brandenburg erhielt dafür im Jahr 2000 den Deutschen Zukunftspreis. Seine Erfindung ermöglichte erst die starke Komprimierung von Daten, die es erlaubt, Hördokumente auch über das Internet schnell und günstig zu verbreiten. Wollte man bisher eine Hörfunksendung, die man verpassen würde, trotzdem hören, musste man dafür sorgen, sie zeitgleich mitzuschneiden. Die Rundfunkanstalten boten zudem für eine Reihe von Sendungen eine Kassetten- oder CD-Kopie per Post an, die vielen Hörerinnen und Hörern aber als zu teuer erschien. Das ist jetzt gänzlich anders. Leistungsfähige Computer können

Programmankündigung zum Hörspiel *Der Mann ohne Eigen-schaften*

Hörspiel des Jahres 2008 wurde *Speicher* von Michaela Melia Hans Kremer spricht die Stimme B

inzwischen aus Hunderten von aktuellen Programmen eine Sendung mit-schneiden. Der Nutzer kann sich aber auch aus den Podcast-Archiven be-dienen. Ein gutes Beispiel sind dazu die Beiträge der 2008 eingeführten Gesprächssendung *Eins zu Eins. Der Talk* in Bayern 2, die jeden Nachmit-tag um 16.00 Uhr ausgestrahlt wird. Alle Folgen dieser Reihe, zu der täg-lich ein besonderer Gast eingeladen wird, stehen als Podcast zur Verfügung. So ist ein regelrechtes Personenarchiv abrufbar, in das man je-derzeit reinhören kann, wenn man sich unabhängig vom Sendetag über eine der Persönlichkeiten informieren will. Das Gleiche gilt für die Sen-dungen von *radioWissen* oder andere regelmäßig ausgestrahlte Reihen. Eine besondere Bedeutung hat Podcast für die Hörspiele, allerdings sind hier wie bei allen Sendungen rechtliche Aspekte zu beachten, bevor eine Produktion kostenfrei ins Netz gestellt werden kann.

Musils *Der Mann ohne Eigenschaften*

Ab 19. September 2008 bot der Bayerische Rundfunk das Hörspiel *Der Mann ohne Eigenschaften* von Robert Musil im Internet zum kosten-losen Download an. Das Mammutprojekt der Abteilung Hörspiel und Medienkunst, gesendet vom 27. Dezember 2004 bis 5. Januar 2005, wurde so vier Jahre nach der Erstausstrahlung eines der größten Online-Ange-bote. Gleichzeitig mit der Online-Veröffentlichung wurde das Hörspiel auch auf Bayern 2 wiederholt. Entstanden war kein Hörspiel im klassi-schen Sinne, sondern eine Montage aus unterschiedlichem Text- und Ton-material. Auszüge aus den zu Lebzeiten Musils veröffentlichten Roman-fragmenten wurden mit Tagebucheinträgen zur Entstehung sowie mit Forschungsergebnissen verwoben. Die Jury der Deutschen Akademie der Darstellenden Künste wählte diese Produktion auch zum Hörspiel des Monats Dezember 2004.

Sessner, M. H. Rosenmüller, B. Reitz, Ch.Petzold, M.Aicher,
nten: M. Kiefersauer, H. von Spreti, F. X. Bogner, E. Jaeger (v.li)

Ulrich Mühe spielte in dem Spielfilm *Das Leben der Anderen*
den Stasi-Hauptmann Gerd Wiesler

Der Oscar für eine Produktion des Bayerischen Rundfunks

Bei aller technischen Entwicklung und Veränderung, die sich auch auf
die Hör- und Sehgewohnheiten auswirkt und in Zukunft noch stärker
auswirken wird, darf nicht vergessen werden, dass bei einem Sender wie
dem Bayerischen Rundfunk im Konzert der öffentlich-rechtlichen Angebote der Inhalt im Vordergrund stehen muss.

Der 28. September 2008 war in dieser Beziehung für den Bayerischen
Rundfunk ein ganz besonderer Tag. Zum ersten Mal wurde der Film *Das
Leben der Anderen* im Kulturprogramm Arte ausgestrahlt und kurz darauf
auch im Ersten – ein Film, der 2007 in Los Angeles nicht nur mit dem
Oscar für den besten fremdsprachigen Film ausgezeichnet wurde, son-
dern schon vor der Preisverleihung einer der erfolgreichsten deutschen
Filme in der Kinoauswertung war und in der Öffentlichkeit für heftige
Diskussionen sorgte.

Ohne den Programmbereich Spiel-Film-Serie unter der Leitung von
Bettina Reitz wäre *Das Leben der Anderen* aber nie entstanden. Der
Münchner Filmstudent Florian Henckel von Donnersmarck hatte die Idee
dazu und kämpfte fünf Jahre für die Umsetzung dieser Geschichte über
einen Stasi-Offizier, der durch die Observierung eines Intellektuellen-
Paares Zweifel an seinen bisher ohne jeden Skrupel ausgeführten Über-
wachungs-Aktionen bekommt. In einem Rückblick verwies Bettina Reitz
auf die Probleme bei der Durchsetzung: »Der Weg zum großen Filmer-
folg war keineswegs leicht, sondern steinig, von vielen Rückschlägen ge-
zeichnet und hätte an mancher Stelle um Haaresbreite nur noch ins
Nichts geführt«. Es war die Redaktion, die an ihrem ursprünglichen Urteil
festhielt und mit großem personellen und finanziellen Engagement

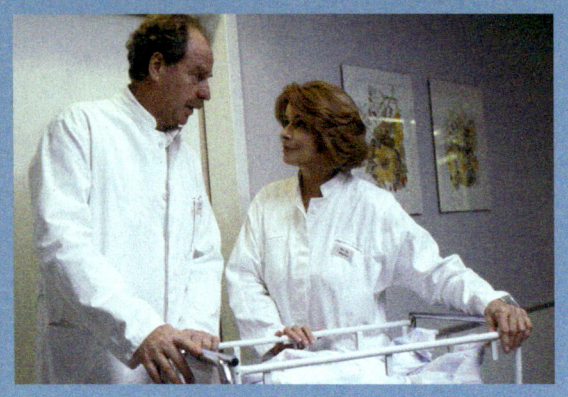

Friedrich von Thun als Wolfgang Schwarz und Senta Berger als Margarethe Martin in der Serie *Dr. Schwarz und Dr. Martin*

Franz Xaver Gernstl unterwegs im historischen Burgviertel d Stadt Nürnberg, 2007

dafür sorgte, dass *Das Leben der Anderen* zu diesem Welterfolg wurde. Nur zwei deutsche Produktionen hatten bislang die begehrte Trophäe erhalten: 1979 Volker Schlöndorff mit seiner Verfilmung der *Blechtrommel* nach dem Roman von Günter Grass und 2003 die junge Regisseurin Caroline Link mit dem Film *Nirgendwo in Afrika*. Auch bei Caroline Link war der Bayerische Rundfunk der Partner gewesen, der diese Kinoproduktion unterstützte. Für die Redaktion lieferten beide Auszeichnungen die spektakulärste Bestätigung ihrer Arbeit.

Ein bayerischer Heimatsender

Neben den vielen Einzelstücken hat das Bayerische Fernsehen eine Form von Mehrteilern entwickelt, die jeweils in drei oder vier Folgen Geschichten aus dem Alltag mit besonders prominenten und beliebten Darstellern erzählen. Die Bekanntesten waren *Dr. Schwarz und Dr. Martin*, eine Produktion, die so erfolgreich war, dass man nach den ersten vier Folgen vier neue drehen ließ, oder auch *Liebe und weitere Katastrophen*, beide mit Senta Berger und Friedrich von Thun in den Hauptrollen.

Über all den nationalen und internationalen Erfolgen hat das Bayerische Fernsehen seine Funktion als bayerischer Heimatsender nicht vergessen. Einer der wichtigsten Regisseure in diesem Bereich ist Jo Baier, der seit 1988 regelmäßig Fernsehfilme dreht, die vor allem die Eigenart der bayerischen Menschen betonen. Seinen ersten großen Erfolg feierte er 1994 mit dem Fernsehfilm *Hölleisengretl*, in dem die Schauspielerin Martina Gedeck eine junge Frau spielt, die aufgrund eines körperlichen Gebrechens zur Außenseiterin wird. Es folgten beispielsweise 1996 die Komödie *Der schönste Tag im Leben* über eine Hochzeit in der bayerischen Provinz oder 2002 *Verlorenes Land*, die tragische Geschichte zwischen

oderator und Kabarettist Christoph Süß führt seit 1998 den Donnerstag durch die Fernsehsendung *quer*

Dahoam is dahoam: Vier Generationen spielen Heidrun Gärtner, Joyce Ilg, Ursula Erber und Wilhelm Manske (v.li), 2008

Schwiegermutter und Schwiegertochter, die damit fertig werden müssen, dass der Jungbauer im Krieg vermisst bleibt. Ein Jahr später wurde Baier vielfach ausgezeichnet für *Schwabenkinder*, einen Film, der die schrecklichen Schicksale von Kindern erzählt, die über den Winter von ihren mittellosen Eltern in Vorarlberg nach Bayerisch-Schwaben zur Sklavenarbeit geschickt wurden. 2008 nahm Baier sich ein ganz besonderes bayerisches Thema vor: *Liesl Karlstadt und Karl Valentin* heißt der Film über die schwierige private und berufliche Beziehung des berühmten Komikerpaars. Noch vor seiner Ausstrahlung im Dezember 2008 wurde der Film schon mit dem »TV-Movie Award« auf dem Münchner Filmfest 2008 prämiert.

Gernstl unterwegs

Ein Bayer unterwegs, so könnte man Franz Xaver Gernstl bezeichnen. Mit einem VW-Bus, einem Kameramann und einem Tonmann fährt er seit den 1980er Jahren durchs Land – zunächst in Bayern, dann im ganzen Alpenraum und seit Herbst 2008 auch einmal die deutsche Grenze entlang. Dabei redet er mit den Menschen, die ihm begegnen – oder besser gesagt: Er lässt sie reden und aus ihrem Leben erzählen. Hatte Gernstl zunächst Schwierigkeiten, verantwortlichen Redaktionen sein Konzept zu vermitteln, die Menschen zu suchen und die Geschichten zu erzählen, die sie bewegen, so ist der Bayerische Rundfunk inzwischen sehr wohl von dieser Idee überzeugt. Über seine Reportagereisen hinaus mit dem Titel *Gernstl unterwegs,* die ihn auch schon mal nach Istanbul führten, ist Franz Xaver Gernstl ein wichtiger Produzent geworden, der nicht nur Dokumentationen betreut, sondern auch im Spielfilmbereich aktiv ist. So hat er etwa in der jüngeren Zeit Kinofilme der Regisseurin Doris Dörrie produziert oder mitproduziert.

Krimi aus Würzburg: In *Freiwild* ermitteln Thomas Schmauser als Peter Haller und Teresa Weissbach als Birgit Sacher, 2008

Kommissar Kluftinger (Herbert Knaup, Mitte), im Krimi *Ern* *dank*, mit Johannes Allmayer (li) und Jockel Tschiersch (re),20

Einer legt sich *quer*

Das Bayerische steht auch bei dem Moderator Christoph Süß im Vordergrund. Der Münchner begann seine künstlerische Arbeit als Kabarettist auf Kleinbühnen in seiner Heimatstadt, bis er 1998 Moderator für die neu geschaffene Jugendsendung *quer* im Fernsehen wurde. *quer* war der Versuch der Redaktion, etwas Neues und Frecheres für das junge Publikum zu schaffen, das immer stärker zu den privaten Anbietern abwanderte. Mit seiner Mischung aus Unterhaltung, Satire, Respektlosigkeit und kritischen Untertönen gelang es Süß, diese Aufgabe bestens zu lösen. Inzwischen ist er auch im Hörfunkprogramm des Bayerischen Rundfunks vertreten – jeden Samstag präsentiert er in dem Magazin *orange* auf Bayern 2 den *Süßstoff der Woche*.

Zurück zum Dialekt

Auf ein ganz neues Feld wagte sich das Fernsehen – ebenfalls im Wettstreit mit den privaten Anbietern – im Jahr 2007. »Daily Soaps« gab es zwar schon vorher im Vorabendprogramm, wie etwa die Serie *Marienhof*, die auch in München produziert wird. Mit *Dahoam is dahoam*, von Montag bis Donnerstag von 19.45 bis 20.15 Uhr im Bayerischen Fernsehen, sollte ganz bewusst eine Verbindung zu den legendären bayerischen Unterhaltungsserien geschaffen werden, die ja ganz stark von Dialekt sprechenden Schauspielern geprägt waren. Nach anfänglichen Schwierigkeiten und einer öffentlich geführten Diskussion, ob man so nicht die bayerische Sprache verhunze, konnte die Serie bald immer mehr Zuschauer an sich binden, so dass sie nach einem Jahr zu einem neuen Markenzeichen in der Programmpalette geworden war. Auch im fiktionalen Programm gewinnen die Regionen inzwischen an Bedeutung.

gmund Gottlieb, Chefredakteur Fernsehen seit 1995, mode-
rt im Wechsel mit Ursula Heller die *Münchner Runde*

Ursula Heller moderiert neben der *Münchner Runde* viele andere Sendungen im Bayerischen Fernsehen und im Hörfunk

Nachdem alle *Tatorte* des Bayerischen Rundfunks bisher aus München
kamen, hat das Bayerische Fernsehen reagiert und eine bayerische Hei-
matkrimireihe entwickelt. Der zweite Film dieser Reihe ist die Adaption
des Romans *Erntedank* aus der überaus erfolgreichen Krimireihe des Au-
torenduos Volker Klüpfel und Michael Kobr. Die Hauptfigur, Kommissar
Kluftinger, wird von Herbert Knaup gespielt, der mit dem Allgäuer Dialekt
kein Problem hat: Er wurde in Sonthofen geboren. *Erntedank. Ein Allgäu-
krimi* wird im Herbst 2009 ausgestrahlt. Aber auch die Franken kommen
inzwischen kriminalistisch stärker zur Geltung. *Freiwild. Ein Würzburg-
Krimi* hieß der erste Film der Reihe. Er wurde am 12. April 2008 im
Bayerischen Fernsehen ausgestrahlt. Mit diesen und vielen anderen Produktionen hat sich das Bayerische Fernsehen den Ruf erworben, die notwendige Balance zwischen Qualität und Quote beispielhaft umzusetzen.

Bei allen Bemühungen, die Zuschauerinnen und Zuschauer mit guter Unterhaltung an das Programm zu binden, wurde auch die Information
beim Bayerischen Rundfunk nicht vernachlässigt. Unter Fernsehdirektor
Gerhard Fuchs, der unter anderem von 1991 bis 1993 Chefredakteur von
ARD-aktuell und damit verantwortlich für die *Tagesschau* und *Tagesthemen* war, und mit Sigmund Gottlieb als Chefredakteur im Bayerischen
Fernsehen gewann dieser Bereich neue und schärfere Konturen. Gottlieb
ist sowohl mit seinen häufigen Kommentaren in den *Tagesthemen* als
auch mit zahlreichen *Brennpunkten* zur aktuellen politischen Lage auf
dem Bildschirm präsent. Im Bayerischen Fernsehen moderiert er –
alternierend mit Ursula Heller – jede Woche die *Münchner Runde*, eine
aktuelle politische Diskussion. Auch die konsequent durchgesetze
Informationsschiene zur Hauptsendezeit um 21.00 Uhr mit dem *Rundschau-Magazin* sorgt dafür, dass Unterhaltung und Information im
Bayerischen Fernsehen ein ausgewogenes Verhältnis finden.

O'zapft is 2006: Der Münchner Oberbürgermeister Christian Ude eröffnet traditionell das Oktoberfest, Moderator Christoph Deumling (re)

Trachten- und Schützenzug 2008 in der Sternstraße
Oben: Annette Betz, Eva Mayer, Gerd Rubenbauer, Uschi Dämmrich von Luttitz, Sonja Weissensleiner (v.li)
Unten: Lou Astor, Max Schmidt, Tilmann Schöberl, Tom Meiler, Christoph Deumling und Christian Faust (v.li)

Andy Borg ist seit dem 23. September 2006 Gastgeber beim *Musikantenstadl*

Karl Moik moderierte von 1982 bis 2005 den *Musikantenstadl*, hier in der Silvestersendung 2004 aus der Olympiahalle in Innsbruck

Zirkusdirektor Fritz Wepper in *Stars in der Manege* 2008

Stars in der Manege 2008: Das Ensemble aus *König der Löwen*

Der Unkonventionelle
Intendant Thomas Gruber

Intendant Thomas Gruber

Thomas Gruber wurde am 5. Februar 1943 im baden-württembergischen Eislingen/Fils geboren. Seit 2002 ist er Intendant des Bayerischen Rundfunks. Seine beruflichen Stationen: Nach dem Studium der Wirtschafts- und Sozialwissenschaften an der Technischen Hochschule Stuttgart und der Universität Erlangen-Nürnberg arbeitete er von 1970 bis 1978 als Wissenschaftlicher Assistent am Sozialwissenschaftlichen Forschungszentrum und am Lehrstuhl für Politik- und Kommunikationswissenschaft der Universität Erlangen-Nürnberg. Von 1978 bis 1981 war er Medienreferent des damaligen schleswig-holsteinischen Ministerpräsidenten Gerhard Stoltenberg in Kiel. 1981 wechselte er als Assistent des Fernsehdirektors zum Bayerischen Rundfunk nach München. 1984 übernahm Gruber die Redaktion Familie im Bayerischen Fernsehen, bevor er 1986 verantwortlich wurde für die Hauptabteilung Intendanz des Bayerischen Rundfunks. 1990 ging er als Leiter des Studios Franken nach Nürnberg. 1995 wurde er vom Rundfunkrat zum Hörfunkdirektor des Bayerischen Rundfunks gewählt. In all diesen Positionen fiel er durch seine pragmatische und unkonventionelle Art auf.

2002 wurde Gruber Intendant des Bayerischen Rundfunks. 2006 wählte ihn der Rundfunkrat für eine zweite Amtsperiode, die bis zum Jahr 2011 geht. Gruber war in den Jahren 2005 und 2006 ARD-Vorsitzender. Innerhalb der ARD war er federführend in den schwierigen Verhandlungen um die Sportrechte.

Unterhaltung mit Bayern plus

Seit September 2008 gibt es das digitale Programm Bayern plus des Bayerischen Rundfunks mit Schlagern, Instrumental- und Volksmusik, gespickt mit Informationen für den Alltag. Bayern plus sendet rund um die Uhr: Nachrichten, Wetter und Verkehr zur vollen Stunde, dazu die Melodien vor allem aus deutschsprachigen Ländern. Die Volksmusik hat täglich zwischen 16.00 Uhr und 18.00 Uhr ihren festen Platz. Ein Vormittagsmagazin von 8.00 Uhr bis 13.00 Uhr beschäftigt sich mit all jenen Themen, die ältere Hörerinnen und Hörer besonders interessieren: Gesundheit und Umwelt, Verbrauchertipps, Freizeit und Fitness, Ernährung und Kultur. Der Sender ist in Bayern über DAB-Radios zu empfangen, digital im Kabel und über Satellit sowie als Livestream im Internet.

Singen für den Papst aus Bayern

Besondere Ehre für den Chor und das Symphonieorchester des Bayerischen Rundfunks: Am 27. Oktober 2007 gaben die beiden Klangkörper unter der Leitung von Chefdirigent Mariss Jansons im Vatikan ein Konzert zu Ehren von Papst Benedikt XVI. Jansons dirigierte Beethovens 9. Symphonie, der Chor sang auf Wunsch des Papstes die Motette *Tu es Petrus*. 7000 Menschen kamen in den Vatikan, um bei dem Konzert dabei zu sein, darunter rund 2000 Pilgerinnen und Pilger aus Bayern. Das Bayerische Fernsehen und Bayern 4 Klassik übertrugen das Konzert live in ihren Programmen.

Bild oben: Papst Benedikt XVI. bedankt sich bei Chor und Symphonieorchester des Bayerischen Rundfunks und bei Mariss Jansons für das Konzert in der Audienzhalle Paolo VI. im Vatikan, 2007

Bild links: Thomas Gaitanides, Redaktionsleiter von Bayern plus

Kinder- und Jugendarbeit

In den 1990er Jahren begann der Bayerische Rundfunk seine Kinder- und Jugendarbeit in allen Bereichen konsequent auszubauen. Bereits 1989 fand unter dem Titel *Konzerte für Kinder und Kenner* das erste Kinderkonzert des Münchner Rundfunkorchesters statt. Vom Studio 1 im Funkhaus ging es 1994 und 1996 zusätzlich mit einem Kinder-Open-Air auf den Münchner Königsplatz, 1997 kamen die Jugendkonzerte des Orchesters hinzu. *Klasse Klassik* heißt es seit 2003, wenn bayerische Schulorchester mit dem Münchner Rundfunkorchester – in der Regel gemeinsam mit dessen Künstlerischem Leiter – musizieren. Seit Herbst 2006 finden die Konzerte und Veranstaltungen des Münchner Rundfunk-

radioMikro-Familienfest: Gaukler mit Feuerkunststücken im Innenhof des Funkhauses

orchesters für Kinder und Jugendliche unter dem Motto *Klassik zum Staunen* statt. Neu seit der Saison 2007/2008 ist dabei die *Zwergerlmusik* für die 3- bis 5-Jährigen. Zu den Konzerten für Kinder und Jugendliche wird ein pädagogisches Begleitprogramm angeboten, das von der Lehrerfortbildung über Schulbesuche der Musikerinnen und Musiker bis zum Konzertbesuch der Schulklassen reicht.

Ebenfalls Anfang der 1990er gründete der Bayerische Rundfunk zusammen mit der Stadt Ingolstadt und der Audi AG die »BR-Orchesterakademie Ingolstadt«, die jungen Spitzenmusikerinnen und -musikern die Gelegenheit bot, ihr Können unter Anleitung renommierter Dirigenten und erfahrener Orchestermusiker weiter zu vervollkommnen. Dieses erfolgreiche »Zusammenspiel« wurde 2001 zum festen Bestandteil in der musikalischen Arbeit des Symphonieorchesters. Die Akademie des Symphonieorchesters bietet seither 18 Ausbildungsplätze für zwei Jahre an. Junge Musikerinnen und Musiker sollen während dieser Zeit auf die hohen Anforderungen in Spitzenorchestern vorbereitet werden. Junge Menschen für Musik zu begeistern, ist Ziel eines weiteren Jugendprogrammes des Symphonieorchesters: Unter dem Titel *Con-Takt – das Programm für junge Neugierige* finden sich Angebote wie Probenbesuche, Begegnungen mit Orchestermusikern, Dirigenten, Solisten und Komponisten sowie eigenes Musizieren oder Komponieren kleinerer Werke. Weiterhin werden für begabte junge Künstler Kammermusikkurse in Zusammenarbeit mit der Evangelischen Akademie Tutzing angeboten.

2003 brachte die Programmreform von Bayern 4 Klassik Neuerungen für Kinder und Jugendliche. Erstmals zu hören war unter anderem *Do Re Mikro,* eine Musiksendung für Kinder. Anlässlich des Weltkindertags veranstalteten die Programmmacher im gleichen Jahr den ersten *Radiotag für Kinder,* das bedeutet seither: Zwölf Stunden Live-Programm von Kindern ausgewählt. Zwei Jahre später folgte der *Jugendradiotag,* an dem das Programm von Schülerinnen und Schülern gestaltet wird.

Unter dem Motto *Wilde Tage* findet seit 2007 das größte bayerische Radiofest statt. Dabei werden an zwei Tagen neben zahlreichen Workshops und Live-Konzerten der Wettbewerb *HörMal!* und die *KlassiXmiX-Sommerparty* präsentiert. Bereits 2005 hatte das Studio Franken zu dem Hörfunk-Wettbewerb *HörMal!* eingeladen, im gleichen Jahr startete auch *KlassiXmiX* im Münchner Funkhaus mit über 40 Musikgruppen und Einzelinterpreten. Das *radioMikro*-Familienfest wurde 2005 erstmals gefeiert. Bis zu 5000 – vor allem jüngere – Gäste besuchen inzwischen den Bayerischen Rundfunk, probieren sich als Moderatoren aus, ver-

folgen die Konzerte mit Hits von Ritter Rost oder lassen sich das *Betthupferl* vorlesen. Zu einem Kinder- und Familientag lädt seit 2004 auch das Münchner Rundfunkorchester ein. Für Schüler der 3. bis 7. Klassen gibt es seit 2003 den Ideen- und Kreativwettbewerb *EarSinn.* Hierbei steht die Bedeutung von Hören und Zuhören im Mittelpunkt. Die Jugendlichen produzieren einen Hörfunkbeitrag, in dem sie sich mit den Themen Klang, Musik, Lärm oder Erzählen auseinandersetzen. Ebenfalls in diesem Bereich engagiert sich seit 2002, gemeinsam mit der Abteilung Bildungsprojekte, die »Stiftung Zuhören«, gegründet vom Bayerischen Rundfunk, Hessischen Rundfunk und anderen öffentlich-rechtlichen Rundfunkanstalten. Die Stiftung unterstützt Projekte, wie z.B. Hörclubs an Schulen, Wettbewerbe oder Fortbildungen sowie zahlreiche Kinder- und Jugendveranstaltungen. Radio als Schulfach bietet beispielsweise das Projekt *Tatfunk.* Von erfahrenen Radiomachern werden den Schülerinnen und Schülern von Gymnasien in zweitägigen Workshops journalistische und technische Kenntnisse vermittelt. Im Laufe eines Schuljahres konzipieren und produzieren sie ihre eigenen Hörfunksendungen. *Tatfunk* ist ein Projekt der Eberhard-von-Kuenheim-Stiftung und der BMW Group in Zusammenarbeit mit dem Bayerischen Rundfunk.

Beim Internationalen Kinderfest in Würzburg ist auch der Schlawiner-Club mit dabei, 2006

Die on3-Moderatoren Christina Wolf, Laury Reichart und Kaline Thyrofd

ON▶I on3-radio ist seit 2008 die Jugendwelle des Bayerischen Rundfunks, die über alle digitalen Verbreitungswege, über Kabel sowie über Mittelwelle und im Internet zu empfangen ist. Das Programm ist aus den ehemaligen Jugendprogrammen *Das Modul* und *Bavarian Open Radio* entstanden und auf junge Hörerinnen und Hörer ausgerichtet. Es soll über die eigene Webseite unter dem Dachnamen on3 auch multimediale Angebote wie Podcasts und Videos mit dem Radioprogramm verbinden. Die Musikauswahl ist breit angelegt und grenzt sich bewusst gegen den Mainstream kommerzieller Programme ab. Darüber hinaus kommen 20 Prozent der gespielten Titel von bayerischen Bands.

on3-südwild ist ein werktägliches Jugendmagazin, das seit Oktober 2007 im Bayerischen Fernsehen zu sehen ist. Die Jugendlichen in Bayern sollen die Inhalte von *on3-südwild* selbst produzieren. Dafür stellt der Bayerische Rundfunk einen zum Studio umgebauten Doppeldeckerbus zur Verfügung, mit dem die *on3-südwild*-Moderatoren durch den Freistaat reisen und jeden Werktag eine Stunde live senden. *on3-südwild* konzentriert sich dabei auf sein Kernpublikum zwischen 16 und 25 Jahren. Die Moderatoren besuchen Bayerns Städte und Dörfer und lernen deren Bewohner kennen. Der Doppeldecker bleibt jeweils eine Woche vor Ort stehen. Neu ab April 2009 ist *on3-startrampe*, eine Fernsehsendung in BR-alpha, die Bayerns junge Musikszene vorstellt.

on3-südwild vor dem Würzburger Dom: mit Rosi Bundz und Sebastian Winkler, Kameramann Christian Hofmann, 2008

Monica Lierhaus und Gerhard Delling kommentierten live aus Turin

Olympische Winterspiele in Turin

Mit welchem Aufwand im Rundfunk gearbeitet wird, zeigte das Engagement bei den XX. Olympischen Winterspielen in Turin vom 10. bis 26. Februar 2006. Insgesamt 350 Stunden berichteten ARD – unter Federführung des Bayerischen Rundfunks – und ZDF im Wechsel. Die ARD übertrug alle wichtigen Entscheidungen live in Hörfunk und Fernsehen. Das Internetangebot »olympia.ard. de« brachte Live-Ticker, Zeitpläne, Hintergrundinfos und Nachrichten. Rund 19 Stunden Olympia gab es täglich im Fernsehen, 14 davon live ab 9.00 Uhr, moderiert und kommentiert von Monica Lierhaus und Gerhard Delling. Abends zwischen 23.00 Uhr und Mitternacht fassten Waldemar Hartmann und Harald Schmidt den olympischen Tag auf ihre eigene Art zusammen. Das Hörfunk-Team vor Ort versorgte rund 50 ARD-Radioprogramme – je nach Programmprofil – mit aktuellen Infos zu Wettkämpfen und Hintergrundfeatures. Der ARD-Videotext bot zudem rund 100 Stunden Untertitel für Hörgeschädigte und Gehörlose.

Waldemar Hartmann und Harald Schmidt (re) präsentierten bei den Olympischen Winterspielen in Turin in *Waldi und Harry* einen Rückblick der besonderen Art auf die Ereignisse des Tages, 2006

275

Gerichtlich gestärkt
Das Urteil des Bundesverfassungerichts von 2007

Das Urteil des Bundesverfassungsgerichts aus dem Jahr 1961 gilt bis heute als wichtigster Meilenstein in der Garantie für den öffentlich-rechtlichen Rundfunk in Deutschland. In einer ganzen Reihe von weiteren Urteilen in den folgenden Jahrzehnten blieb das Karlsruher Gericht bei dieser Grundeinstellung. Das wurde erneut deutlich im September 2007, als es um eine Klage von ARD und ZDF gegen die Länder ging. Die Landesparlamente hatten einen Vorschlag der von ihnen eingesetzten Kommission zur Ermittlung des Finanzbedarfs der Rundfunkanstalten (KEF) nicht übernommen, sondern eine niedrigere Gebühr beschlossen. Sie begründeten diese Abweichung von dem Vorschlag mit der negativen gesamtwirtschaftlichen Lage. Das Gericht hatte daraufhin der Klage von ARD und ZDF stattgegeben.

Bild oben: Herbert Tillmann, seit 1995 Technischer Direktor, 2008

Bild unten: Albrecht Hesse, seit 1999 Juristischer Direktor und seit 2003 Stellvertreter des Intendanten, Thomas Gruber, seit 2002 Intendant des Bayerischen Rundfunks, und Bernd Lenze, seit 2002 Vorsitzender des Rundfunkrats, 2006

Hier Auszüge aus dem Urteil, mit dem die grundsätzliche Bedeutung des öffentlich-rechtlichen Rundfunks ausdrücklich unterstrichen wurde:

Der Funktionsfähigkeit öffentlich-recht-

lichen Rundfunks dient die vorrangige Finanzierung über öffentlich-rechtliche Gebühren. Die Pflicht zur Zahlung der Gebühr knüpft für die Grundgebühr an das Bereithalten eines Hörfunkempfangsgeräts, für die Fernsehgebühr an das Bereithalten eines Fernsehgeräts an und schließt unter bestimmten Bedingungen

auch so genannte neuartige Rundfunk-
empfangsgeräte ein, insbesondere Rech-
ner, die Rundfunkprogramme ausschließlich über Angebote aus dem Internet wiedergeben können. Die Finanzie-

vom ökonomischen Markt bewirken und
dadurch sichern, dass sich das Programm
an publizistischen Zielen, insbesondere an
dem der Vielfalt, orientiert, und zwar unabhängig von Einschaltquoten und Wer-
beaufträgen.

Der Grundsatz der
Trennung zwischen der
allgemeinen Rund-
funkgesetzgebung und
der Festsetzung der
Rundfunkgebühr soll
Risiken einer mittelba-
ren Einflussnahme auf
die Wahrnehmung des
Programmauftrags
ausschließen und
damit die Programm-
freiheit der Rundfunk-

Bild oben: Johannes Grotzky (li), seit 2002 Hörfunkdirektor, und Lorenz Zehetbauer, seit 2003 Verwaltungsdirektor, 2009

Bild unten: Gerhard Fuchs, seit 1995 Fernsehdirektor,
2008

anstalten sichern. Da Programm-
entscheidungen finanzielle Voraussetzungen und Finanzentscheidungen programmliche Konsequenzen haben, kann
über Entscheidungen zur Finanzausstat-
tung auf indirekte Weise Einfluss auf die
Erfüllung des Rundfunkauftrags genommen werden. Ohne gegenläufige Vorkeh-
rungen könnte beispielsweise mit der
Gebührenentscheidung das Ziel verfolgt
werden, die Konkurrenzfähigkeit des
öffentlich-rechtlichen Rundfunks im Verhältnis zum privatwirtschaftlichen Rundfunk zu verringern oder auf die Art der
Programmgestaltung oder gar auf den
Inhalt einzelner Programme Einfluss zu
nehmen. Eine solche Einflussnahme darf
mit der Gebührenentscheidung jedoch
nicht verbunden werden.

rung des öffentlich-rechtlichen Rundfunks
auf der Grundlage des Gebührenaufkom-
mens soll eine weitgehende Abkoppelung

Treffen der BR- und ARD-Hörfunkkorrespondenten/-innen 2008 im Funkhaus: 1. Reihe Wolfgang Vichtl, Studioleiter Hauptstadtstudio Berlin; Barbara Kostolnik, Berlin; Klaus Kastan, Washington; Steffen Jenter, Berlin; Irmtraud Richardson, Brüssel; Eva Corell, Berlin (v.li) 2. Reihe Sebastian Engelbrecht, ARD Tel Aviv; Andrea Mühlberger, ARD Südosteuropa; Hörfunkdirektor Johannes Grotzky; Chefredakteurin Mercedes Riederer (v.li) 3. Reihe Gregor Hoppe, ARD Rom; Rolf Büllmann, Berlin; Ulrich Encke, Chefkorrespondent; Petra Kroeger, Sekretariat Studios Berlin und Ausland; Clemens Verenkotte, ARD Tel Aviv (v.li) 4. Reihe Gottfried Stein, ARD Buenos Aires; Jörg Paas, ARD Südosteuropa; Ralf Borchard, London; Stanislaus Kossakowski, Berlin; Martin Wagner, Chefkorrespondent Hörfunk und Jörg Seisselberg, ARD Rom (v.li)

Landtagswahl 2008 in Bayern: Martin Zeil, FDP; Franz Maget, SPD; BR-Moderator Peter Mezger, Günther Beckstein, Bayerischer Ministerpräsident, CSU; Sepp Daxenberger, Bündnis 90/Die Grünen und Hubert Aiwanger, Freie Wähler (v.li)

Jetzt red i, Europa mit Horst Seehofer, den Moderatoren Tilman Schöberl und Irmtraud Richardson, Henning Arp und Adelheid Rupp (v.li), 30. Januar 2008

Markus Krojer in dem vom Bayerischen Rundfunk koproduzierten Film von Marcus H. Rosenmüller *Wer früher stirbt, ist länger tot*, 2006

Bayerischer Filmpreis, 2003
Moderation: Christine Neubauer und Michael Fitz

Weihnachten in Europa 2008 aus der Basilika Größweinstein. Die Veranstaltung und Sendung wird vom Studio Franken produziert und von Gunther Emmerlich (Mitte) moderiert. Unter anderem wirkten Angelo Branduardi und Deborah Sasson mit

1922

18. September
Notarielle Beurkundung des Gesellschaftsvertrags Deutsche Stunde in Bayern. Gesellschaft für drahtlose Belehrung und Unterhaltung mbH.

1923

29. Oktober
Erste öffentliche Radiosendung aus dem Berliner Vox-Haus. Damit beginnt in Deutschland das Rundfunkzeitalter.

1924

30. März
Die Deutsche Stunde in Bayern startet im Gebäude des Verkehrsministeriums in der Arnulfstraße ihr Programm.
1. April
Die Rundfunkgebühr wird auf monatlich zwei Reichsmark festgelegt und bleibt bis 1970 unverändert.
2. August
Der Nebensender Nürnberg nimmt mit einer Leistung von 250 Watt im Postgebäude am Bahnhof seinen Betrieb auf.

1925

21. Februar
Erste Opernübertragung aus dem Münchner Nationaltheater im Rundfunk: Richard Wagners *Lohengrin*.
30. März
Aus Anlass eines Festaktes zum einjährigen Jubiläum der Deutschen Stunde in Bayern, der live gesendet wird, dirigiert Franz Adam erstmals das rundfunkeigene Orchester.
15. Mai
Gründung der zentralen Reichsrundfunkgesellschaft (RRG) in Berlin zur Wahrnehmung gemeinsamer Interessen der regionalen Sendegesellschaften.

1926

17. Februar
Mit der Berichterstattung Josef Kirmaiers vom Eishockeyspiel SC Riessersee gegen den Berliner Schlittschuhclub beginnen die Sportreportagen im Funk.
23. September
Das Programm der Deutschen Stunde in Bayern wird erstmals auf den Deutschlandsender Königs Wusterhausen und von dort ins Ausland (Amsterdam) übertragen.
1. November
Einführung eines Pausenzeichens in Form der Morsezeichen MÜ, NG und anschließend drei Glockentöne in As, Fis und D.

1927

1. April
Kurt von Boeckmann wird erster Intendant der Deutschen Stunde in Bayern.
1. September
Der Nebensender Augsburg nimmt nach dreiwöchiger Erprobungsphase seinen Betrieb auf.

1928

1. Mai
Offizielle Eröffnung des Pfalzsenders in Kaiserslautern, der sein Programm vom Münchner Sender erhält.
25./26. Dezember
Erste katholische (25.12.) und evangelische (26.12.) Morgenfeier der Deutschen Stunde in Bayern.

1929

30. Juni
Als erstes gesellschaftseigenes Funkhaus Deutschlands wird der Riemerschmidbau feierlich eingeweiht. Das Gebäude ist nach seinem Architekten Richard Riemerschmid benannt.

1930

29. und 30. März
Der Münchner Sender führt auf Veranlassung von Kiem Pauli und Prof. Kurt Huber das erste oberbayerische Preissingen in Egern durch, bei dem Volksmusikgruppen aus ganz Bayern und Tirol auftreten.

1931

1. Januar
Die Deutsche Stunde in Bayern wird gemäß Beschluss der Gesellschafterversammlung in Bayerischer Rundfunk GmbH umbenannt.

1. Juni
Die Welt hört nach München. Der Rundfunkreporter Otto Willi Gail interviewt Auguste Piccard anlässlich dessen spektakulären Ballonflugs durch die Stratosphäre. Das Gespräch wird von 82 Sendern Europas direkt übertragen und verschafft dem bayerischen Sender internationale Anerkennung.

18. August
Erste Hörfunkübertragung aus dem Festspielhaus Bayreuth: *Tristan und Isolde* von Richard Wagner unter der Leitung von Wilhelm Furtwängler. Angeschlossen an die erste Weltsendung in der Geschichte des Rundfunks sind über 200 europäische, amerikanische und afrikanische Sender.

1932

11. Februar
Die privaten Gesellschafter verkaufen ihre Anteile am Münchner Sender an die Reichspost und den bayerischen Staat.

3. Dezember
Eröffnung des Großsenders Ismaning im Erdinger Moos. Zugleich stellt der Sender Stadelheim (1926 gebaut) seinen Betrieb ein.

1933

17. März
Einheiten der SA und der SS besetzen das Münchner Funkhaus und hissen die Hakenkreuzfahne.

23. April
Der Reichsminister für Volksaufklärung und Propaganda, Joseph Goebbels, verkündet im Münchner Funkhaus den »neuen Kurs« der nationalsozialistischen Rundfunkarbeit.

1. Juli
Die Gralsglocken aus der Oper *Parsifal* von Richard Wagner bilden das Motiv für das neue Pausenzeichen. Der Nürnberger Sender erhält als neuen Ton den Anfang des Liebesmotivs aus der Wagner-Oper *Die Meistersinger von Nürnberg*.

1934

1. April
Die Bayerischer Rundfunk GmbH wird wie alle ehemaligen selbständigen Rundfunkgesellschaften als Reichssender München Teil des nationalsozialistischen Einheitsrundfunks.

1935

22. März
Beginn regelmäßiger Fernsehsendungen.

12. Oktober
Verbot von »Niggerjazz« für alle deutschen Rundfunkanstalten durch Reichssendeleiter Eugen Hadamovsky.

31. Dezember
Nach dem Verbot durch die Nationalsozialisten findet zum letzten Mal eine Reklamesendung im Rundfunk statt.

1936

6. - 16. Februar
Der Reichssender München überträgt als Zentralsender die Olympischen Winterspiele aus Garmisch-Partenkirchen in die ganze Welt.
10. Juli
Eröffnung eines Nebensenders in Bayreuth.
9. September
Eröffnung des Reichsparteitages der NSDAP in Nürnberg. Der Reichssender München überträgt deutschlandweit die Veranstaltungen.

1939

Januar
Auf Veranlassung von Goebbels wird die Bezeichnung »Großdeutscher Rundfunk« eingeführt.
1. September
Mit Kriegsbeginn treten »Außerordentliche Rundfunkmaßnahmen« in Kraft, die das Abhören ausländischer Sender unter Strafe stellen.

1940

9. Juni
Wie alle Reichssender übernimmt auch die bayerische Sendestation das Einheitsprogramm des »Großdeutschen Rundfunks«. Nur die Vormittagsstunden von 8.00 bis 12.00 Uhr sind bedingt für lokale Sendungen freigegeben.

1943

8. März
Der Sender Nürnberg in der Allersbergerstraße gerät durch Bombentreffer in Brand.
7. Juli
Sämtliche Reichssender führen ein 24-Stunden-Programm ein, um die immer häufiger werdenden Luftwarnungen senden zu können.

1944

12./13. Juli und 4. Oktober
Das Münchner Funkhaus wird nach Bombenvolltreffern stark zerstört. Im April war bereits der große Sendesaal ausgebrannt. In den Kellerräumen wird daraufhin ein Notsendebetrieb eingerichtet.

1945

27./28. April
Die Widerstandsgruppe »Freiheitsaktion Bayern« besetzt den Sender Ismaning, um die Bevölkerung zur Kapitulation zu bewegen, der Sender wird aber von der SS zurückerobert.
30. April
Mit der Einnahme des Münchner Funkhauses durch amerikanische Truppen stellt der bayerische Reichssender seinen Betrieb ein.
12. Mai
Sendebeginn von Radio München als Sender der amerikanischen Militärregierung.
31. Mai
Erste Sendung von Radio München aus dem notdürftig reparierten Funkhaus.
17. November
Radio München sendet das erste Hörspiel nach dem Krieg, *Das Märchen* von Curt Goetz.
22. November
Unter der Leitung eines amerikanischen Offiziers beginnt der Sendebetrieb in Nürnberg auf gleicher Welle wie in München. In der Anfangszeit liegt ein Schwerpunkt der Berichterstattung bei den Kriegsverbrecherprozessen.

1946

1. Mai
Der Chor des Bayerischen Rundfunks wird gegründet. Sein erster Leiter ist Josef Kugler.
6. Juli
Richtfest zum Wiederaufbau des zerstörten Funkhauses.

1947

16. Mai
Ausstrahlungsbeginn der *Brummlg'schichten* von Kurt Wilhelm, einer der populärsten Reihen von Radio München.

8. September
Start von Schulfunksendungen nach dem Krieg.

11. Dezember
Start der beliebten Hörfunksendung *Sie wünschen* . . . Ab 1949 übernimmt Fred Rauch die Moderation.

1948

13. Januar
Der Münchner Sender erhält ein neues Pausenzeichen: Die ersten Takte des Liedes *Solang der Alte Peter*.

25. Juni - 15. September
Die Kopenhagener Wellenkonferenz gesteht den Deutschen nur geringe Wellenbereiche auf Mittel- und Langwelle zu. Zur Kompensation erfolgt die Übertragung auf Ultrakurzwelle (UKW).

15. September
Beginn der Schulwerksendungen von Carl Orff.

1. Oktober
Das vom bayerischen Landtag verabschiedete »Gesetz über die Errichtung und die Aufgaben einer Anstalt des öffentlichen Rechts« tritt in Kraft. Damit war die Grundlage für den öffentlich-rechtlichen Rundfunk geschaffen.

24. November
Start der Bergsteigersendungen im Hörfunk.

27. November
Radio München übernimmt die Schirmherrschaft der *musica viva*-Konzerte, die seit Oktober 1945 auf Anregung des Münchner Komponisten Karl Amadeus Hartmann Musik des 20. Jahrhunderts fördern.

1949

25. Januar
Gründungsfeier des Bayerischen Rundfunks als Anstalt des öffentlichen Rechts. Der Direktor der Militärregierung in Bayern, Murray D. van Wagoner, übergibt die Lizenzurkunde an den Vorsitzenden des Rundfunkrats, Alois Johannes Lippl, und den Intendanten Rudolf von Scholtz.

28. Februar
In München-Freimann wird der erste UKW-Sender Europas in Betrieb genommen.

3. Juni
Einweihung des Nürnberger Funkhauses im umgebauten Pferdelazarett an der Wallensteinstraße.

5. Juni
Start der Sendung *Zwölfuhrläuten*, die jeden Sonntag einen bayerischen Ort porträtiert.

1. Juli
Das Symphonieorchester des Bayerischen Rundfunks wird unter Chefdirigent Eugen Jochum gegründet.

3. Oktober
Offizieller Beginn der Werbefunksendungen nach dem Krieg. Damit beauftragt ist die im Juni gegründete »Bayerische Werbefunk GmbH«.

1950

9./10. Juni
In München wird die »Arbeitsgemeinschaft der öffentlich-rechtlichen Rundfunkanstalten der Bundesrepublik Deutschland« (ARD) gegründet. Der Bayerische Rundfunk gehört zu den Gründungsmitgliedern.

18. August
Beginn eines zweiten Hörfunkprogramms aus der UKW-Zentrale in Nürnberg während einiger Abendstunden. Daraus wird ab 1958 ein Vollprogramm, das heutige Bayern 2.

2. November
Start der Sendereihe *Musikalisches Tafel-Confekt* aus dem damaligen Studio Nürnberg.

1951

4. März
Start der Sendereihe *Diese unsere Welt*.
28. Oktober
Nach dem vollständigen Wiederaufbau der Münchner Peterskirche sendet der Bayerische Rundfunk das Pausenzeichen mit der vollständigen Erkennungsmelodie *Solang der Alte Peter*.

1952

1. April
Gründung des Münchner Rundfunkorchesters. Erster Leiter wird Werner Schmidt-Boelcke.
2. - 17. September
Der Bayerische Rundfunk führt erstmals den Internationalen Musikwettbewerb der ARD durch.
25. Dezember
Offizieller Beginn des Fernsehens in der Bundesrepublik. Der NWDR strahlt täglich von 20.00 bis 22.00 (bzw. 22.30) Uhr ein Programm aus. Zusätzlich gibt es ein halb- bis einstündiges Nachmittagsprogramm.

1953

11. Mai
Aufnahme des Fernseh-Probebetriebs in einem Saal des Münchner Blindenheims in der Lothstraße.
2. Juni
Live-Übertragung der Krönung von Elisabeth II. zur Königin im Rahmen einer Gemeinschaftswoche zum Beginn des europäischen Fernseh-Gemeinschaftsprogramms.
5. September
Beginn des *Betthupferls*, der täglichen Gute-Nacht-Geschichte des Kinderfunks mit Adele Hoffmann.

1954

1. Mai
Das Fernsehstudio München-Freimann wird bezogen.
1. November
Die ARD startet offiziell ihr Gemeinschaftsprogramm (Erstes) Deutsches Fernsehen.
6. November
Fernsehstart in Bayern: Ausstrahlung der ersten Programmbeiträge zum offiziellen Fernseh-Gemeinschaftsprogramm über den Sender Wendelstein: *München – Bilder einer Stadt* und das Mozart-Singspiel *Die Gärtnerin aus Liebe*.
8. November
Das Fernseh-Regionalprogramm startet mit der *Münchner Abendschau*.

1955

2. Januar
Start der beliebten Unterhaltungssendung *Was bin ich?*, einem heiteren Beruferaten mit Robert Lembke.
19. Juni
Start der ersten Autofahrersendung *Nimm's Gas weg* mit Fritz Benscher, die 1959 in *Gute Fahrt* umbenannt wird.

1956

3. November
Der Bayerische Rundfunk beginnt als erster Sender in der Bundesrepublik mit der Ausstrahlung von Fernsehwerbung.

1957

19. März
Die Münchner Lach- und Schießgesellschaft mit Dieter Hildebrandt erscheint erstmals auf dem Bildschirm.

1958

22. Juni
Erstausstrahlung von *Hätten Sie's gewußt?* im Deutschen Fernsehen mit Heinz Maegerlein.
1. Oktober
Das zweite Hörfunkprogramm wird zum Vollprogramm ausgebaut.

1959

11. April
Erstmals überträgt der Bayerische Rundfunk die Benefiz-Veranstaltung *Stars in der Manege* im Deutschen Fernsehen.
16. Mai
Erster *Komödienstadel* im Deutschen Fernsehen.
22. Mai
Das Institut für Rundfunktechnik (IRT) in München-Freimann wird in Betrieb genommen.

1960

3. Mai
Die Familienfunk-Sendung *Das Notizbuch* beginnt im Hörfunk.
2. Oktober
Die Regionalisierung im Hörfunk setzt mit der Dreiteilung für die bayerischen Regionen Franken, Altbayern und Schwaben ein: *Vom Main zur Donau*, *Zwischen Arber und Wetterstein* und *Der Schwabenspiegel*.
25. Oktober
Erstmals wird das Fernseh-Magazin *Anno – Filmberichte zu Nachrichten von gestern und morgen* ausgestrahlt, seit 1962 unter dem Titel *Report*.

1962

21. Februar
Die erste Folge von *Meister Eder und sein Pumuckl* von Ellis Kaut startet im Kinderfunk im Radio.

1. Oktober
Start des *Musikjournals* im Hörfunk.

1963

1. Januar
Inbetriebnahme des Fernsehgeländes Unterföhring.
5. April
Erstausstrahlung des *Weltspiegels*, des ältesten politischen Auslandsmagazins im Deutschen Fernsehen.
1. Mai
Eröffnung des Hörfunk- und Fernsehstudios in Rom.
4. Juli
In Nürnberg wird die Schule für Rundfunktechnik (SRT) gegründet.
16. September
Inbetriebnahme des Hörfunk-Studiobaus an der Marsstraße.
23. - 27. Oktober
Der Bayerische Rundfunk veranstaltet das erste *Internationale Festival der leichten Musik* mit Gästen aus zwölf Ländern.

1964

1. Mai
Die Redaktion Wien wird eingerichtet.
5. - 12. Juni
Der erste *Prix Jeunesse International* zur Förderung des Kinder- und Jugendfernsehens findet in München statt.
14. September
Als Vorlauf zum Studienprogramm beginnt der BR als erste ARD-Anstalt mit der regelmäßigen Ausstrahlung von Schulfernsehen.
22. September
Als erste ARD-Anstalt eröffnet der Bayerische Rundfunk ein Drittes Fernsehprogramm, das »Studienprogramm«, das heutige Bayerische Fernsehen. Gleichzeitig startet der erste in Deutschland produzierte Fernseh-Sprachkurs: *Benvenuti in Italia*.

1. November
Ein drittes Hörfunkprogramm zur Ausstrahlung von ARD-Sendungen für Ausländer wird eröffnet.

1965

1. April
Das Internationale Zentralinstitut für das Jugend- und Bildungsfernsehen (IZI) wird in München gegründet.

1966

11. Februar
In Tel Aviv werden ein Hörfunkbüro und ein Fernsehstudio eingerichtet.
18. März
Beginn der Sendereihe *Gespräche im Studio Nürnberg* (heute: *Studio Franken im Gespräch*) im Hörfunk.
24. Dezember
Die Ära der Stereosendungen wird mit der *Missa solemnis* von Ludwig van Beethoven eingeläutet.

1967

2. Januar
Start des *Telekollegs* im Studienprogramm.
25. August
Durch einen symbolischen Knopfdruck eröffnet Willy Brandt im Rahmen der Internationalen Funkausstellung in Berlin das Zeit- alter des Farbfernsehens in der Bundesrepublik Deutschland.

1968

21. Mai
ARD und ZDF gründen das Deutsche Olympia Hörfunk- und Fernsehzentrum ARD/ZDF (DOZ) mit Sitz in München, um die Übertragungen von den Olympischen Sommerspielen zu organisieren.

1969

18. November
Start der Sendereihe *Unter unserem Himmel* im Regionalprogramm des Bayerischen Fernsehens.

1970

1. Januar
Die erste Gebührenerhöhung seit 1924 tritt in Kraft: DM 2,50 für Hörfunk, DM 6,- für Fernsehen.

1971

10. März
Der Wirtshausdiskurs *Jetzt red i* startet im Bayerischen Fernsehen.
1. April
Start von Bayern 3, der ersten Servicewelle im deutschen Hörfunk.
3. Mai
Ausstrahlung der Regionalprogramme *Altbayern heute*, *Franken aktuell* und *Schwaben aktuell* im Hörfunk.

1972

15. März
In München gründet sich das »Landesbürgerkomitee Rundfunkfreiheit«, das ein Volksbegehren gegen das neue, von der CSU durchgesetzte Rundfunkgesetz einleiten will.
14. Mai
Start der Kindersendung *Das feuerrote Spielmobil* im Ersten Programm.
15. Mai
Fusion der Werbefunk- und Werbefernsehgesellschaft zur Bayerischen Rundfunkwerbung GmbH (BRW).
26. August - 11. September
Bei den Olympischen Sommerspielen in München hat der Bayerische Rundfunk die Federführung für die Übertragung in alle Erdteile.

1973

2. Januar
Start des vierten Regionalprogramms *Ost-bayern heute* im Hörfunk.

1. Juli
Aufgrund eines Volksentscheids, initiiert vom Landesbürgerkomitee Rundfunkfreiheit, wird die bayerische Verfassung um einen Artikel 111a ergänzt. Dieser schreibt für Hörfunk und Fernsehen im Freistaat eine öffentlich-rechtliche Trägerschaft vor.

25. September
Beginn der Fernsehsendung *Die Sprechstunde*, moderiert von Antje-Katrin Kühnemann.

1. Oktober
Programmstrukturänderung im Fernsehen: Aus dem Studienprogramm wird das Bayerische Fernsehen.

1974

1. Januar
Radioreform beim Bayerischen Rundfunk. Gleichzeitig erhält das 1. Programm den Namen Bayern 1 und das zweite den Namen Bayern 2. Erstausstrahlung des *Zündfunks*, der Jugendsendung im Hörfunk.

1. Mai
In Nürnberg wird eine Fernsehredaktion gegründet.

1975

9. Januar
Erstsendung des Wirtschaftsmagazins *Plusminus*.

20. Januar
Erstsendung von *BR unterwegs*, der Bürgersendung des Bayerischen Fernsehens.

23. September
Start der Fernseh-Sendereihe *Bergauf-Bergab* für Bergsteiger.

1976

1. März
Eröffnung des Fernsehstudios in Würzburg.

1. Oktober
Das Hochhaus an der Arnulfstraße wird bezogen.

1977

6. Februar
Die *Welle Mainfranken* wird als fünftes Regionalprogramm des Hörfunks für den Bereich Mittel- und Unterfranken eingerichtet.

1978

1. Januar
Das Bayerische Fernsehen wird zum Vollprogramm ausgebaut. Dabei verzichtet man auf die Übernahme der *Tagesschau*.

14. Januar
Kino, Kino startet im Bayerischen Fernsehen.

15. Juli
Der Bayerische Rundfunk sendet als erste europäische Rundfunkanstalt ein digital aufgezeichnetes Musikstück.

1. Oktober
Mit der *Frankenchronik*, der späteren *Frankenschau*, wird die Regionalisierung im Bayerischen Fernsehen ausgebaut.

1979

2. April
Start des *Münchner Mittagsmagazins* als sechstes Regional- und erstes deutsches Lokalprogramm im Hörfunk für den Großraum München.

1. Oktober
Neue Programmstruktur im Bayerischen Fernsehen und Start der Nachrichtensendung *Rundschau*.

10. Oktober
Eröffnung des Studios Ostbayern in Regensburg.

1980

4. Oktober
Als erste ARD-Anstalt startet der Bayerische Rundfunk mit Bayern 4 Klassik ein Hörfunkprogramm mit ausschließlich klassischer Musik.

1982

24. September
Die Fernsehserie *Meister Eder und sein Pumuckl* hat im Ersten Premiere.

1984

2. Januar
Live aus dem Alabama (später *Live aus dem Nachtwerk* und *Live aus dem Schlachthof*), die wöchentliche Jugendsendung mit Musik und Diskussionen, startet im Bayerischen Fernsehen.
1. April
Der Bayerische Rundfunk beteiligt sich bis Ende 1985 mit Sendungen auf zwei Fernsehkanälen und einem Hörfunkkanal am Kabelpilotprojekt München.

1985

29. August
Beginn der Erprobung des Zweikanaltons (Stereo) im Fernsehen.
5. Oktober
Bayern 4 Klassik wird als Vollprogramm ausgestrahlt.
6. November
Beginn der bundesweiten Ausstrahlung des Bayerischen Fernsehens über Satellit.

1986

1. September
Bayerntext wird als Videotextprogramm über die Senderkette des Bayerischen Fernsehens ausgestrahlt.

1987

10. Januar
Kanal fatal, die Comedy-Sendung, startet im Bayerischen Fernsehen.
5. Oktober
Nach vierjähriger Bauzeit wird die neue Betriebszentrale in Freimann eröffnet.

1989

1. August
In allen vier UKW-Hörfunkprogrammen wird das neue RDS (Radio-Daten-System) Zusatzsignal gesendet, das umfangreiche programmbegleitende Informationen übermittelt.
24. August
Ausstrahlung von Bayern 4 Klassik über Satellit.
2. Oktober
Das *Mittagsmagazin* von ARD und ZDF startet. Auf ARD-Seite übernimmt der Bayerische Rundfunk die Federführung.

1990

1. Mai
Umbenennung von »Studio Nürnberg« in »Studio Franken«.
15. Juni - 15. Juli
Der Bayerische Rundfunk veranstaltet erstmals die *Sommerkonzerte zwischen Donau und Altmühl.*
28. Juli - 4. August
Erste BR-Radltour, die von Donauwörth nach Dingolfing führt.

1991

6. Mai
Mit B5 aktuell startet der erste reine Nachrichtenkanal als fünftes Hörfunkprogramm.
7. Oktober
Premiere der digitalen Tonregie des Bayerischen Rundfunks im Münchner Herkulessaal.

1992

Eröffnung neuer Korrespondentenbüros mit ISDN-Überspieltechnik in Kempten, Hof und Augsburg.

17. Dezember
Das neue Fernsehzentrum im »Studio Franken« wird in Betrieb genommen.

1993

1. September
BR, NDR und WDR eröffnen ein gemeinsames Hörfunkstudio in Berlin.

1. Oktober
Eröffnung neuer Korrespondentenbüros in Murnau/Oberland und in Arnschwang/Bayerischer Wald.

1. Dezember
Start der Benefizaktion *Sternstunden – Wir helfen Kindern* zugunsten notleidender Kinder.

1994

Eröffnung neuer Korrespondentenbüros in Landshut, Ingolstadt, Ansbach und Amberg/Oberpfalz.

25. Januar
Start der Fernsehreihe *BayernTour*.

2. Mai
Die *Abendschau* wird regional aufgeteilt in *Bayern live – der Norden* und *Bayern live – der Süden*.

1. Juni
Start der *Space Night* mit Bildern aus dem Weltall im Nachtprogramm des Bayerischen Fernsehens.

17. August
Das Bayerische Fernsehen strahlt den ersten Film im Breitbildformat 16:9 aus.

1995

17. Juli
Eröffnung eines neuen Korrespondentenbüros in Traunstein/Chiemgau.

16. Oktober
Start von BR-Online.

1996

13. März
B5 aktuell ist als erstes deutsches Hörfunkprogramm live im Internet zu hören.

9. April
Premiere für das erste digitale Studio für anspruchsvolle Wortproduktionen.

1997

1. Januar
Start des Kinderkanals von ARD und ZDF.

11. Januar
Wir in Bayern – Der Familiennachmittag startet im Bayerischen Fernsehen.

7. April
Start von Phoenix, dem gemeinsamen Ereignis- und Dokumentationskanal von ARD und ZDF.

15. Oktober
Eröffnung des *Bayern 1-Radioclubs*.

1998

7. Januar
BR-alpha, der neue Bildungskanal des Bayerischen Fernsehens, geht auf Sendung.

16. Januar
Im Rahmen des bayerischen DAB-Pilotprojekts startet der Bayerische Rundfunk den ersten volldigitalisierten Verkehrskanal *Bayern Mobil*.

26. Februar
quer startet im Bayerischen Fernsehen.

1999

Eröffnung der neuen Korrespondentenbüros in Donauwörth/Donau-Ries und Schweinfurt/Rhön.

10. Januar

Unter dem Titel *Fernweh* präsentiert das Bayerische Fernsehen ein neues Reisemagazin.

1. Mai

BR-alpha live im Internet. Erstmals in Deutschland ist ein öffentlich-rechtliches Fernsehprogramm 24 Stunden täglich live im Internet zu sehen.

2000

14. Januar

Eröffnung des neuen Korrespondentenbüros in Rosenheim.

2001

1. Oktober

Start der Akademie des Symphonieorchesters des Bayerischen Rundfunks.

2002

20. Februar

Bayern 1 sendet erstmals aus seinem neuen Sendezentrum, das mit modernster digitaler Produktions- und Sendetechnik ausgerüstet ist.

2003

27. Januar

Das Digitale Radio (DAB) wird mit drei Servicekanälen und einem Kanal für Popmusik ergänzt.

31. Oktober

Der Bayerische Rundfunk überträgt weltweit als erste Rundfunkanstalt Mehrkanal-Audio im Radio.

2004

10. Juni

Der *Scheibenwischer* kommt erstmals aus Bayern. Bis dahin produzierte der SFB die Sendung.

2005

8. Januar

BR-alpha sendet als erstes Programm aus dem neuen Sendezentrum in Freimann.

30. Mai

Das digitale ÜberallFernsehen DVB-T startet in Bayern.

7. August

Erstmals wird eine Fernsehsendung im Mehrkanalton »Dolby Digital 5.1« ausgestrahlt. BR-alpha überträgt die Konzerte der Jazzwoche Burghausen im neuen Format.

2006

2. April

Das letzte Konzert der Reihe *Ars Nova* wird aufgeführt. Die Konzerte wurden seit 1957 übertragen.

15. Mai

Start des Mobilen Taschenfernsehens. Als erste deutsche Rundfunkanstalt verbreitet der Bayerische Rundfunk in Eigenregie Fernsehprogramme im DVB-H- sowie im DMB-Format.

25. Juli – 8. August

Erstmals sendet der Bayerische Rundfunk seine Live-Übertragungen aus Bayreuth im 5.1 Dolby Surround Sound europaweit über DVB-S Radio.

15. August

Papst Benedikt XVI. spricht erstmals in einem Interview im deutschen Fernsehen. Das Gespräch wurde vom Bayerischen Rundfunk in Castelgandolfo aufgezeichnet.

9. – 14. September

Der Bayerische Rundfunk ist Host-Broadcaster für den Besuch des Papstes in Bayern und liefert rund 100 Programmstunden Fernsehen. Dazu kommen Berichte und Reportagen für die ARD-Hörfunkprogramme und ein multimediales Webangebot.

2007

25. Februar
Die BR-Koproduktion *Das Leben der Anderen* von Florian Henckel von Donnersmarck wird in der Kategorie »Bester nicht englischsprachiger Film« mit dem Oscar ausgezeichnet.

28. März
Ab exakt 7.32 Uhr und 17 Sekunden wird das Bayerische Fernsehen von der neuen Sendeabwicklung im Sendezentrum Freimann aus gesendet.

12. – 14. Mai
Erstmals findet *Vokal genial,* ein Internationaler Gesangswettbewerb in memoriam Marcello Viotti, statt. Veranstalter sind das Münchner Rundfunkorchester und die Münchner Konzertgesellschaft.

8. Oktober
Start für das neue BR-Dachmarken-Logo. Gleichzeitig geht das Bayerische Fernsehen unter dem Motto »Bayerisches Fernsehen zwischen Tradition und Moderne« mit modernisiertem Erscheinungsbild und neuem Programmschema auf Sendung.
Mit *Dahoam is Dahoam* startet im Bayerischen Fernsehen die erste tägliche TV-Serie eines Dritten Programms.
In Radio, Fernsehen und Internet startet die erste Stufe des multimedialen Jugendangebots des Bayerischen Rundfunks.
Das Programm Bayern2Radio wird umbenannt in Bayern 2.

11. Oktober
Start der Gesprächsreihe *Nachtlinie* im Bayerischen Fernsehen.

14. Oktober
Start der Talkshow *Sonntags-Stammtisch* im Bayerischen Fernsehen.

27. November
In Schwaben, Teilen Altbayerns und Landshut startet das digitale Antennenfernsehen DVB-T.

2008

7. Januar
Bayern 3 startet mit einem eigenen Nachtprogramm und sendet täglich 24 Stunden lang.
Der Doppeldeckerbus von *Südwild* beginnt seine Tour durch Bayern in Eichstätt. Jugendliche können – unterstützt von Fernsehprofis des Bayerischen Rundfunks – eine Woche lang ihr Programm selbst machen.

25. Januar
Das erste *musica viva festival* beginnt mit einem Konzert des Symphonieorchesters des Bayerischen Rundfunks unter der Leitung von Lucas Vis.

8. Februar
Der Kaiser von Schexing von Franz Xaver Bogner startet im Bayerischen Fernsehen.

12. April
Der erste Heimatkrimi *Freiwild. Ein Würzburg-Krimi* ist im Bayerischen Fernsehen zu sehen.

5. Mai
Das multimediale BR-Jugendprojekt startet in die nächste Ausbaustufe: Aus *Bavarian Open Radio* wird *on3radio*.

18. Juni
In Bayern 2 ist *Irmis Ehre*, der erste ARD-Radio-Tatort des Bayerischen Rundfunks, zu hören.

1. September
Start des digitalen Radioprogramms Bayern plus. Gesendet werden Nachrichten, Wetter und Verkehr, Instrumentalmusik und Volksmusik sowie Schlager – vor allem aus deutschsprachigen Ländern.

2009

30. März
on3 startet unter www.on3-radio.de mit neuem Design und neuen Angeboten. Gesendet wird aus dem modernsten Sendestudio Deutschlands. Kern der Marke on3 ist das Digitalradio *on3-radio*, die Livesendung *on3-südwild* im Bayerischen Fernsehen und ab 19. April die Musiksendung *on3-startrampe* in BR-alpha.

BAUER, GÜNTHER, Kirchliche Rundfunkarbeit 1924-1939, in: Beiträge zur Geschichte des Deutschen Rundfunks, hrsg. von der Historischen Kommission der ARD, Band 2, Frankfurt a. M. 1966

BAUSCH, HANS (Hrsg.), Rundfunk in Deutschland, 5 Bände, München 1980

BAYERISCHER RUNDFUNK, HISTORISCHE KOMMISSION (Hrsg.), Rundfunk in Bayern. Tondokumente im Schallarchiv des Bayerischen Rundfunks 1906 bis 1988, München 1988 (unveröffentlicher Katalog)

BAYERISCHER RUNDFUNK, HISTORISCHE KOMMISSION (Hrsg.), Walter von Cube. Tondokumente, Filmdokumente, Manuskripte im Bayerischen Rundfunk 1947 bis 1984, München 1992 (unveröffentlicher Katalog)

BAYERISCHER RUNDFUNK, HISTORISCHE KOMMISSION (Hrsg.), Grüne und Blaue Reihe: Autobiografische und thematische Dokumentationen (unveröffentlicht)

Bayerischer Rundfunk, Fernsehen, Redaktionsgruppe Landesberichte (Hrsg.), Bayern im Blick. 50 Jahre Abendschau. Eine Chronologie 1954-2004, München 2004

BEHMER, MARKUS / HASSELBRING, BETTINA (Hrsg.), Radiotage – Fernsehjahre. Interdisziplinäre Studien zur Rundfunkgeschichte nach 1945, Münster 2006

BESSLER, HANSJÖRG, Hörer- und Zuschauerforschung, in: HANS BAUSCH (Hrsg.), Rundfunk in Deutschland, Band 5, München 1980

BOLL, MONIKA, Nachtprogramm – Intellektuelle Grün-dungsdebatten in der frühen Bundesrepublik, Bochum 2003

BOLZ, RÜDIGER, Literatur und Rundfunk unter amerikanischer Kontrolle. Das literarische Programmangebot Radio Münchens 1945-1949, München 1987

BRAUN, ANNEGRET, Frauenalltag und Emanzipation. Der Frauenfunk des Bayerischen Rundfunks in kulturwissenschaftlicher Perspektive (1945-1968), Münster 2005

BRÜNJES, STEPHAN / WENGER, ULRICH, Radio-Report. Programme – Profile – Perspektiven, München 1998

CEBULLA, FLORIAN, Rundfunk und ländliche Gesellschaft 1924-1945, Kritische Studien zur Geschichtswissenschaft, Band 164, Göttingen, 2004

DAHL, PETER, Radio. Eine Sozialgeschichte des Rundfunks für Sender und Empfänger, Hamburg 1983

DILLER, ANSGAR, Rundfunkpolitik im Dritten Reich, in: Hans Bausch (Hrsg.), Rundfunk in Deutschland, Band 2, München 1980

DILLER, ANSGAR (Hrsg.), Rundfunk und Fernsehen in Deutschland. Texte zur Rundfunkpolitik von der Weimarer Republik bis zur Gegenwart. Arbeitstexte für den Unterricht, Stuttgart 1985

DUSSEL, KONRAD, Deutsche Rundfunkgeschichte. Eine Einführung, Konstanz 1999

DUSSEL, KONRAD / LERSCH, EDGAR (Hrsg.), Quellen zur Programmgeschichte des deutschen Hörfunks und Fernsehens, Göttingen 1999

DUSSEL, KONRAD, Hörfunk in Deutschland. Politik, Programm, Publikum (1923-1960), Potsdam 2002

DYGUTSCH LORENZ, ILSE, Die Rundfunkanstalt als Organisationsproblem. Ausgewählte Organisationseinheiten in Beschreibung und Analyse, Düsseldorf 1971

DYGUTSCH-LORENZ, ILSE, Journalisten und Rundfunk. Empirische Kommunikationsforschung am Beispiel einer Rundfunkanstalt, Düsseldorf 1973

EICHLER, ANTJE, Protest im Radio – Die Berichterstattung des Bayerischen Rundfunks über die Studentenbewegung 1967/1968. Studien zur Geschichte des Bayerischen Rundfunks, Band 3, Frankfurt a.M. 2005

FALKENBERG, KARIN, Radiohören. Zu einer Bewußtseinsgeschichte 1933 bis 1950, Haßfurt/Nürnberg 2005

FÜHRER, KARL CHRISTIAN, Wirtschaftsgeschichte des Rundfunks in der Weimarer Republik, Potsdam 1997

Glässgen, Heinz, Katholische Kirche und Rundfunk in der Bundesrepublik Deutschland 1945-1962. Rundfunkforschung Band 8, hrsg. vom Studienkreis Rundfunk und Geschichte, Berlin 1983

Hamm, Margot / Hasselbring, Bettina / Henker, Michael (Hrsg.), Der Ton. Das Bild. Die Bayern und ihr Rundfunk 1924 – 1949 – 1999, Ausstellungskatalog, Augsburg 1999

Hartmann, Heinrich, Vorgeschichte und Beginn des Rundfunks in Bayern. Ein Beitrag zur Zeitgeschichte, in: Archiv für Postgeschichte in Bayern 2, 1961

Hermann, Siegfried / Kahle, Wolf / Kniestedt, Joachim, Der deutsche Rundfunk. Faszination einer technischen Entwicklung, Heidelberg 1994

Hesse, Albrecht, Rundfunkrecht. Die Organisation des Rundfunks in der Bundesrepublik Deutschland, München 1990

Hickethier, Knut, Geschichte des deutschen Fernsehens, Stuttgart 1998

Hodenberg, Christina von, Konsens und Krise. Eine Geschichte der westdeutschen Medienöffentlichkeit 1945-1973, Göttingen 2006

Kapfer, Herbert, Vom Sendespiel zur Medienkunst. Die Geschichte des Hörspiels im Bayerischen Rundfunk. Das Gesamtverzeichnis der Hörspielproduktionen des Bayerischen Rundfunks 1949-1999, München 1999

Koch, Hans-Jörg, Das Wunschkonzert im NS-Rundfunk, Köln 2003

Koch, Hans Jürgen / Glaser, Hermann, Ganz Ohr – Eine Kulturgeschichte des Radios in Deutschland, Wien 2005

Korsukewitz, Sabine, Der Fall Szczesny. Zum Verhältnis von Kreativität und Kontrolle im öffentlich-rechtlichen Rundfunksystem, Berlin 1980

Kreuzer, Helmut / Thomsen, Christian W. (Hrsg.), Geschichte des Fernsehens in der Bundesrepublik Deutschland, 5 Bände, München 1993-1994

Kubitz, Peter Paul, Der Traum vom Sehen. Zeitalter der Television. Ausstellungskatalog, Dresden 1997

Langendorf, Ernst / Wulffius, Georg, In München fing's an. Presse – Parteien – Rundfunk, München 1985

Latzin, Ellen, Lernen von Amerika? Das US-Kulturaustauschprogramm für Bayern und seine Absolventen, Stuttgart 2005

Lenk, Carsten, Die Erscheinung des Rundfunks: Einführung und Nutzung eines neuen Mediums 1923-1933, Opladen 1997

Leonhard, Joachim-Felix (Hrsg.), Programmgeschichte des Hörfunks in der Weimarer Republik, 2 Bände, München 1997

Lerg, Winfried B., Die Entstehung des Rundfunks in Deutschland. Herkunft und Entwicklung eines publizistischen Mediums, Frankfurt a.M. 1965

Lerg, Winfried B. / Steininger, Rolf (Hrsg.), Rundfunk und Politik 1923-1973, Berlin 1975

Lerg, Winfried B., Rundfunkpolitik in der Weimarer Republik, München 1980

Löscher, Hans, Ein Leben für den Funk, hrsg. vom Bayerischen Rundfunk, Dießen 1994

Maassen, Ludwig, Der Kampf um den Rundfunk in Bayern. Rundfunkpolitik in Bayern 1945-1973, Berlin 1979

Marssolek, Inge / Saldern, Adelheid von / Münkel, Daniela / Pater, Monika / Schmidt, Uta C. (Hrsg.), Zuhören und Gehörtwerden I: Nationalsozialismus. Zwischen Lenkung und Ablenkung, Tübingen 1998

Marssolek, Inge / Saldern, Adelheid von (Hrsg), Radiozeiten. Herrschaft, Alltag, Gesellschaft (1924-1960), Potsdam 1999

Marwede-Dengg, Claudia, Rundfunk und Rundfunkpolitik in Bayern 1922-1934, München 1981

Mauder, Stephanie, Eugen Jochum als Chefdirigent beim Bayerischen Rundfunk. Studien zur Geschichte des Bayerischen Rundfunks, Band 2, Frankfurt 2003

Mettler, Barbara, Demokratisierung und Kalter Krieg. Zur amerikanischen Informations- und Rundfunkpolitik in Westdeutschland 1945-1949, Dissertation, Berlin 1975

Montag, Helga, Privater oder öffentlich-rechtlicher Rundfunk? Initiativen für einen privaten Rundfunk in der Bundesrepublik Deutschland, Berlin 1978

Pohle, Heinz, Der Rundfunk als Instrument der

Politik. Zur Geschichte des deutschen Rundfunks von 1923-1938, Hamburg 1955

RIEDEL, HEIDE, Fernsehen – Von der Vision zum Programm. 50 Jahre Programmdienst in Deutschland, Berlin 1985

RIEDEL, HEIDE, 75 Jahre Hörfunkgeschichte(n), hrsg. vom Deutschen Rundfunkarchiv und Deutschen Rundfunk-Museum, Berlin 1999

RINDFLEISCH, HANS, Technik im Rundfunk. Ein Stück deutscher Rundfunkgeschichte von den Anfängen bis zum Beginn der achtziger Jahre, Norderstedt 1985

SALA, ROBERTO, Gastarbeitersendungen und Gastarbeiterzeitschriften in der Bundesrepublik, 2005

SCHELLENBERGER, EBERHARD, In kritischer Liebe zur Heimat. 30 Jahre Regionalstudio Mainfranken des Bayerischen Rundfunks, Würzburg 2007

SCHMIED, BARBARA, 50 Jahre Abendschau des Bayerischen Rundfunks, München 2004

SCHNEIDER, REINHARD, Die UKW-Story. Zur Entstehungsgeschichte des Ultrakurzwellenrundfunks, Berlin 1989

SCHNEIDER, REINHARD, Hinter den Kulissen des Rundfunks. Vier Jahrzehnte im Dienst der Technik, hrsg. vom Bayerischen Rundfunk, München 1994

SCHÖMER, BRIGITTA, Kinderfunk in der Tradition der Kalenderliteratur. Analyse der Hörfunksendung Sonntagswecker des Bayerischen Rundfunks, München 1979

SCHRADER, STEPHANIE, Von der »Deutschen Stunde in Bayern« zum »Reichssender München«. Der Zugriff der Nationalsozialisten auf den Rundfunk, Studien zur Geschichte des Bayerischen Rundfunks, Band 1, Frankfurt a. M. 2002

SCHÜTTE, WOLFGANG, Regionalität und Föderalismus im Rundfunk. Die geschichtliche Entwicklung in Deutschland 1923 bis 1945, Frankfurt a.M. 1971

SCHWARZKOPF, DIETRICH (Hrsg.), Rundfunkpolitik in Deutschland. Wettbewerb und Öffentlichkeit, 2 Bände, München 1999

SCHWARZKOPF, DIETRICH, Zwischen Anspruch und Akzeptanz, Der öffentliche Rundfunk im Wandel, Berlin, 2006

SENNEFELDER, DORIS, 50 Jahre Münchner Rundfunkorchester 1952-2002, Kassel 2001

SESSNER, PAUL, Das Bayerische Fernsehbilderbuch, Dachau 1980

STEINMETZ, RÜDIGER, Das Studienprogramm des Bayerischen Rundfunks. Entstehung und Entwicklung des Dritten Fernsehprogramms in Bayern 1961-1970, München 1984

SUTTNER, SABINE, Die Darstellung der Bayern im »Komödienstadel«. Germanistische, volkskundliche und psychologische Untersuchung eines Fernseh-Bauerntheaters, Regensburg 1996

TOSCH, DANIELA, Der Rundfunk als »Neues Medium« im Spiegel der Münchner Presse 1918-1926, München 1987

ULM, RENATE (Hrsg.), Eine Sprache der Gegenwart. musica viva 1945-1995, Mainz 1995

ULM, RENATE (Hrsg.), 50 Jahre Symphonieorchester des Bayerischen Rundfunks 1949 bis 1999, Kassel 1999

ULM, RENATE, Rafael Kubeliks »Goldenes Zeitalter«, Kassel 2006

WACHTER, CLEMENS, Kultur in Nürnberg 1945-1950. Kulturpolitik, kulturelles Leben und Bild der Stadt zwischen dem Ende der NS-Diktatur und der Prosperität der fünfziger Jahre, Nürnberg-Erlangen 1998

WAGNER, HANS-ULRICH, Der gute Wille, etwas Neues zu schaffen. Das Hörspielprogramm in Deutschland von 1945 bis 1949, Bamberg 1996

WANDERSLEB-ANDERSEN, GABRIELE, Evangelische Kirche und Rundfunk in der Weimarer Republik. Ein Beitrag zur Rundfunkgeschichte, Braunschweig 1989

WEICHSELBAUMER, SUSANNE, »Champions League« und »Regionalliga Süd«? Das Hörspiel der fünfziger Jahre im Bayerischen Rundfunk, Studien zur Geschichte des Bayerischen Rundfunks, Band 4, Frankfurt a. M. 2007

ZÖLLER, JOSEF OTHMAR (Hrsg.), B 3. Die Bayern 3-Story. Wie ein Radioprogramm populär wurde, Percha 1981

Geburtstagstorte *60 Jahre Bayerischer Rundfunk*, 2009

Ziel und Konzeption dieser Publikation war es, zum Doppeljubiläum 85 Jahre Radio in Bayern – 60 Jahre Bayerischer Rundfunk eine Art »Biografie« des Bayerischen Rundfunks herauszugeben, eine neue Unternehmens- und Programmgeschichte in chronologischem Überblick von den Anfängen 1922 bis heute. Die letzte umfassende Darstellung war der im Jahre 1999 gemeinsam mit dem Haus der Bayerischen Geschichte herausgegebene Ausstellungskatalog *Der Ton. Das Bild. Die Bayern und ihr Rundfunk 1924 – 1949 – 1999.*

Das vorliegende Buch, dessen Titel *Ein bisserl was geht immer* auf einen Spruch des *Monaco Franze* aus der gleichnamigen Erfolgsserie anspielt, ist in acht Kapitel gegliedert, mit je einem darstellenden Teil und einem Anhang »Hintergründe und Dokumente« und schließt mit einer Chronik zur Rundfunkgeschichte in Bayern ab. Verzichtet wurde aus Gründen der besseren Lesbarkeit auf wissenschaftliche Fußnoten und Anmerkungen. Angehängt ist allerdings ein Verzeichnis weiterführender Literatur zum Thema Rundfunkgeschichte in Bayern. Da es nicht möglich ist, auf 304 Seiten alle Aspekte der vielschichtigen 85-jährigen Rundfunkgeschichte sowie ihrer vielen Redaktionen, Personen und Sendungen im Hörfunk und Fernsehen in aller Ausführlichkeit darzustellen, bietet der Literaturüberblick vertiefende Arbeiten zu einzelnen Themen. Erwähnt sei an dieser Stelle auch die vom Bayerischen Rundfunk herausgegebene Reihe *Studien zur Geschichte des Bayerischen Rundfunks* im

> »Was wir veröffentlichen, ist nicht identisch mit dem, was ist, die Erschütterung ist eine andere, die Existenz ist eine andere … «
>
> **Thomas Bernhard**

Peter-Lang-Verlag, welche wissenschaftliche Arbeiten veröffentlicht.

Die vorliegende Publikation ist nicht nur das Werk des Autors allein, sondern entstand durch die Kooperation vieler Kolleginnen und Kollegen des Bayerischen Rundfunks, die mit Fotozulieferungen, Korrekturen, Ergänzungen oder Anregungen zum Gelingen beigetragen haben. Ihnen allen soll an dieser Stelle herzlich gedankt werden:

Historisches Archiv: Bettina Hasselbring, Sabine Rittner, Isabella Kratzer, Claudia Weise, Florian Westermayr – Kommunikation/Intendanz: Dr. Andreas Geyer – Marketing/Intendanz: Brigitte Maier-Lesch, Imke Floch, Markus Riese – Pressestelle Foto/Bildarchiv: Tassilo Forchheimer, Susanne Seeberger, Ines Feistner, Ulrike Kreutzer-Schertler, Vanessa Schütz – Grafik und Design: Christoph Einfalt – Für konstruktives Korrekturlesen, ergänzende Hinweise und redaktionelle Unterstützung in alphabetischer Reihenfolge: Gerhard Bogner, Dr. Ernst Emrich, Gabriele Förg, Angelika Gröger, Heinz-Jochem Hirschbrunn, Hans-Otto Hoffmann, Dr. Detlef Klusak, Dr. Larissa Kowal-Wolk, Dr. Gerda Kuhn, Prof. Christoph Lindenmeyer, Dennis Lohmann, Elmar Maurus, Ingrid Mitterhummer, Dr. Helga Montag, Michael Peter, Brigitte Reimer, Prof. Albert Scharf, Dr. Doris Sennefelder, Eva Maria Steimle, Dr. Renate Ulm, Ulli Wenger, Susanne Wick, Martin Wöhr.

Besonderer Dank geht auch an den Deutschen Taschenbuch Verlag.

> **Monaco Franze:** *Dann san ma jetzt aus'm Gröbstn raus, was meinst du Spatzl?*
> **Annette von Soettingen:** *Jetzt kann's nur noch besser werden.*
> **Monaco Franze:** *Genau, jetzt wird wahrscheinlich alles ganz wunderbar …*
>
> Die letzten Worte aus der letzten Folge des *Monaco Franze*, 1983

Pausenzeichen aus den 1960er Jahren für das Regionalprogramm des Bayerischen Fernsehens